思想觀念的帶動者

文化現象的觀察者

本土經驗的整理者

生命故事的關懷者

Psychotherapy

探訪幽微的心靈，如同潛越曲折逶迤的河流
面對無法預期的彎道或風景，時而煙波浩渺，時而萬壑爭流
留下無數廓清、洗滌或抉擇的痕跡
只為尋獲真實自我的洞天福地

心靈工坊 PsyGarden

戰鬥美少女的精神分析

戦闘美少女の精神分析

齋藤環　著

魏與晟、王慈襄　審閱

林詠純　翻譯

目錄

VI 陽具女孩的生成

◈・推薦序一　齋藤環的戰鬥、美與少女

梁世佑（U-ACG 創辦人）

一九六一年出生於岩手縣的齋藤環經常自詡（事實上也是）爲日本最懂阿宅的精神科醫生。他的《戰鬥美少女的精神分析》被漫畫評論家竹熊健太郎（1960-）認爲是第一本「從精神醫學角度出發的御宅族理論」，細緻地探討了日本戰鬥美少女的脈絡。

什麼是「戰鬥美少女」？這個詞彙可以拆解成三個部分：「戰鬥」、「美」和「少女」。少女指的是年紀不大的年輕女性，而且特指涉世未深、沒有太多社會或戀愛經驗的「處女」；而「美」則代表這群少女外貌姣好或心靈純潔，至少是具備可以吸引人、讓人喜愛想要呵護的生理特徵。最後，放在前面作爲修飾的「戰鬥」則體現了「美少女」的責任或存在意義：爲了戰鬥。她們戰鬥是爲了守護什麼或是完成什麼使命或責任。

戰鬥美少女的存在使命，或許可以用一句話 ACG 界的術語來概括：「爲這個世界上所有的美好而戰」；而美好，其更精確的內在理路所指的是：御宅族的精神空間世界。

齋藤在本書中指出「戰鬥美少女」是只屬於日本的一種特定語彙範疇，與歐美影視中的亞馬遜女戰士或女性超級英雄截然不同；她們身上大多是沒有任何肌肉的、也沒有任何上過戰

場的傷痕，戰鬥服裝幾乎一塵不染且完全不適合戰鬥，所以齋藤創造了「Phallic Girl」概念，也就是擁有陽具的少女來解釋戰鬥美少女。這個詞彙源自精神分析中的「陽具母親」（phallic mother），而相較於「母親」的生育性，更凸顯於「少女」從內到外都處於純潔無垢的狀態中。

此處所謂的「陽具」，並不是實際存在於身體的器官，而是一種在想像空間中的強烈對比性。例如在今天常見的艦娘武器擬人化作品，如《艦隊收藏》、《碧藍航線》或是《少女前線》、《NIKKE》，這些沒有肌肉的細瘦少女身上不都背負著難以想像的巨大武器和彈藥嗎？理應被好好呵護、躲在後方的柔弱女性竟然要扛起大型武器，代替男性去上前線作戰，這一巨大的兩極對比給予消費者反差的快感和興奮。齋藤吸收了佛洛伊德的陽具崇拜（penis envy）理論，並從拉岡（Jacques-Marie-Émile Lacan）等人的精神分析理論中歸結出戰鬥美少女乃是適應高度資訊化的御宅族所建構出來的想像共同體角色。

值得一提的是，東浩紀爲本書的文庫本寫完序後，出版了《動物化的後現代：御宅族如何影響日本社會》這本今天幾乎所有研究 ACG 的人都會引用的經典書籍。十年前我們在國立交通大學主辦的 ACG 研討會中邀請東浩紀來臺灣演講，並出版該書的繁體版本時，他也提到了這個問題。因爲東浩紀所提出的「資料庫消費」可說是把御宅族慾望和喜好做進一步的拆解。

如果齋藤所謂的「戰鬥美少女」是一種御宅族的慾望體現，那東浩紀的資料庫則是認爲每一項慾望都可以再被細分爲「萌點」。每一位受歡迎的動漫角色，不管是服裝、髮色、語癖、個性或是身上特定的裝飾品，都可以被重新組合和調整。如此一來，則觀衆消費的是故事、劇本還是可拼貼的資料庫？而東浩紀與大塚英治等人的討論，則是近代日本動漫研究和產業化發展的重要里程碑。如果從這一角度來說，則本書可說是日本學界探討御宅族究竟是什麼、這一群體是如何產生？又對日本社會有何影響的的一個起點。

最後，本書畢竟是二十年前的作品。許多論述的環境已與今日截然不同。例如本書對於御宅族的定義基本上是男性，忽視了女性消費者和繭居族的多樣性別性，更難以注意到後來BL、美少年作品或是各種同性愛作品的興起，這點本田透或荷宮和子等人均有許多補充和討論。更重要的是，那是個網路不如今天如此普及，更沒有隨時可看、可刪、可上傳、可評論的智慧攜帶裝置的時代，所以二〇二三年的今天，透過近二十年來大量動漫戰鬥美少作品的觀賞和回顧，更讓我們重新思索本書的論點和時代精神，我想是非常有意思的一件事。

◈ ・推薦序二 汝何所欲？——漫畫動漫中現身的戰鬥美少女與御宅慾望

郝柏瑋（諮商心理師）

精神分析從佛洛伊德創造發跡開始，就持續試圖回答主體如何認識自身——這個假借來的、不理性的、苦惱的、分裂的存有。而這個問題意識，不光只是關乎於內在的，而更與個體所處的群體、社會與文化現象息息相關。相較於佛洛伊德的古典精神分析，由法國精神分析師賈克・拉岡（Jacques Lacan ,1901-1981）發展的精神分析論述可能對於臺灣的讀者們而言比較陌生。本書作者透過拉岡取向精神分析慣常的理路出發，透過症候式閱讀，以日本當年漫畫動漫當中大量出現的「美少女拿起武器去戰鬥」爲症狀，開啟日本御宅族主體心靈探索之路。

許多人在閱讀精神分析相關文學與文化現象解析的時候，會冒出一種反感，覺得精神分析總是在病理化所有「非正常現象」。然而事實上這是個對於精神分析小小的誤解。拉岡認爲每個人的內在都有著一種精神結構，而且精神結構在生成之後就不會改變了。因此所有人要不是精神病結構，就是歇斯底里結構，不然就性倒錯結構。這個結構指的是主體如何追尋並填補慾望的空缺、如何想像性地擺放自己與他人的位置，而非指涉任何要消除的不正常症狀，認爲誰是有病的、誰是有問題的。反之，拉岡特別要強調的是「衆生皆有病」（包含分析師本人），每個主體都用自己的方式面對這個令人挫折困擾的世界，而所有的症狀／享樂，都是主體面對自身存在被拋擲於世，所提出的存有式因應與提問。透過症狀作爲一種巧妙的解方或維持平衡的結點，出於好奇症狀，我們才得以認識自身。

拉岡精神分析	本書的問題意識
我怎麼了？ 我到底爲何要這樣？ 我慾望的究竟是什麼？ 我是何以被自身歷史構成？	何爲御宅族？何爲戰鬥美少女？ 美少女爲何戰鬥？ 御宅族的慾望究竟是什麼？ 御宅族何以將戰鬥美少女視爲慾望體現的客體？

從這樣的問題作爲起點，試圖探討御宅族的主體慾望結構、性慾與戰鬥美少女何以在日本動漫成爲一個現象級存在。之所以選用精神分析有作者的用心所在，除了自己本業是精神科醫師、受到精神動力取向精神醫學訓練之外，精神分析是一門探究在原始本能、衝動、慾望，與文明社會規範、秩序、律法產生的張力之間，人如何在其中找到，甚至鑿出獨有生存之道的學問。

拉岡提出了三個界域（order），分別是「想像界」（the Imaginary，包含所有意象、幻想與自我認同形象）、「象徵界」（the Symbolic，是語言、律法、秩序與大他者之所在）及「實在界」（the

Real，是無法被語言捕捉的空，但「空」不是「無」），來描述主體精神構成與外在之間的關係，這也是拉岡精神分析的根本，任何可感知、不可感知、無法感知、非關感知的都被編列描述在這個框架之下。

作爲主體精神構成不可能脫離的三個維度，人類——會說話、使用語言的智能生物，在擁有心靈生命之前是一團混沌狀態，所有感官知覺並沒有任何秩序統合。因此對於嬰兒而言，世界之於我，就猶如感官的蒙太奇，散亂、紛雜、沒有篇章、沒有頭緒。慢慢地，孩子透過照顧者的照料，當照顧者開始對嬰兒言說、對嬰兒的心靈生活產生慾望，主體才開始因爲話語的介入而生成。此後，人脫離了完滿豐沛的未組織無限狀態，進入了透過語言與象徵秩序再現的世界，所有總和的經驗都需要透過象徵中介得以接收與表達，就有如活在電影《駭客任務》的母體當中，也因此現實（reality，與實在界是不同的概念）也就是一種虛擬的建構、由想像界與象徵界共通中介的世界。

因此許多人認爲御宅族沉迷於「虛擬世界」，這樣的宣稱就精神分析而言就不太有重要意義，畢竟所謂非御宅族的一般人們，不也活在不同層次的虛擬與幻象當中嗎？就這個論點而言，本書中作者也有相對應的闡述。同時，本書中闡述更精彩的地方在於，往下繼續好奇，究竟這樣的媒介提供了什麼樣慾望得以滿足的介面，以及御宅族們怎麼穿梭在不同虛擬脈絡之間多重定向（multiple orientation）？性，又在過程中扮演怎麼樣的關鍵角色？這條理解的道路複雜且迂迴，需要從不同角度進行闡述與包圍，也難怪作者需要引用各種理論、對話與書信來往資料進行現象解讀。

《戰鬥美少女的精神分析》成書時間距離現在中文譯本出版，已經過了二十多年，讀者們不難發現即便是在當前的日本，或是深受日本動漫圈影響的臺灣，戰鬥美少女在作品中的身影也慢慢地逐漸變換（或許最近更流行的是被惡魔、異形、幽靈、詛咒附身的少男？），而我們對於御宅族的理解也早已因著後續更多學者的耕耘與闡述而豐富深厚許多（如：東浩紀、東園子、松浦優、松井哲也、伊藤剛等人）。然而本書記錄下了當時一位臨床精神科醫師如何從本要批判新興現象的立場，逐步在探尋過程中轉向、反思、發現自身不足，甚至產生更多好奇與謙卑的歷程。我想，這才正是精神分析的精神。我們並非擁有眞理，而是持續追尋眞理；並非是以鐵板一塊的僵硬論述來論斷御宅族，而是試圖貼近無意識主體慾望的企圖。

◈・推薦序三　集體文化現象的研究典範

陳宏儒

（心蘊心理諮商所執行長、
文心診所諮商心理師、
「榮格讀書會」臉書社團及粉專創建者、
「榮格人文講堂」臉書社團共同創建者）

鑒於精神分析並非我的專長項目，我僅以榮格分析心理學的角度，以及動漫作品《美少女戰士》二十八年的愛好者的身分，來品味並推薦《戰鬥美少女的精神分析》這本書。

在心理學當中，研究社會集體心理在傳統上、科學上有著一個特別的分支——社會心理學，但社會心理學所剖析的多半是外在的行爲。就全體人類內在深層心理結構來說，榮格的集體無意識（collective unconscious）概念應該是重要的發現，他在患者的夢、創作、神話、童話等想像的運作空間裡發現了一些人類共同的母題，也因此他推論全人類共享著一部分的無意識，補足了其師長佛洛伊德個人無意識概念的不足。但本書的所論述的問題，卻是落在「文化無意識」這樣的中介層的位置，也就是某些無意識並非人類集體共有，而是僅有特定的文化群體所共享著。

蘊藏於心靈深層的無意識時常是透過想像的產物來顯露，也可能形成一些集體的故事來傳頌。本書所探究的是，從深度心理的角度來思考，爲何「戰鬥美少女」這個形象會蔚爲風尚呢？其中無意識的因素爲何？不過作者也並不是單純地探究這個集體現象，而是將之與一個特定的族群——「御宅族」連結起來，為何御宅族男性會喜歡這些戰鬥美少女漫畫呢？

作者齋藤環在考察這個現象上十分用心，雖然分析文本的派典不同，但是其分析的手法豐富十分令人敬佩（作者本人稱此為迂迴），卽便學習榮格取向如我依然能從中受益。首先，我很喜歡第五章〈戰鬥美少女的體系發展〉，作者將戰鬥美少女的漫畫類型分為數個大類，並依照編年史的方法一一介紹每個年代的經典作品，並能說明作品與作品之間的相互影響以及時代特性，最後並整理成一個令人驚豔的完整清單。或許國內的文學心理研究者也可以以此方法研究後宮劇、穿越劇、BL劇的時代心理、文化心理。

此外作者也做了國內外的比較，他發現戰鬥美少女在歐美與日本兩邊是有性質上的差異的：歐美的戰鬥類女性較偏向亞馬遜女戰士類型，強調肌肉力量，而日本的戰鬥美少女則有著青少女性徵尚未明顯的表現，他透過此跨文化比較的方式來襯托此文化現象為日本特有。

作者也在亨利．達格的藝術品中找尋到與戰鬥美少女相似的原型意象，並藉由考察亨利．達格的精神病理與畫作的關係，來推斷御宅族可能具有的心理結構。齋藤環反對從「戀童」的角度來看亨利．達格，而是從「被延宕發展的青春期幻想」來看待。只是齋藤環對亨利．達格的理解是有限的，在二〇一三出版的《亨利．達格，被遺棄的天才，及其碎片：集純眞與褻瀆於一身的非主流藝術家，無人知曉的癲狂與孤獨一生》（*Henry Darger, Throwaway Boy: The Tragic Life of an Outsider Artist*）當中，作者吉姆．艾雷居（Jim Elledge）提到了亨利．達格有一段四十八年的同性愛侶關係。由此角度觀之，或許我們對於亨利．達格所繪的那些添加上陰莖的幼女，又可以有不同的切入角度，一個從多元性別認同進入的角度。

齋藤環的論述並未全然被接受，在網路上我們可以查到相關批評的文章，他自己也在〈後記〉中提到因爲御宅族文化急速發展的「萌泡沫化」，而讓他的論述開始顯得不合時宜。這是一本學術味濃厚，饒富思考空間的作品，自二〇二三的今日回首，二〇一〇、二〇二〇年代的戰鬥美少女還在嗎？喜歡戰鬥美少女的御宅族還在嗎？我們該怎麼繼續思考這二十年的變化，好能更貼近齋藤環一開始的核心關切？

戰鬥美少女系列的漫畫時至今日，我不確定是個人偏愛導致的偏見，或是是事實，《美少女戰士》似乎倖存了下來。在本書中，《美少女戰士》就出現了五十五次。不僅如此，眞人版特攝、水晶版的動畫與電影作品接連推出，週邊也永遠買不完，就在今年六月，第五季的水晶版電影要上市了。另外，特別在這一、兩年，香港、臺灣分別有男性成群地cosplay《美少女戰士》中各種角色，我們該怎麼理解，這樣的現象呢？我想齋藤環在「臨床的迂迴」之後，還是有在第六章揭曉問題的部分答案。

這不是一本容易的書，但很多喜歡動漫的人，時常會發揮潛能，像有人就因此學會cosplay，有人就精通了日語，也許，讀者也會因此而精通拉岡的！

二〇二三年一月二十日　於高雄

◈．推薦語

乍看書名《戰鬥美少女的精神分析》，可能會以爲是從精神分析的角度解釋戰鬥美少女們怎麼了？如何長成？有什麼樣的童年？

但別誤會了！本書是在探問迷戀戰鬥美少女的人們，尤其特別是男性御宅族們：「你們怎麼了？在想什麼？性慾如何找到發洩的對象與方法？」

不過，我讀本書時，卻又發現了不一樣視角。閱讀作者爬梳社會性別角色的文化流動以及媒體如何仲介行銷戰鬥美少女的歷程中，我腦海不斷呼應出來的是從小超喜歡日本動漫《美少女戰士》（Sailor Moon）的兩個女兒，姊姊與妹妹扮家家酒的主題都是美少女戰士。她們當然不在乎男人如何看待她們心中的偶像，女孩們滿滿自信、雙腳大剌剌地八字站開、拿著武器舉起手大聲宣誓：「我要代替月亮懲罰你！」大胸脯與內衣造型的戰鬥衣，以及或長或短漂亮的髮型，展現出女孩對自己女性身體的喜愛與力量的發揮。

從女性角度出發，我倒是看見阿德勒所提出來的masculine protest（引自《社會情懷：對人類的挑戰》〔*Social interest: A challenge to mankind*〕，1933/1938），是女性對社會賦予其柔弱角色的抗議，並補償性地超越所被賦予的角色而更實踐陽剛之力與果斷之氣，我暫且以白話將之翻譯成「具有陽剛力量的抗議」。

在現今「陰柔」不等同於「女性」，「陽剛」不等同於「男性」的時代，閱讀本書更啟發我們重新理解男性、女性、跨性如何詮釋戰鬥美少女這種動漫類型角色，以及在其中看見什麼樣的自己。以這樣的讀法來讀，將會是一趟更有意思的閱讀旅程。

——**吳毓瑩**（國立臺北教育大學心理與諮商學系教授）

深入御宅文化的精神分析之作！

——**劉定綱**（國立臺灣師範大學臺灣語文學系兼任助理教授）

◈．審閱序一　一起建構動漫閱聽人主體

魏與晟（諮商心理師）

也許是因爲與日本有歷史上的淵源，臺灣動漫文化從很早期就開始發展，也讓很多人從小時候就開始接觸到動漫畫，並深受影響，進而產生終身的志趣。自從動漫文化引進臺灣以來，已經走過好長一段路，有許多前輩透過翻譯、教學、舉辦活動，讓這個次文化變得越來越唾手可得。最早可能要歸功於傻呼嚕同盟的幾位教授，他們創造了ACG這個詞彙來統稱這個文化圈中的所有人，而後開始有各式各樣的學者、教授、學生因自己的興趣而投入這個領域。臺灣的動漫文化能夠如此蓬勃發展且被普遍接受，都必須歸功於這些人在背後燃燒著自己的熱情，默默努力耕耘。

從研究動漫畫，到更多一層後設的角度來研究喜歡動漫畫的「人」，就更有賴於這個文化圈紮實的基礎，才能夠有更多的空間跳出來想想關於「自己」的問題。「御宅族」這個詞彙是源自於日本的外來語，指的是那些愛看動漫、對動漫有所研究、投身於動漫文化圈的人。臺灣早期前輩也對這個詞有所考究（典故在此就不細談），導致動漫圈內人也多少會有以此自稱並做出認同的人，覺得自己就是御宅族並引以爲傲。當然動漫圈中還有各式各樣的子類別，例如腐女、偶像宅等等，然而作爲本書的引言，我並不想要討論嚴峻的分類與定義，僅試圖以此代稱各類

動漫愛好者。

約三十年前，「宮崎勤事件」震撼了整個日本社會（一個名爲宮崎勤的男性連續綁架與殺害四名女童，警方在他家中搜出大量幼童系性愛、虐待漫畫等書刊影帶）。由於社會普遍認爲御宅族族群也對未成年少女抱持著性慾，所以在輿論上與此事件連結在一起，讓御宅族們承受莫大的壓力，同時也衝擊當時的動漫產業。之後許多評論家，像是有著「御宅王」稱號的岡田斗司夫等人，就開始爲御宅族平反，在他的著作《御宅學入門》中，提倡御宅族是對資訊處理特化過的人類，試圖洗刷喜歡動漫的人都是性犯罪預備軍的印象。也許由於日本文化有像是「村八分」【編註1】這樣的傳統在，階級與歧視較爲嚴重，再加上動漫文化無可避免與性或暴力靠得太近，也加重了日本人對於動漫愛好者的歧視心態。

反觀臺灣，對御宅族的定義就比較模糊。由於日本動漫文化是外來文化，臺灣的動漫愛好者在一開始並沒有這麼明確的認同感。大衆媒體中，比較常聽到的是「宅男」這個詞，並開始與「交不到女朋友的人」、「魯蛇」、「不擅長打扮自己」等等概念混爲一談，失去了其「動漫愛好者」的特性。但也相對的，臺灣的這些宅男們並沒有承受像日本社會這麼嚴重的歧視眼光。但無論在哪個國度，只要牽扯到虛構與現實的話題，就會發生衝突，這是普世皆然的經驗，像是被長輩念說整天畫畫沒出息、不應該沉溺在虛構的創作上，而應該要專心於現實的課業等等

【編註1】：村八分是指從江戶時代在農村中流傳的一種「共同絕交」行爲，是對破壞規矩者進行制裁的方式。

論述，都可能是喜歡動漫的人在成長過程中所經歷的共同經驗。

然而時代變遷很快，現在已經幾乎是人人看動漫的年代，自然也沒有什麼太誇張的歧視問題。看動漫已經不再是宅圈獨占的特色，對於宅宅的刻板印象也開始變得模糊，在這種宅跟一般人界線模糊的狀態中，反而可以回歸「對動漫的喜好」這個初衷。

臺灣動漫次文化圈已經趨於成熟，大家會好奇這個圈子裡所發生的經驗與現象，並試著找理論來解釋。然而在圈子中，常見以社會學、行銷學、文學來解讀御宅族各式各樣的面向，卻鮮少用深度心理學的角度切入過。也許是念心理學的人都「不夠宅」，或是動漫文化就如同其它媒體學科一樣，太容易從文本的角度進行分析，而忽略了「閱聽人」這個主體。動漫族群對於自身的興趣是非常龐大的，甚至可以說，觀看動漫本身就是在找尋某種自我認同，相信大家都有經驗，跟朋友聊起自己喜歡的動漫時那種興奮的狀態，就彷彿是想把自己的某個部分推銷給別人似的。大家會想、會談、會好奇，但似乎又當作理所當然，不敢大動干戈。也許是依然有些刻板印象存在，導致在反思自身上有所防衛，又或者是對動漫的態度依然在「單純的嗜好」與「御宅族認同」間擺盪，而沒有空間去深思這個問題。

一個文化要能談論自身，才能眞正興盛起來。要做到這點，可以先從想想「動漫是如何影響自己」開始。這個影響未必是像興趣或生涯這種外在層面的事情，而更是各種價值觀、慾望、幻想組織等內在的事情。很多人都會說，哪部動漫是陪著我長大的，這其實不光是喜好問題，而有更多發展層面的意義。舉例來說，男孩在性啟蒙期看了一部具有性暗示的漫畫，或一個女孩子（當然在這邊未必是指生理性別）在青春期遇到了BL漫畫、在小學時迷上四驅車、在國中時愛上《灌籃高手》、因爲《美少女戰士》而開始學化妝、因爲《聖鬥士星矢》而開始畫同人誌等等。對御宅族來說，動漫是在眞正意義上影響了自身的心性發展，切切實實地改變了生命的基調。佛洛伊德提出心性發展理論與其它發展理論不同，著重在討論人心中能量灌注對象的問題。在理論中，他認爲人會把能量（力比多）灌注在不同的事物上，進而演變成不同的症狀與心智結構，而動漫族群正是個投注大量能量在動漫產業中的族群，而塑造出了一套獨特的人格與文化。

這本書援引了許多拉岡學派的艱澀知識，又有著屬於日本特有的脈絡氛圍，並不是一本容易讀懂的書。但我希望以本書作爲一個契機，讓國內動漫愛好者們，可以開啟一條反思自身的道路，對動漫是如何影響自己內在心智感到興趣，並由此建構出一套獨一無二的認同，讓這個充滿熱情的主體能夠被看見。

二〇二三年一月十四日　於臺中

◈・審閱序二 戰鬥美少女的後日談

王慈襄（諮商心理師）

身爲一個從小到大由戰鬥美少女們陪伴長大，又是深度ACG愛好者的我，很榮幸也非常感謝能夠共同審閱與研究《戰鬥美少女的精神分析》，跟著戰鬥美少女一起在文字中「戰鬥」！

在審閱的過程中，爲了要思考如何傳達語境與意義，將其變成有效的語言達成順利的交流，在文字間需反覆咀嚼且甚至有時還需發揮創意，盡可能地將語意微妙之處「可視化」，揣摩作者以及讀者的心境。從討論中所獲得的回饋比自己想像的多很多，也讓我們有空間發想許多關於ACG圈、御宅族群的思考，這也使我回憶起了自身在御宅文化當中的經驗。整個歷程就像是互相對話的過程、也像極了在心理工作中的思考方式。

而此書的內容雖然稱戰鬥美少女的精神分析，但實際上涵蓋的內容相當廣泛，不僅探討戰鬥美少女如何生成及其發展史，更觸及日本二次元文化與歐美文化的差異，從二次元文化討論現實與虛構，也探討動漫這個載體的表現手法有何特別之處，最後運用拉岡精神分析角度看待戰鬥美少女，可說內容非常豐富，是探討御宅族群體心理的重要書籍。

該書所探討的對象不僅是日本，也包含了全球後現代文化、御宅族群心理等現象。臺灣因地理位置接近日本，以及與其的歷史淵源，不斷受到日本文化媒體無形中的影響，讓現代的臺灣兒童、青少年能接觸到Vtuber、ACG、遊戲、cosplay、同人、偶像文化、歌い手、vocaloid、BL／GL……等新事物，形成許多網路現象與圈內用語。希望這本書也能協助讀者，在工作上更細緻地以精神分析的觀點來看待這些現象與內在動力，不再只是以單一面看待眞實與虛擬這件事情。

該書出版於二〇〇〇年四月，雖然已經過了二十幾年的時間，在這多媒體、網路發達的年代，御宅群體種類變得族繁不及備載，但此書仍在研究御宅族上具有指標性，相信能夠讓我們對宅群體與二次元有更多的思考空間。尤其在與青少年工作時，此書能讓我們有機會以動漫作爲溝通的手段，多一個管道來了解對方的語言與心智狀態，也多一個思考的面向，來看看動漫這個載體與心理治療工作之間的關係。

期許本書能夠成爲一座橋樑，使動漫愛好者在閱讀過程中能與自己的經驗做連結，同時也能試著以精神分析的角度研究御宅族文化。另一方面也期待心理工作者能在讀過這本書後更了解御宅文化，與其所帶來的文化現象、內在心理意義，用多層次與多觀點來看待後現代媒體、二次元與網路現象，並運用至我們的臨床工作中。

二〇二三年一月十五日　於臺北

◈·導讀 專屬於動漫族群的心理學

魏與晟

·精神分析與動漫文化

市面上有許多理論在評論、剖析動漫文化圈各式各樣的現象，但令我納悶的是，國內從來沒有與精神分析相關的論述。之所以會這麼說，是因爲我認爲精神分析是最適合用來解釋動漫族群的理論，其理論也與各式各樣的動漫文本、群體現象有非常密切的關係。

我想大部分的人都或多或少聽過精神分析，只是未必理解其理論，精神分析也有各式各樣的支派，像是本書的作者齋藤環就是受拉岡學派訓練。在有限的篇幅中很難對精神分析做完整的論述，我只想提幾個精神分析理論的特色，來說明它爲什麼與動漫族群關係密切。古典精神分析是從性驅力相關的理論出發，而後一直很誠懇地探究著人類最深刻的經驗，從對性的感覺到創傷對人的影響，不斷地在建構人類內在心智的樣貌。與其他心理學派不同，精神分析不避諱談一些平常不太會談的事情，甚至覺得這些事情才是最重要的經驗，例如性與攻擊、慾望與矛盾等等，而這些東西，不正是動漫中屢見不鮮的內容嗎？舉例來說，動漫文化圈所謂的「X X控」，「控」這個字其實就是精神分析理論中「情結」（complex）發音的縮寫（也就是說「母控」就是伊底帕斯情結），從中可見兩者關聯緊密。

基本上，動漫文化的兩大主題就是性與攻擊（雖然這樣講有點簡略，當然也不乏有探討更深遠意義的作品），但若把性與攻擊的元素抽掉，動漫產業肯定會黯然失色。大家可以想像不色情的《出包王女》，沒有打鬥場面的《海賊王》，會是多麼地乏味。然而動漫與色情產業不同，動漫文化是一種建立在各式各樣慾望「幻想」上的「創作」，並從中探尋自身有所共鳴的經驗，這樣基於人類原始經驗的作品，帶給了我們其他種媒體無法辦到的衝擊，也傳遞了屬於這個文化圈特有的體驗。

本書想要談的，就是建立在這之上，關於動漫族群「慾望」的話題，且這個慾望不是普通的慾望，是對於動漫文本中「虛構客體」的慾望，是專屬於動漫族群的特殊慾望，進而反觀自身為什麼會有這樣的「慾望結構」，就是本書的骨幹。雖然許多人開始用心理學理論來解釋動漫文本或閱聽人的心理狀態，但有趣的是這些理論都避開慾望的話題，也許是認為慾望這個問題太難談、或太敏感，或是有某種複雜的防衛在裡面，但這麼做就如同把動漫去性化一般，最重要的那一塊被閹割掉了。如今我們從精神分析的角度重新出發，卯足全力地「凝視」著動漫／我們自身的慾望。

・個案研究——精神分析的看家本領

在佛洛伊德的文集中，常常透過評論單一個案，來推演出人類的特殊心理結構。像是他曾評論達文西在畫室中照顧許多美少年的舉動，是「企圖在他們身上看到母親眼中的自己」，推導出了自戀（narcissistic）相關的理論；又在患有思覺失調症的法官史瑞伯的自傳中，剖析他精神病式幻想的背後，其實是「同性戀原慾」在作祟。佛洛伊德的這些推論放在現今當然具有爭議，但用這種方式思考特殊案例以及內在心智之間的關係，對精神醫學界，以及後世試圖探索人類內在心智世界，有著極大的啟發。

本書作者齋藤環醫師依循佛洛伊德的老路，企圖用特殊的案例來推演御宅族這個特殊族群的心智狀態；書中一共舉了兩個案例，一位是非主流藝術家（通常是指精神疾病患者的素人藝術家）達格，而另一位是大家都耳熟能詳的動畫導演宮崎駿。在達格的案例中，齋藤環分析了他一系列的畫作《薇薇安女孩與她們的百年戰爭》（聽起來有點像輕小說的名字），畫作中描繪了長有陰莖的天真少女們，與殘酷世界進行慘絕人寰抗爭的史詩故事。從分析中，齋藤環找到了「戰鬥美少女」與「陽具女孩」這個標誌，並與流行動漫中的角色做對比，企圖推導出達格與御宅族在心智結構上的共通性。而在宮崎駿的案例上，齋藤環試著評論他對《白蛇傳》這部動畫的態度，來描繪一個明明愛上動漫角色（白娘子）卻又害怕承認的心態，從中建構出一套御宅族愛戀「虛構客體」的「創傷模型」。

當然這並不是在說御宅族都是精神病患，就如同佛洛伊德分析史瑞伯並不是在說所有人都是同性戀，而是藉由這些案例，指出人類心智中有這麼一個普遍的面向，而這個面向居然能在動漫文化中用如此明顯的方式體現出來，我認爲這也正是動漫難能可貴之處——精闢地道出人類的經驗。

・虛構與現實

由於御宅族或動漫愛好者，已經太習慣於閱聽動畫漫畫這類的媒體，把虛構客體當作慾望對象這件事情被視作理所當然，而不會覺得奇怪。作者齋藤環醫師就質問：爲什麼會對虛構的事物產生性慾？這記當頭棒喝才讓我們眞正開始認眞思考這件事情，眞是既奇怪又有趣。動漫媒體呈現的完全是視覺訊息，與眞實性與慾望的感受有著天壤之別。眞實的關係中包含著許多元素，像是觸覺、味覺、體感、對方的心智狀態等等，與動漫中虛構的慾望幾乎是完全不一樣的東西。對動漫不熟悉的朋友也曾向我表示，無法理解爲什麼有人能對二次元的角色產生慾望；反觀動漫圈的朋友也會打趣的說，自己對三次元的異性完全沒有興趣。

若動漫是個「虛構的慾望客體」，那麼動漫族群就是愛上了這些「虛構客體」的人，把絕大多數的精力都投注在虛構的事物上。虛構與現實，是動漫愛好者的基本命題，在這個次文化圈子的人，曾幾度被別人說過，不要再沉溺於那些虛構的事情中？然而，一般人所論述虛構與現實這樣的二分法眞的成立嗎？在精神分析的傳統中，就指出了「精神現實」這個詞彙，藉此區別外在現實與內在現實，所以對精神分析而言，虛構與現實的界線本來就很模糊。在齋藤環的論述中，他援引了拉岡對於現實的看法，承自於許多歐陸哲學，認爲人類經驗的本質其實是靠著表徵與概念在運作，所以我們所謂的現實也不是眞的現實，它同樣屬於某種幻想結構，僅是比較貼近日常生活而已（事實上日常現實的崩解這類的劇情在動漫文本中非常常見）。

然而討論到虛構的世界或妄想的世界，會讓人很容易聯想到一個診斷——精神分裂症（現在稱思覺失調症）。難道說御宅族都是潛在的思覺失調症患者嗎？答案當然不是（但思覺失調症患者也可以是動漫愛好者），就作者的說法，兩者有本質上的差異，思覺失調症患者是被困在內在現實的世界中，而動漫愛好者則是對於虛構的世界具有「親和性」，並能夠從中找到「屬於自己的現實」。以這個假設爲基礎，讓我們拋開現實與虛構二分法的包袱，接受虛構的慾望客體，並來探討愛上這個虛構客體的、屬於動漫族群的心智——慾望結構到底長什麼樣子。

・精神官能症與性倒錯——動漫族群的慾望結構

齋藤環試著用精神官能症與性倒錯之間的辯駁，來解釋御宅族的內在心智結構，然而我想大家應該對這兩個詞彙相當陌生。所謂的精神官能症，指的是佛洛伊德指出的一系列人面對內在矛盾而起的心智機制，其核心就是伊底帕斯情結，也就是在三角關係中產生的閹割焦慮。雖然很難以三言兩語解釋清楚，但大家可以想像成是人在面對與性有關的感受時，會產生一系列複雜的內在機制，來處理這種感受，若處理不好，可能就會演變成問題行爲或是症狀，像是歇斯底里症、強迫症都屬於這個範疇。而精神官能症的反面即是性倒錯，意味著性的感受完全沒被內在機制處理就直接顯現出來，像是特定的戀物癖、暴露狂等等。當然這些是相當古典的定義，隨著時代演進、臨床知識不斷累積，精神官能症與性倒錯也各自有不同的意涵出現。精神官能症在現今已變成「正常人」的代名詞，伊底帕斯的感受則是每個健康的人都會經歷過的體驗；而性倒錯也不再指涉特定的變態行爲，而是指每個人都會有的，各式各樣的情慾結構，像是有些人貪戀權力、有些人沉迷美色，或是我們每個人心中，都有些不願溝通的小祕密。

御宅族的活動常常與性倒錯的概念連在一起，這是什麼意思？perversion 這個詞在中文被翻成「性變態」或「性倒錯」，總有種汙名化的味道，但若我們純粹從能量觀來看，這個詞的意思僅是講「原本應該被灌注在性行爲的能量，被轉爲灌注在其他地方」，其實是相當中性的詞彙，而且這樣的描述也還算精確。這種狀態在動漫文化圈中應是見怪不怪的現象，無論是 cosplay、同人創作、推偶像等等，哪個不是把所有的慾望能量都灌注其中的產物？若說每個人都有性倒錯的部分，一般人或是隱藏，變成一種祕密生活、或是用病態的方式表達，造成他人困擾。然而動漫文化圈可說是建立在性倒錯上的文明，是個用虛構慾望搭起的國度，在這個國度中虛構的慾望是共享的文化圈，大家可以從中恣意地遊戲、創造、找到寄託，這是極其特殊且珍貴的現象。

在古典的論述中，精神官能症與性倒錯似乎是對立的存在，然而對於齋藤環而言，他援引拉岡的理論，認爲性倒錯並不是精神官能症的反面，而僅是與精神官能症不同的結構，其複雜程度不亞於精神官能症。從這個觀點來看，動漫這種充斥著性倒錯氛圍的文化圈中，還是能找到屬於動漫族群的精神官能症結構。就他的說法，這個精神官能症結構就是「戰鬥美少女」——一種把虛構的慾望陽具化的象徵，藉由追尋戰鬥美少女，御宅族在動漫中過著屬於自己的精神官能症生活。

・御宅族的理路與未來

也許安上這些精神分析術語會讓某些讀者感到反感，認爲自己被貼上標籤，但我希望呼籲大家把這些理論視爲一種好奇與興趣。齋藤環對於動漫族群的剖析未必正確，因爲任何的精神分析理論與假設，也都會隨著時代不斷地產生變革；人對於內在的探索是無止境的工作，每個年代都會有不同的風景。我很好奇佛洛伊德若像是《羅馬浴場》的主角一樣穿越到現在的同人誌會場，會有怎樣的心情？他一定會大呼驚奇說：哇！原來性有這麼多可能性！

動漫文化圈也不斷在變化中，例如齋藤環在書中指出歐美人不太能接受虛構的事物（尤其對性），但現在動漫文化席捲全球，這樣的論述已不適用。十年前戰鬥美少女們可能還奔馳在動漫的戰場上，現在也慢慢式微，少女們不用戰鬥就能夠獲得高人氣（例如一起露營）；就如同齋藤環在書中所指出，御宅族爲了要因應媒體環境的改變，慾望的客體也會不斷變化。在這個過程中，我們不是要追求一套確定的答案，而是對這快速進步、不斷變化的動漫文化圈，持續保持好奇心，同時也慢慢認識自己，建構出一套屬於自己的御宅族心理學。

◈・前言

你聽說過「戰鬥的少女」嗎？

《寶馬王子》（リボンの騎士）、《小麻煩千惠》（じゃりン子チエ）、《風之谷》（風の谷のナウシカ）、《美少女戰士》（セーラームーン）……如果你是日本人，想必對她們相當熟悉，或是對她們當中的幾個人，抱著特殊的情懷。又或者，可能自你懂事以來，就與她們一同成長。這並非什麼奇怪的事情，對吧？

話說回來，你又是如何認識，並喜歡上她們的呢？所謂的「她們」，指的是在日本以外的地方，基本上看不到的「戰鬥美少女」。

假設日本存在著，可稱之為「戰鬥少女」體系的特有表現體裁，這個體裁也不只停留在小眾領域，而是極大範圍地滲透到媒體的各個角落。這類形象已經太過普及，所以大家不太覺察得到其特殊性。我們對於柔弱少女身著盔甲，或是扛著重型武器的形象，已經感覺不到任何異樣，當然我自己也不例外。

最初讓我察覺到這個現象有多奇妙的契機，是我看到美國業餘畫家亨利・達格（Henry

Darger, 1892-1973）的作品時。這位畫家的作品，近年也在紐約、東京等地展出，終於逐漸受到矚目。作品所描繪的光景極爲奇特，又異常吸睛。

達格既是作家也是畫家，又或者兩者皆非。他創作「作品」，是爲了創造容納自身的虛構世界。這樣的作家能夠被稱爲「作家」，其創造之物能夠被稱爲「作品」嗎？先撇開這些不談，在他的世界裡，邪惡大人的軍隊與未滿十歲的少女們展開血腥的戰爭。天眞與殘酷奇妙地融合——不，或許該說其表現出天眞本身的殘酷吧。

達格被視爲所謂的「非主流藝術家」（Outsider artist），這通常是用來尊稱因精神疾病、或因難以抑制的突發衝動而必須透過繪畫或雕刻來抒發的人。在長達六十年的歲月裡，達格基於只有他自己才知道的強烈動機，悄悄地持續建構專屬於他的世界。挑起這個世界存亡重擔的是七名少女。這些少女被命名爲「薇薇安女孩」，她們英勇的形象，帶給我強烈的似曾相識感。沒錯，我曾經在哪裡見過這樣的光景。

某份雜誌中介紹達格的專欄，爲我提供了一個線索。專欄指出，爲了保護世界而戰的數名少女，這個設定簡直就是日本的動漫作品《美少女戰士》。我再回頭去看達格的作品，幾名少女的臉龐確實帶有「動畫」的影子。當然，如果認定這位在一九七二年去世，得年八十四歲的畫家曾經接觸日本動畫，實在不合常理。該探究的反而是，這兩個應該無關的現象，卻因同樣的意象連結在一起。

這個問題，並不限於這位美國非主流藝術家的作品，與日本動畫作品有奇妙的相似性。「戰鬥的少女」本身不就是個特殊的現象嗎？當我們一擴大視野，就浮現出了全新的問題領域。

或許戰鬥美少女本身，在現階段屬於日本特有的大衆化表現體裁。在日本，少女們戰鬥的故事多得不勝枚舉，不僅是《美少女戰士》，反而應該說，日本大多數的動畫作品中，都會出現戰鬥美少女。這幾乎像是「固定套路」，製作方想必也抱有這樣的意識。現在擔任評論家，同時也是動畫製作者的岡田斗司夫（1958-），就根據「最好是漂亮的女孩子去到宇宙，而且有巨大機器人出現」的方案，製作了OVA（original video animation，原創動畫影片）作品《勇往直前》（トップをねらえ！），並且大受歡迎。

但奇妙的是，就連製作方也經常沒有充分意識到「戰鬥美少女」這種角色（item）的特異性。容我再重複一次，為什麼動畫的女性角色要主動拿起武器，將自己的青春期奉獻於戰鬥行為呢？為什麼她們不讓勇敢的英雄保護，或者甘於只當個陪襯呢？為什麼她們不等自己長成比男性還活躍的成熟女性，就要開始戰鬥？而最讓我摸不著頭腦的是，戰鬥美少女本應該是個徹底虛構的且拼貼出的符號（icon），她們的存在居然能給人一種現實感，並且在被慾望與消費的過程中，形成了一種對現實的悖論。這才是必須解開的最大謎團吧？

那麼在歐美又是如何呢？舉例來說，在好萊塢電影當中，確實也有一些「戰鬥的女性角色」，但卻近乎不可思議地看不到戰鬥少女的例子。雖然到了近幾年，開始能夠看到一些例外，但除此之外綜觀各種體裁，幾乎可說是沒有她們的蹤跡。相較於在日本的「大量消費」，這是相當奇妙的事情。這樣的落差代表著什麼呢？

當然，在法國曾有過聖女貞德這項「史實」，她堪稱所有戰鬥少女始祖的女王。我們不能無視如此巨大的符號，然而她終究被認爲是眞實存在的人物，而不是人們慾望與大量消費的虛構對象。但即便是討論這種歷史中眞實存在的人物，也還是會偏離現實。而我更希望專注於作爲消費對象的虛構角色，以及其本質的差異。

這麼一說，人們動不動就指出日本人的「蘿莉塔傾向」，已是讓人厭煩的老生常談。

——日本女性說起來很幼稚。她們喜愛孩子氣的玩具，或是用如少女一般異常高亢的聲音說話。身邊都是這些幼稚女性的男性也變得幼稚。一般來說，日本人的精神年齡偏小，性慾的對象也包含了不成熟與多態性倒錯（polymorphous perversity）【審閱註1】的要素。所以由男性扮演女性，甚至是女性身著男裝的倒錯，才會在日本的舞台劇中發展。此外，日本男性在性方面強烈地壓抑，因此在面對成年女性時會不舉。只有能夠隨他們擺佈的小女孩，才能安心地投射慾望……，所以「戰鬥的少女」有什麼好奇怪的嗎？她們就是日本人喜愛的、多態性倒錯的象徵。

【審閱註1】：多態性倒錯（polymorphous perversity）爲佛洛伊德提出的概念，古典精神分析的概念中，原慾能量並非投注在與異性的性行爲上，都叫做性倒錯，而這些偏離的原慾轉往各式各樣的部位或對象，亦即爲多態的性倒錯結構。這種多元化的性偏好，在動漫文化中很常見。

這些嗤嗤笑著的小女孩，有著愚蠢而巨大的瞳孔與異常小巧的嘴巴，穿上內衣般的盔甲，並配戴造型奇特的光線槍，除了巨大的乳房之外欠缺任何主體性。這樣的「文化」只不過是將倒錯的慾望適當地壓縮集結，加上適合闔家觀賞的包裝後，出貨到全世界。這就是「日本動畫」（Japanimation）的眞面目云云……。

如此一來，這個問題也能姑且就此「消解」，且能事不關己似的發表「日本人啊！拋開動畫長大吧！」這樣的緊急聲明。但這彷彿山本七平（1921-1991）或齋藤十一【譯註1】（1914-2000）筆下說教般的論述，即使將「日本人」替換成「御宅族」，也能在完全相同的脈絡下成立。換句話說，這樣的解釋只有在把日本人與御宅族畫上等號時才說得通。但眞是如此嗎？

無須多言，所謂「日本人的蘿莉塔傾向」之類的解答是錯的。單憑印象就把單一民族性與固定的倒錯傾向連結，只不過是不負責任、不太科學的謬誤，這樣不嚴謹的態度才是最需要避免的。不斷地老調重彈「日本特殊論」也是相當貧乏的想法。不斷假托「日本人」來談論自己，這只是用一種自戀的方式自欺欺人罷了。

那麼，像「戰鬥美少女」這樣甚至能從數量驗證，在日本社會相對主流的現象，該如何探討呢？

第三章將基於實例來探討，透過與海外動漫迷的交流，釐清一些海外看待戰鬥美少女的觀點。有些意見支持戰鬥美少女是日本特有的符號，但也有意見指出，這樣符號的歐美例子也不勝枚舉。關於這點，可能也是因爲對戰鬥美少女的性格定義相當模糊。但我想要明確指出，至少戰鬥美少女這樣的符號，既非日本獨創，也非日本特有的領域。爲了避開膚淺的日本特殊論，在此必須特別強調這點。

基於這樣的前提，我們可以重新看見戰鬥少女的「特色」。在歐美，無論她們是「女孩」還是「女人」，都是巾幗不讓鬚眉，體格肌肉發達，基本上比較像是「擁有女性肉體的男性」，又或者是「模仿男子氣概」的女性。這些人物造形，其實是源自於西方女性主義的政治傳統。

日本的戰鬥美少女相較之下就很不一樣。就如同在《風之谷》或《美少女戰士》等作品中可以明顯看出「少女性」，這種少女性完美地保存了這種純潔又令人疼惜的感受（雖然不一定等於「處女性」）。人們接受這兩種戰鬥少女的方式也明顯不同。日本的「戰鬥美少女」，原本應是針對年齡層十五歲以下的小女生，而創作出的同一性符號，但現在的消費族群早已不限於小女生，而這些族群就是御宅族。至少大部分的男性御宅族，都將這些少女視爲性慾的對象。

我們或許該將這類「日式」的戰鬥美少女，與歐美的「戰鬥女郎」區別開來。而在區別的時候，精神分析的視角很有幫助。

在精神分析當中，尤其在對性倒錯的分析時，會提到「陽具母親」（phallic mother）這個關

【譯註1】：這兩名日本人都以外國人的名義，發表評論日本人的著作。山本七平的筆名是「Isaiah Ben-Dasan」，設定爲神戶出生的猶太人。齋藤十一筆名「Jan Denman」，設定爲荷蘭籍記者。

鍵概念。顧名思義，這個概念的意思就是「擁有陰莖的母親」。一般而言，這個詞也用於形容「有權威的女性」。總而言之，陽具母親象徵著一種全能感與理想性。

相對於陽具母親，我想將剛才暫且稱之爲「日式」的戰鬥美少女類型，稱爲「陽具女孩」。爲了刻劃出從達格描繪的「擁有陰莖的少女」，到動畫美少女這個特殊的系統，我刻意使用這個新創的名詞。下文將使用陽具母親與陽具女孩這兩個系譜進行一系列的探討。

以下是本書的大綱：

我將戰鬥美少女乃至於陽具女孩這樣的表徵，一律視爲性慾的對象（原因／結果）處理。首先我將分析她們最大的消費者，即御宅族這個族群，並且試著爲御宅族始祖亨利・達格勾勒出一幅側寫。接著作一個陽具女孩的系譜，根據第六章後的年表進行個別討論。從這裡開始，我們將重點轉移到媒體理論，尤其是媒體所創造出的虛構空間以及其變貌。此外，我也會以我的觀點，用精神分析的理論來探討這些現象到底算不算性倒錯。我也會嘗試用媒體分析的方法，來解釋戰鬥美少女的出現並持續不斷變化的過程，並據此進行一些預測。

I

「御宅族」的精神病理

◈・「御宅族」指的是誰？

從本書的主題切入，就免不了關於「御宅族」的探討。只要他們仍是消費「戰鬥美少女」最多的族群，這就無可避免。御宅族在什麼時候想些什麼、追求什麼又如何追求？回過頭來探討「御宅族的精神病理」難道不是「假問題」嗎？因爲在問這個問題時，答案已經呼之欲出了不是嗎？

御宅族指的是那些，緊握著動畫或怪獸之類幼稚的過渡客體（transitional object）【審閱註1】，即便長大了也不願放開的不成熟的人。他們只不過是避免因爲接觸現實而受傷，所以逃到虛構的世界裡。這些人害怕成熟的人際關係，尤其是性關係，只對虛構對象產生情慾。以精神醫學來說就是「分裂氣質」——以上我試著羅列了所有想得到的，關於御宅族的刻板印象。只不過「刻板印象」不代表就一定是錯的。問題在於這些印象「即使正確，也沒什麼意義」。這樣的說詞，可說是完全忽視了御宅族這個群體有趣的特性。

御宅族這個奇妙且獨特的族群，是透過近代媒體環境與日本人類似青春期的心理狀態，彼此交互而誕生出來的。而就我所知，關於「御宅族這個族群」的考察至今仍不夠充分。我在本章將從精神科醫師的立場，或者有時脫離這樣的立場，試著針對「御宅族的精神病理」進行探討。

當然，「御宅族的精神病理」這樣的表現，不代表身爲御宅族就是病理現象。這種表達就如同「青春期的精神病理」，或者「女高中生的精神病理」等，是對於假定某個團體其共同具備之特殊心理狀態的暫定名稱。這也是爲了不使用「心理」或「精神結構」等語彙的權宜之計。我知道很難理解，乾脆換個更精確的說法，這裡所謂的「精神病理」，指的就是御宅族這個主體企圖透過媒體這個中介物來探討背後的經驗。所以說，問題依然指向「媒體」。

我刻意不將御宅族本身單純視爲病態，相反地也不會自稱爲「御宅族」（御宅族不會以此自稱），以此爲前提探討「御宅族的精神病理」。這是爲了以一個對等的角度來看御宅族這個群體是如何適應，困難又是什麼。

著手之初，也必須提到討論御宅族的特殊困境。「御宅族文化」至今恐怕仍處在未成熟的階段（站在可期待其「成熟」的立場）。正因爲尚在生成途中，以超然的立場去探討，會遇到原則上的困難。因此討論御宅族的方法極其有限。看是要將自己定義爲御宅族，採取徹底認同的戰略，換句話說就是刻意從不批判的角度來探討（這是御宅作家、自稱御宅之王的岡田斗司夫的立場）；或是讓自已站在對立面，以厭惡感及排斥的邏輯與之對抗。這兩種角度都是自戀的變形，並且經常只是御宅族在自說自話。首先我們必須知道，目前對御宅族的討論，僅有這兩種

【審閱註1】：過渡客體爲英國精神分析師溫尼考特提出的概念，指稱在幻想與現實中間有個過渡的區域，兒童會透過這種過渡性的客體或經驗，來慢慢適應現實，舉例如歐美動畫史奴比中奈威的藍色毯子，就是過渡客體很好的例子。

角度。

不過，我的目標是第三種途徑，那就是成爲「『御宅族』的御宅族」。換句話說，就是喜愛「御宅族」這種文化本身的御宅族。這或許更接近岡田斗司夫所標榜的立場，但他定義自己屬於特攝‧模型的御宅族。如果硬要說的話，我也曾是特攝‧怪獸的粉絲，但以前曾經喜愛的哥吉拉，現在也完全失去興趣（不是因爲我長大了，而是因爲哥吉拉退流行了）。而多數的美少女動畫，我也完全不覺得「萌」（參考七十六頁）。雖然沒有漫畫我應該活不下去，但因爲不喜歡動畫類作品的畫風與對白，所以幾乎不看。對我來說，就連宮崎駿的動畫，都已經瀕臨我對「動畫表現」容許度的極限。儘管如此，御宅族的言行舉止卻讓我移不開目光。不知道是幸還是不幸，我自從研究所畢業之後，就置身於身邊必有幾名重度御宅族的環境。如果只是從旁觀察，他們的言行舉止饒富趣味。一方面我很開心自己能夠直接觀察他們，但另一方面，也不否定有時會因爲他們以社會人士的標準而言怎麼看都不成熟的言行而感到困擾。不過大致來說，我認爲自己依然能夠與他們維持友好的關係。是的！「他們」當然跟我一樣全部都是精神科醫師。就我來看，應該很少有其他職業的「御宅族比例」像精神科醫師這麼高。譬如一九九七年《新世紀福音戰士》（エヴァンゲリオン‧ブーム）掀起熱潮時，就我所知，某醫療機構就針對這部動畫展開非常熱烈的討論，不過話題至此已然偏離，就不深入多談了。

這麼說來，我到底算是站在什麼樣的立場？現在還找不到適當的回答。畢竟精神分析的前提，就是自我分析的不可能性（也就是爲什麼需要接受分析的訓練）。我也停止無謂的自問自答，試著以一名精神科醫師敍述所看見的，特殊的共同風景。

◈・御宅族論的變遷

首先必須從「描述御宅族」開始。

雖說是描述，卻也不是那麼嚴謹，只是一個暫定的規範，用來說明御宅族在本書中所指稱的是什麼樣的人。但如果可能的話，我希望透過這樣的描述，更加鮮明地看清楚御宅族這個族群的領域。

「御宅族」這個至今已全球通用的名詞，在多種意義上都很特殊，其命名到流通的始末廣爲人知。能夠好好追溯流行語的來源，這必須歸功於現代媒體的特殊性。首先來快速回顧一下：一九八三年時，作家中森明夫（1960-）在雜誌《漫畫Burikko》的文章中，揶揄地稱呼他們爲「御宅族」（otaku），此語取自動畫迷稱呼彼此的第二人稱（譯按：即「お宅」，讀作「otaku」）。這個名詞雖然含有某種歧視性，但當初只在次文化業界內流傳。附帶一提，我第一次知道這個名詞的存在，是透過作家佐藤克之（1963-）一九八五年在雜誌《寶島》上的專欄。

不過，隨著一九八九年的女童連續殺人事件【審閱註2】，「御宅族」這個名詞一下子廣爲流傳，並且隨著普及而誕生了幾種變形。譬如「御宅族群」（otakuzoku）或「宅男」（otakki）等等。於是「御宅族」從暫時性的流行語，充分演變爲日常口語。

接著到了九〇年代，「otaku」這個名詞，以穩健增加的海外「動畫（日本動畫）迷」等族群爲中心輸出，在歐美甚至被視爲與「壽司」（sushi）、「卡拉OK」（karaoke）等同樣普及的「外來語」。在網路上搜尋包含「otaku」這個詞的網站，能夠得到將近七萬筆的結果。當然，其中大多數是動畫迷個人製作的網站，但也不止於此，包含哈佛大學與麻省理工學院等菁英學校在內，許多大學都有動畫社團，各個社團都設置了網站。此外他們還製作了AM-PLUS這個雖然受到批評，但品質相當高的網路雜誌，換句話說，「otaku」這個詞開始和「動畫」（anime）一樣，擁有一定程度的普及性。

儘管如此普及，或者正因爲如此普及，「御宅族」這個名詞所涵蓋的輪廓依然相當模糊，至今仍經常被當成「愛好者」（mania）的同義詞使用。此外，在「宮崎勤事件（譯按：即前述之女童連續殺人事件）」之後，這個詞彙也帶有負面的印象，用來指稱「藺居在家、不善與人交際且個性陰沉（或是危險）的人」。就這點來看，也讓人覺得曾一度成爲流行語的「根暗」（nekura，個性陰沉的人），已經被「御宅族」取代。舉例來說，媒體間曾存在「宅八郎」現象，據說該現象的策劃者，就是發明「御宅族」這個名詞的中森明夫。宅八郎既是「愛好者」，也採取將上述之負面形象誇張地包裝在自己身上的策略。不過看似只有這個負面的部分逐漸浮上檯面。就印象而言，或許可以非常粗略地將御宅族分成正面、開放的「鐵道．動畫派」，以及負面、封閉的「電波派」。不過兩者之間也有著相當高的重疊性。

那麼，必須在某種程度上收斂「御宅族」這個難以定義的名詞，不然很難往下討論。

雖然中森明夫作爲命名者，似乎有意以他自己的立場將動畫迷的獨特氣質區別開來，但並未嘗試明確的定義。然而在命名後不久，卻被當時的漫畫編輯大塚英志（1958-）指出這個詞彙的「歧視性」，並且逐漸演變爲論戰。他們以宮崎勤事件爲契機「和解」的始末也耐人尋味，但在此不提。無論如何，唯一可以確定的是，「御宅族」的命名可謂天才之舉，這樣簡單的一個詞彙，就凝聚了從本質到表層的一切。「御宅族」一詞的模糊性之中具備了本質性的抽象特徵與多重意義。就這層意義而言，這個詞彙很像精神分析師土居健郎（1920-2009）爲了理解日本人的人格結構所使用的知名關鍵詞：「依寵」（甘え〔amae〕）【原註1】。這兩個詞彙雖然都是日常用語，卻被賦予了新的意義。儘管定義依然模糊，此舉卻給這個詞所代表的內容帶來決定性的印象。當然，我不覺得有方法能完整地描述御宅族，但在此我將根據一些抽象與形容，或多或少讓御宅族的形象更爲清晰。這是我唯一的目標。

就現階段來看，身在「御宅族現場」的第一人，岡田斗司夫正因爲是御宅王，所以能夠賦

【審閱註2】：卽宮崎勤事件，罪犯宮崎勤先後綁架殺害四名年紀介乎四至七歲的女童。由於宮崎勤的戀童傾向與御宅族的形象有所重疊，在當時嚴重打擊動漫產業，社會上也開始對御宅族有所歧視。

【原註1】：土居健郎《依寵的結構》（甘えの構造），弘文堂，一九七一年。譯註：日語中的「甘え」（amae）爲撒嬌、依賴的意思，類似兒童對母親的情感。

予這個名詞明確的定義。在此試著引用他的著作《御宅學入門【原註2】》。「御宅的定義」為以下三點。

定義一：具備進化的視覺。

定義二：具備高度的訊息處理能力。

定義三：孜孜不倦的上進心與自我表現欲。

據岡田斗司夫表示，「御宅」這個詞彙，原本發源自慶應義塾大學幼稚舍【審閱註3】出身的科幻迷。剛開始即使用「御宅」稱呼第一次見面的人也不會失禮，但隨著錄影機普及，御宅族人口急速增加，現在已經幾乎不再這樣用。換句話說，現役的御宅不太喜歡「御宅」這樣的稱呼。至於原因，可參考岡田斗司夫提出了御宅特徵中的其中兩點：「過度關注與談論自己（但並非是稱讚自己）」，以及「極端厭惡被他人歸類」。

「御宅」是跨領域的。這點與堅持單一領域的「愛好者」不同。換句話說，他們不僅是止於某種動畫的粉絲，興趣範圍更橫跨特攝、電影、漫畫等多個領域。

一般認為，成為真正的御宅，必須具備「粹之眼」、「匠之眼」與「通之眼」【原註3】。不過，這些雖然是御宅的「充分條件」，卻不是「必要條件」。真要說起來，這三項已經是屬於「菁英御宅」的條件了，並非所有御宅都能滿足。我在這裡想要提出的疑問，不如說是所有御宅都符合的「御宅的必要條件」是否存在？如果存在，這個條件又是什麼呢？

在此指出一個耐人尋味的事實，即必須脫離御宅族，才能承認自己是「御宅族」。岡田斗司夫已經是「御宅王」，因此所處的位置與御宅族本身有著微妙的差異。他的地位看起來像是「御宅界的發言人」，而這個事實果然暗示了御宅界的封閉性嗎？「承認自己是御宅族」就會脫離了御宅族的身分。「承認導致脫離」這種狀況，不就是御宅族難以定義的原因之一嗎？岡田斗司夫的著作是有趣的現場記錄，同時具備高度的參考性，這點也很難得。但很可惜，他並未完全脫離御宅族的身分。故意不去看御宅族病理性的一面，這或許是他的策略，但這麼做就只能給人看到特定的面向。舉例來說，對於「性」（sexuality）這一個屬於御宅族本質的問題，岡田斗司夫卻沒有充分探討。不過這點也是許多御宅族論述容易遺漏的面向，並非岡田斗司夫一個人的問題。

◈

【原註2】：岡田斗司夫《御宅學入門》（オタク学入門）太田出版，一九九六年。在此說明「御宅族」的寫法：岡田斗司夫為了與過去帶有負面印象的「御宅族」（寫作平假名的「おたく」）做出區別，採用片假名的寫法（オタク），而這個寫法現在逐漸成為主流。本書為了表達對原發案者的敬意，統一遵循中森明夫的平假名寫法，但引用岡田斗司夫著作的部分，以及指稱海外的動畫迷時，則使用片假名的寫法。譯按：由於中文無法區分兩者，因此將平假名的「おたく」翻譯為「御宅族」，片假名的「オタク」翻譯為「御宅」，以茲區別。

【審閱註3】：私立慶應義塾大學的附設小學。若考進幼稚舍，則可一路直升至慶應大學，入學者多為達官貴人子女。

【原註3】：前述著作。根據岡田斗司夫的解說，「粹之眼」是「以自己獨特的觀點發現作品中的美，守護並享受作者成長的觀

於宮崎勤事件中全面展開御宅族擁護論的評論家大塚英志，在《虛擬現實評論【原註4】》中，發表了耐人尋味的調查結果：

「御宅族的異性朋友比一般人更多，而且朋友也多。相當善於社交。」
「御宅族整體而言相當富有，很多都是工程師或醫師。」
「收入中，投資於娛樂的占比很高。」
「看電視的時間異常地短。」
「興趣廣泛。」
「討厭『玩物喪志』這個詞彙。」

當然，這個結果想必帶有擁護御宅族的偏見，但其中也指出了一些相當意外的部分，是一份相當耐人尋味的資料。看來在很多時候，與其冒失地嘗試定義御宅族，如這般從現象的層級建立大致的印象似乎更有意義。

此外，一般認為男性在御宅族當中占了壓倒性的多數，但也有一說指出，COMIKE（定期舉辦的「同人誌販售會」〔Comic Market〕，其規模能吸引數十萬名粉絲，以動漫同人誌等的買賣活動為主）的參加者中，女性占了約七成。即使並非所有人都是這裡所說的「御宅族」，但或許也必須充分考慮到這一現象。

精神醫學方面認爲，會成爲御宅族的主要是具有分裂氣質者（編按：指具有類分裂人格者），看似符合這般描述的案例似乎也不少，但這種說法並無法被普遍接受。畢竟御宅王岡田斗司夫從體型來看，屬於典型的循環氣質者（善於社交、待人隨和，但可發現其情緒在躁鬱之間變動，據說多數體型肥胖。）（編按：相對於分裂氣質）。關於這點，岡田斗司夫本人也透過日記與文章發表過自己於躁鬱之間擺盪的情緒。而且在我看來，就連「宅八郎」也不屬於分裂氣質……不過閒話就到此爲止吧！

社會學家大澤眞幸（1958-）在「御宅論【原註5】」中，嘗試了就我所知最縝密的描述。他將御宅族現象最大限度地抽象化後，得到如下的結論：

在御宅族身上，規定自我認同的兩種他者【審閱註4】——超越性他者與內在他者——極度接近。

他更進一步將這段話轉換成精神分析式的說法——「自我理想（ego-ideal）與理想自我

點」；「匠之眼」則是「對作品進行邏輯分析，看穿其結構的科學觀點。同時也是看穿偷師的匠人觀點」；至於「通之眼」則是「能夠從作品中窺見作者的狀態，以及作品細節的眼光」。

【原註4】：大塚英志《虛擬現實評論》新曜社，一九九二年。

【原註5】：大澤眞幸《電子媒體論》新曜社，一九九五年收錄。

（ideal-ego）的彼此接近」。在此加上若干解說。透過超越性他者建立的是自我理想，也就是「那個想要成爲的自己」。譬如透過想進好的大學、想從事知性且高收入的職業等社會價值觀所建立的自我形象；至於透過內在他者建立的則是理想自我的維度，這是指先將社會的價值判斷擺一邊，總而言之就是「自己很棒」、「轉生也要成爲自己」這種自戀式的自我形象。

若要說對大澤眞幸的定義有什麼不滿，那就是以精神科醫師的習慣，若只看「超越性他者與內在他者極度接近的人」這段描述，首先會聯想到的，與其說是御宅族，還不如說是精神病患者。因爲這段描述把御宅族的精神病理講得過於嚴重，「御宅族」一詞本應能夠概括描述從病理現象到健全嗜好的範疇，若照大澤眞幸這樣講就過於偏頗了。

話雖如此，他的著眼點也爲御宅族帶來新的觀點，帶來了分析性解釋的一種可能性，就這點來看意義尤爲重大，但依然存有不同的意見。我們正常人與御宅族，其實都是精神官能症者【原註6】【審閱註5】，完全沒有心理結構上的差異。因此「自我理想與理想自我彼此接近」這個說法，儘管可視爲部分正確的比喻，但卻必須視爲錯誤的結構分析。再者，大澤眞幸在這個部分的表達，也恐怕會被誤解爲，比起「內在性」更讚揚「超越性」；比起「理想自我」更讚揚「自我理想」。這麼一來，最後恐怕會成爲強化「御宅族必須接受現實長大成人」、「接受理想與現實之間的落差吧」等老生常談的口號。

儘管我無法全盤接受大澤眞幸所指出的內容，但我是否能夠以自己的方式推翻呢？這是前面也提過的「主體中介物」（mediation）的問題。舉例來說，就連「成長」與「成熟」，都被視爲這種主體的中介物之一。「理想自我」就是透過「成長」這項中介物轉換成「自我理想」，並且定型下來。若說有什麼將御宅族與我們區隔開的話，絕對是這個中介作用吧！

如果要有所根據地在某種程度上推翻大澤眞幸所指出的觀點，那想必就是御宅族身上的中介作用相對較弱這點吧？由於媒合作用弱，所以理想自我並未充分變換、定型成爲自我理想，因此看起來兩者相當接近——但眞是如此嗎？

我不這麼認爲。至少中介作用的強弱這種過於單純的結論，依然無法否定掉前述的口號化。爲了闡述中介作用的差異，我們必須繞一大圈遠路才行。現在先停留在提出疑問的狀態，只能先預告此番強調的「中介作用」，將成爲媒體理論的伏筆。

【審閱註4】：他者（other）爲拉岡借用現象學的術語，泛指「非我」的概念結構，用以解釋主體性的組成。

【原註6】：這裡遵循拉岡派精神分析的根本命題，包含所謂的健全者在內的，「以言語溝通，並因此矛盾」的存在稱爲「精神官能症者」，而與我們這些精神官能症者言語溝通時，也同樣經常失敗，就這層意義上的失常存在則稱爲「精神病者」。

【審閱註5】：對當代而言，精神官能症（neurosis）就是有內在衝突的一般健康的人，而精神病（psychosis）則是指有較嚴重人格或心理病理的人。

◈・御宅族與愛好者

雖然以類型來描述人物時，所能掌握之特色有其極限甚至可笑，但這方法仍能提煉出一些御宅族的特徵。什麼樣的人會被稱作御宅族呢？我將自己的描述列舉如下：

・對虛構的東西接受度高的人。
・會使用虛構的方法去「擁有」愛慕對象的人。
・不只是雙重定向，甚至是多重定向的人。
・能夠從虛構中找到性慾對象的人。

在依序說明各個項目之前，有幾點必須先釐清。第一是我在此先保留對於御宅族的價值判斷。即使在御宅族身上容易看見「逃避現實」、「逃入虛構當中」、「欠缺一般常識」等不適應社會的問題，但這並非其本質。若在描述中混入價值判斷將會加深混淆。如果我的說明多少有些效用，這（明顯）是因爲不包含價值判斷的關係。

如果想要說明某種類型的特徵，與其他極度接近的類型比較，再討論就能很容易理解，而與御宅族最接近的類型，想必就屬「愛好者」了吧？

雖然至今仍有將兩者混爲一談的狀況，但御宅族與愛好者明顯屬於不同的族群。兩者的差異儘管微妙，卻相當重要。假設御宅族與愛好者是同義詞，那麼討論「御宅族的精神病理」便完全不具備當代討論價值。因爲御宅族的普遍性當然比不上愛好者。若說愛好者是一種戀物癖，其歷史便幾乎可以追溯到文明的起源。

儘管兩者或許有些重疊，但姑且先從討論差異開始。就結論而言，我認爲現在的御宅族，或許就是部分愛好者爲了對應媒體環境的變化，所達成的一種「適應性擴張」的型態。這就如同哺乳類動物在澳洲大陸分化成有袋類，愛好者也在「媒體環境」這個封閉大陸，分化出了御宅族。

這兩種「群體」的差異，首先從他們選擇以何者作爲依附客體的階段就已經能清楚分辨。在此試著具體列出這兩種群體選擇客體的體裁：

・御宅族的客體

動畫、電玩遊戲（以美少女遊戲爲主【原註7】）、輕小說、聲優偶像、特攝、C級偶像、同人誌、YAOI【編註1】二創（參考原註16）、戰鬥美少女

【原註7】：作品中有二次元美少女主角登場，並以與主角的戀愛成就爲主要目的的一種角色扮演遊戲。代表性作品包括：《純愛手札》（ときめきメモリアル）、《To Heart》。

【編註1】：臺灣現在比較常用「BL」、「腐向」、「耽美」等詞，「YAOI」是日本比較早期的說法。

・兩者可能重疊的客體

鐵道、電腦、電影、漫畫、B級偶像、科幻作品、美漫、神祕學、廣播、警探小說、塑膠模型、模型

・愛好者的客體

集郵、書籍（藏書癖）、音響、攝影、天文觀測、賞鳥、昆蟲採集、一切音樂、以及一切收藏相關者

這些分類僅依據我的個人印象，並未忠於任何資料基礎，因此想必也有許多例外或爭議，即使有人問我「收藏動畫公仔（參考第二章原註2）算是御宅族還是愛好者」，我也很難給出明確的解答，但我想大致上這些傾向差異的部分應該正確。接下來，就以上述的客體分類為前提，探討御宅族與愛好者的差異。

在客體方面，最明顯的就是「虛構脈絡的差異程度」。這裡姑且將「虛構」假設為在一定的偏差下，抽象化的「現實」。當然，實際上並非這麼簡單，但為了方便我們就暫且如此假設。

我們可以根據這個假設，將「虛構的程度」分級。譬如基於訪談與第一手資料所製作的紀錄片，虛構性就很低；而透過引用與戲仿等手法，「虛構」本身也可能被無止盡地抽象化，甚至更加虛構化。也就是說，根據這樣的定義，後設小說的虛構程度就比小說更高。換句話說，以原始資料為媒介的媒體數量愈多，虛構程度就愈高。這就稱為「虛構脈絡」的程度差異。

這裡的「脈絡」，依循英國人類學者、社會科學家葛雷格里．貝特森（Gregory Bateson, 1904-1980）【原註8】與美國人類學者愛德華．霍爾（Edward T. Hall, 1914-2005）【原註9】的用法。換言之，就是決定某項刺激的意義的廣義脈絡性。必須注意的是，這裡所說的「虛構脈絡」的程度愈高，並不代表虛構性愈高，兩者之間並非如此單純的比例關係。關於這點，之後會再次提及。

總之，所謂愛好者原本指稱的族群其所熱衷的，通常是無法帶來實際利益的事物；然而在御宅族面前，就連愛好者的興趣似乎都非常具有「實體性」（請注意，並非「實際利益」）。請各位再去看一次前面的比較，被愛好者視為對象的音響、郵票、骨董、昆蟲採集等，看似沒有任何實用價值，要說是不務正業也確實不務正業，但與御宅族的客體相比，愛好者的客體便具有相當的「實體性」。這裡所說的「實體性」意思非常單純，指的是可以用手拿取、可以計量等等的意思。

一般而言，愛好者追求的是作為實體的有效性。譬如收藏者以龐大的收藏量為傲，其中當然也包含「稀有價值」這種「機率的判斷」。至於音響愛好者比的則是如何減少雜訊，更忠實地重現音源；又或者昆蟲愛好者將「熟悉」珍稀昆蟲視為理所當然，並將身為收藏家的評價賭在

【原註8】：葛雷格里．貝特森〈學習與溝通的理論分類〉《心智生態學》下集，佐藤良明、高橋和久譯，思索社，一九八七年。
【原註9】：愛德華．霍爾《超越文化》岩田慶治．谷泰譯，TBS-BRITANNICA，一九九三年。

其擁有的標本上。在愛好者之間，可以說單純「實體傾向」的默契依然存在。

但御宅族缺乏這種對於「實體」與「實效性」的傾向。他們知道自己執著的對象並無法稱得上是實體的事物，也知道自己所擁有的龐大知識對社會沒有任何貢獻，或者這些無謂的知識（尤其在「宮崎勤」事件之後）可能會遭到輕蔑，甚至是警戒，卻在明知如此的情況下，又如同遊戲一般互相表現其狂熱。「對於虛構脈絡親和性高」的形容，大體而言是為了使上述的區別更明確。

我剛才使用了「表現狂熱」的描述，關於這個描述或許需要再行解說。簡而言之，「御宅族的狂熱」比「愛好者的狂熱」更加具備表演性。這裡指的是利用「狂熱」作為密碼，與其他御宅族交換訊息的狀態。話雖如此，他們絕不清醒，但也不至於狂熱到忘我的程度。這種「擺出姿態的狂熱」，或許正是「對於虛構脈絡親和性高」的御宅族本質，之後會提到的「萌」，就能精準地表達出這狀態的巧妙之處。

另外，或許也必須考慮到面對社會的狀況。御宅族的依附客體大體來說都「羞於見人」，都老大不小了還對動畫熱血沸騰，他們很容易因此遭到輕視，所以多半會針對這點產生自我防衛，至少在面對社會時需要「我只是裝得很沉迷」這樣的藉口。

如果將以上描述用哲學家班雅明（Walter Benjamin, 1892-1940）【原註10】的風格來比喻、表達，或許可以說愛好者是沉迷於「實體＝原型」的靈光（aura），御宅族則是主動虛構，並表現出「虛構＝複製物」的靈光。

◈・「擁有」的問題

那麼，御宅族的下一個特徵就是擁有依附客體的方式。他們喜歡動畫、喜歡特攝，但這些與郵票或音響不同，很難成為單純的收集對象，而且事實上，御宅族也不一定是收藏家。舉例來說，所有的動畫迷都熱衷於收集「賽璐璐片【譯註1】」嗎？出乎意料地並不一定。當然這樣的御宅族也不少，但像這種收集癖並不構成「御宅族的必要條件」。原因之一在於，賽璐璐片不一定是動畫的實體對象物。這樣的表達或許有些似是而非，但賽璐璐片作為動畫的副產品，或許應該擺在與周邊商品同等的地位。因此卽便擁有某個動畫作品所有的賽璐璐片，也不等同於完全擁有這個動畫作品。那麼御宅族該如何將他們所愛的客體化為己有呢？

這顯然就得透過「虛構化的手段」。

他們不會將喜愛的虛構物實體化，也並非如大家常說的將現實與虛構混為一談。他們只是專注於，將現有的虛構進一步升級成為「專屬於自己的虛構」。御宅族喜愛戲仿並非偶然，卽使

【原註10】：華特・班雅明《機械複製時代的藝術》川村二郎等人譯，紀伊國屋書店，一九六五年。

【譯註1】：為早期動畫製作時所用的材料，會在透明的賽璐璐片上著色，所以具有收藏價值，但現已被電腦技術取代。

是角色扮演（cosplay）與同人誌，首先也必須像這樣當成虛構化的手段來理解。人氣動畫作品，必定有人撰寫極短篇（short story）或是外傳故事（side story），這又被稱爲「SS」。他們沿用動畫作品的設定與登場人物，撰寫不同版本的小說乃至於劇本，並透過電腦在線上論壇發表。從事這種無法獲得任何利益的行爲，其目的是什麼呢？自我表現？服務其他粉絲？倘若如此，戲仿或評論的效率應該遠遠更高於此吧？因此我認爲，「SS」正是御宅族擁有作品的手段。他們讓自己附身於作品上，根據同樣的材料編織出不同的故事，並對這個群體發表。這一連串的過程，不就是御宅族在這個族群中舉行的「擁有儀式」嗎？

即使不論這麼「深入」的層面，一般而言御宅族也都是評論家。所有御宅族都抱持著稱得上是評論衝動的特質，這點就連宮崎勤也不例外。甚至不如說，忘記評論的粉絲，看起來就不像御宅族，因爲若是御宅族，就必須不斷地、不斷地闡述作品或作家，而他們熱情闡述的對象不只限於作品，甚至還涉及作品與自己的關係。御宅族在評論時的熱情，又與創造新的虛構這種對於「擁有」的狂熱重疊。若說得極端一點，御宅族在將喜愛的客體化爲己有時，只知「將其虛構化」、「將其化爲自己的作品」這樣的方法——他們總是忍不住從中創造出新的虛構脈絡。

岡田斗司夫之所以有資格被稱爲「御宅王」，並不是因爲他的知識量出類拔萃，也不是因爲他的資訊正確無誤。其最重要的成就，是他曾站在極爲業餘的立場，製作了近乎傳說的動畫電影名作《王立宇宙軍：歐尼亞米斯之翼》（オネアミスの翼）。除此之外，他也參與了名作OVA《勇往直前》的製作。他縝密的市場直覺，就奠定於這些實際的經驗，這本身就是極爲出色的見解。所謂的御宅族業界，是能夠直接結合優異批判性及高度創造性的稀有領域。他之所以獲得尊敬，想必是源自於其出類拔萃的虛構創造力吧。在御宅族的領域中，「資訊的正確性」並非如同在愛好者的領域一般被嚴格地要求，頂多只到「能夠正確最好」的程度。事實上，岡田斗司夫經常會說出基於偏見的錯誤資訊，這樣的「表演風格」卻能夠被接受。也許在御宅族的領域中甚至存在著，即使有誤，但只要是有趣的「材料」就無所謂的脈絡吧？

◈・什麼是虛構

到此爲止所討論的「虛構」，恐怕也不是明顯易懂的概念。譬如剛才也提到，高度的「虛構脈絡」，不能直接等同於高度的虛構性。首先我們可以想到「哇！現實的後設小說居然比充滿矯飾的自傳更加眞實」這種矛盾的狀況，但問題其實更加錯綜複雜，因爲「充滿矯飾的自傳」中的矯飾性，也可能如實地深刻反映出作者的慾望。

這意味著沒有定量的標準能夠評斷一部作品的虛構性。因此我才引進了「虛構脈絡」這項中性的概念。如同前面所提及的，這只是單純根據一部作品要能中介經驗時所需要的媒體數量，而去制定出來的「架空概念」。這就是爲何我刻意使用「架空」一詞，畢竟我們無法實際地細數用以中介的媒體數，只有接收者才有權利決定何爲引用、何爲戲仿，倘若某個引用被視爲原創，那麼對該接收者而言，「虛構脈絡」的程度就很低。由於接收者的主觀會像這樣介入其中，狀況就變得更加混亂。

當然，只要不去嚴謹地思考，理解虛構就很容易。簡而言之就是「看起來像假的就是虛構；眞實的事物就是眞的」這樣的立場。面對這句明快的聲明，彷彿嚴謹地探討虛構性不過是無謂的迂迴，但眞的是如此嗎？我們就來揭穿這種把戲吧！「看起來像假的」云云，不過就是同義反覆，雖然看似理所當然、一定正確，但說到底這句話並沒有任何意義。

討論之所以會如此錯亂，恐怕就是因爲夾雜了「眞實」這個詞彙。「虛構」並非「眞實」的反義詞，否則「眞實的虛構」就是無意義的表達。沒錯，「虛構」的反義詞應該是「現實」。那麼問題就變成了：「現實」到底是什麼？

「現實」到底是什麼呢？沒有透過任何媒介的第一手體驗就是現實吧？但自從「奧姆眞理教」【編註2】崛起之後，這個單純的等式就已不再成立，第一手的、眞實的體驗反而更容易欺騙人。許多奧姆眞理教的信徒在修行中，所經歷的神祕體驗或者意識變化體驗，就是「實際體驗＝現實」的等式，但衆所皆知這存在著根本上的錯誤。那麼容我再問一次，現實到底是什麼？

沒錯，「現實」當然也是一種虛構，至少我們作爲一般詞彙所使用的「現實」，就是指名爲「我們生活的日常世界」的虛構。只不過這個虛構被普遍地共享。儘管帶有附加條件，對其接受與否也端看對社會的適應程度。就這層意義而言，或許可說是最具主導性的虛構。

回到精神分析的立場來看，我們甚至連「第一手的現實」都觸碰不到。「現實」就是不可能的事物的別稱，至少依照拉岡的理論是如此。我們先來確認拉岡所區分的三界，分別是「實在界」、「象徵界」與「想像界」。這是將人類的內心領域區分成三種不同的位相，而根據我自己的解釋這三界重視的是體驗的形式：實在界就如方才所述，屬於「不可能的領域」，即正因不可能體驗，所以才存在的悖論領域；象徵界則幾乎與言語系統同義，位於主體外部，被稱爲「大他者」（grand autre）。言語即他者，這代表言語系統對我們的主體而言，就是位於外部的、如超越主義般的存在。我們雖然透過主動訴說來經驗其存在，但無法完全意識到經驗的本身；想像界則屬於想像與表徵的領域，由於位在主體內部【原註11】，因此也是自戀的領域。一般所說的具有「意義」，且能夠「經驗」的部分，就是指這個領域。

所謂的經驗「虛構」，到底是什麼樣的狀況呢？就如同前面說明過的，能夠進行所謂「經驗」的只有想像界的領域。當我們有意識地「經驗」著什麼時，這個經驗只在想像界的領域發生。就這層意義而言，「日常的現實」與「虛構」之間沒有本質上的區別【原註12】。

【編註2】：奧姆眞理教，日本新興宗教，涉及多起毒氣事件，社會普遍認爲其爲邪教及恐怖組織。

【原註11】：爲求易於理解，暫定了這裡所謂「主體內部／外部」的區分，若站在嚴謹的精神分析立場，這樣的區分基本是無效的。

【原註12】：在本書所有的描述當中，若無特別說明，「現實」（文中沒有引號）指的就是想像的現實，或者日常的現實。至於具有精神分析意義的現實，也就是不可能體驗的唯物論領域的現實，則寫作『現實』（文中使用單引號），以茲區別。不過關於

那麼我們該如何識別「日常的現實」呢?或許比起「虛構」，象徵界與實在界對於「日常現實」的參與度更高一些。這麼一來，「我們生活的這個日常世界」或許可說是「最接近象徵界的虛構」。若真是如此，御宅族也適用於「想像性虛構比象徵性虛構更占優勢」這個規則。

但這樣的描述當然不正確，而像這種對拉岡的誤讀，到處都存在。此處所謂的誤讀指的是「相信能夠以想像的方式掌握象徵界」。舉例來說，評論家東浩紀（1971-）就以現代的文化狀況下了「象徵界沒有發揮功能」的判斷，他以流行音樂的歌詞逐漸衰弱的狀況為例【原註13】，這個例子本身確實值得玩味，卻也源自於同樣的錯誤。

關於拉岡的三界區分，倘若不假設其普遍性，基本上就只是無意義的思辨工具；若不假設我們自從獲得語言以來，永遠都只可能是「精神官能症者」，那麼精神分析就不成立；而只要我們仍是精神官能症者，至少這個三界區分就可繼續維持其拓樸學（審閱按：指三界之間的波羅米結轉換關係，拿掉一個界，其他兩個亦會離散，故三界是不可分離的）般的關係。

我就坦白說說自己的立場吧!自始至終，我都將論點鎖定在媒體與想像界的相互作用上，也不假設象徵界與實在界如何變質、變貌。御宅族在那裡將成為只能在想像中談論的存在吧?換句話說，我們也無法假設「非御宅族主體」與「御宅族主體」之間具有什麼結構上的差異，因為兩者都是「精神官能症者」，就以與象徵界的關係而言，兩者是相同的。因此前面引用的大澤真幸的見解，至此也被完全否定。同樣地，我們也不可能以精神分析的觀點指出「御宅族」這個族群有任何的特殊性。倒不如說，若我們試圖強行假設特殊性的話，才能看出某種病理性。

我放棄從結構去討論御宅族的精神病理，因爲這頂多是想像上的描述，只要我仍將精神分析擺在第一位，這就無可避免。

話說回來，我並沒有回答自己剛才提出的疑問——「日常的現實」該如何經驗？將「日常的現實」與「虛構」區分開來的，頂多只是想像的作用而已，具體地說，就是「經驗被中介的程度」。而透過「經驗即『被中介』」這種概念——而非「事實」——「虛構」方能成立【原註14】。因此媒體的存在對於「經驗」而言，除了有助於這種「被中介的意識」之外，不具備其他功能。反過來說，「日常的現實」只不過是在「未被中介的意識」下成立的體驗。而這個「被中介—未被中介」的意識差異，理所當然只是想像上的事物。再一次強調，對於我們這些精神官能症者

◈

後者的意義，我想接下來幾乎沒有機會再度提及。本書的描述以想像界與象徵界的關係性爲中心。戰鬥美少女是精神官能症（neurosis）的慾望產物，絕對不是精神病（psychosis）生成的領域。只要這點成立，在描述時當然就不會積極地假設實在界的存在。在此加入這樣的說明，是因爲無法否定地，我所斷言的「現實也是一種虛構」有可能會被誤解爲幻覺論者或唯心論者的信仰告白。

【原註13】：東浩紀《郵件式的不安》朝日新聞社，一九九九年。他指出的狀況正確來說，可以換成以下的說法：「歌詞的衰弱」可以理解爲「言語的想像作用」的變質或是變移。過去彷彿被寄託於「語言」的想像機能，譬如透過「深度共鳴」，語言能與某種共同體連結，那種特權般的機能，看起來確實正逐漸消失。不只是歌詞，過去那種彷彿能象徵時代的「流行語」的衰弱，也能發現同樣的跡象，但據此指出「象徵界的消失」就過於武斷。在此我認爲是媒體與想像界地位關係的變貌，但關於這點就留待其他機會再討論。

而言，「日常的現實」不具備本質上的主導性，這點在臨床上，從精神官能症病理的失自我感（Depersonalization）【原註15】此一症狀來看也相當清楚。對於有失自我感的患者而言，就連日常的現實都像是虛構的體驗。

◈・御宅族與虛構

對於虛構親和性高、具備御宅族心性的人，無論實際上是否能適應，想必都對於現實抱持著潛在的不協調感吧？但這並沒什麼關係，頂多也只是「日常的現實眞無趣！」的程度而已，至少不適應現實這件事，並不會輕易地直接演變成逃離現實、封閉自己進入虛構世界的狀況。

眞正的御宅族面對虛構的態度很獨特，卽使是動畫作品，也能從多種層次欣賞。若用前面的說法，就是能夠自在切換「虛構脈絡」的層次。誠如剛才所言，他們將現實視爲一種虛構，因此不一定會僅將外在現實視爲唯一的現實，而這就有可能被想成是逃避現實。以這層意義來看，御宅族雖然絕對不會「將現實與虛構混爲一談」，但他們也不太重視「虛構與現實的對立」。倒不如說，無論是虛構還是現實，他們都能平等地從中找出屬於自己的現實。

實際上，御宅族就連在面對虛構的虛構性時，都能發現多層次的現實。動畫角色就不用說了，連腳本、角色設計、動畫導演乃至於行銷、評論，甚至鑑賞的訣竅，他們都能在虛構的各種水平上找出現實，並且享受其中。這是御宅族的特殊能力，如果充分發展，就能達到岡田斗司夫所謂的「粹之眼」、「匠之眼」與「通之眼」。沒錯，御宅族並非僅止於掌握大量資訊，還必須擁有像這樣能瞬間鑑定虛構的境界，且擁有切換鑑賞層次的技術。並非只深深沉迷於單一的作品世界，而是處於帶有部分清醒卻又狂熱的狀態。

在「客體層級」（object level）上深深沉迷於作品世界，與御宅族的本質無關。史蒂芬・金（Stephen Edwin King,1947-）改編爲電影的小說《戰慄遊戲》（Misery），就描寫了以這種方式沉迷至深的狂熱粉絲。主角因爲太過深愛某部系列小說，不允許這個系列以她不滿意的方式結束，最後竟然將小說家監禁在自己家裡，並威脅他寫出自己理想的結局。如果這樣的例子存在，我就可以給她冠上「虛實混淆」的稱號，御宅族反而想要盡全力遠離這類型的暴力，乃至於狂熱。

◈

【原註14】：「中介」無所不在。首先是電視、電影、漫畫、網路等媒體。當然也包含電話、信件、電子郵件等個人媒體，但也不止於此。日常生活中的人際關係，也無可避免某種媒介，這個中介可以暫時稱之爲「角色意識」。衆所皆知，個人在各種不同的人際場合，扮演著各種不同的角色。舉例來說，我以精神科醫師的身分面對患者時，這個經驗就透過「名爲醫師的角色意識」被中介，這麼一來，治療關係就披上了某種「虛構化」，而這樣的「虛構化」會成爲一道防火牆，醫師本人的日常生活才不會被患者的經驗過度影響。

【原註15】：對自己或對外界的實在感、現實感變得稀薄，覺得自己不再是自己，又或者覺得自己與他人、風景之間，彷彿隔著一層膜般缺乏現實性，並因此感到痛苦的精神症狀。經常可以在精神官能症、憂鬱症、思覺失調症等患者身上見到。不過近年來，也會用來指稱，彷彿另一個自己從外部旁觀自己的身體、行動的體驗。此處的意義是前者。

那麼，當自己喜歡的故事以令人不滿的方式完結時，御宅族會採取什麼行動呢？這裡有一個絕佳的例子。後面準備詳細介紹的動畫《新世紀福音戰士》，光是結局就幾乎成為社會事件。直到劇情的後半為止，都還是我見過最用心考究巨型機器人動畫，但問題在於最後一集：主角開始喋喋不休地描述內心的糾葛，最後竟然以完成內心的救贖作結。這個結尾激怒了大部分的粉絲。

那麼他們直接地批評《新世紀福音戰士》的作者庵野秀明（1960-）了嗎？當然有這種反應的粉絲也很多，但另一方面，也有大量粉絲開始為《新世紀福音戰士》撰寫自己理想中的故事。這或許才稱得上是御宅族正確的反應吧。他們不一定將作者視為絕對的權威，立場也不只是粉絲。他們既是鑑賞家，也是批評家，甚至是作家本身。像這種傳播者與接收者之間差距極小的曖昧性，也是御宅族的一種特徵吧！沒錯，就這層意義來看，如果我們只看御宅族面對虛構的方式，大澤真幸的論點是正確的。對御宅族而言，理應屬於超越性他者的作者，極度接近內在他者的位置。

◈・多重定向

精神醫學中有「雙重定向」（Double orientation）這樣的名詞，這個現象可以在思覺失調症等患者身上看到。舉例來說，他們會一邊說著「自己是東京市市長，資產高達數十兆日圓」的妄想，卻又聽從醫護人員的指示協助打掃病房。無論是多麼嚴重的妄想型思覺失調症患者，大多都還是能夠區別出妄想的立場與患者的立場。理解自己的立場，這種狀態稱爲「定向」（orientation），而這類患者就被認爲擁有雙重定向。如同前面敘述中能看見的，御宅族能夠自由地穿梭於各種虛構脈絡之間，也能輕而易舉地從接收者的立場轉換成創作者的立場。總之比喩來說，御宅族擁有的不只是「雙重」，甚至是「多重定向」。

劇作家鴻上尚史（1948-）曾將御宅族的客體侷限於「日本製作，且能追本溯源的事物」。這實在慧眼獨具，但這句話留下了一個疑問：「爲什麼要是日本製作呢？」關於這點，或許也能透過御宅族的多重定向來說明。

後面也會提到，原則上不存在「迪士尼御宅族」，這點當然牽涉到性（sexuality）的問題，但還有另一個原因，那就是其定向性難以作用於海外作品。看看迪士尼作品所立基的古典閱聽方式、不同於日本的動畫製作過程，以及「迪士尼擁有實體」這樣更強大的障礙。迪士尼的實體性在於其歷史、周邊商品、著作權管理的徹底性，以及最重要的是「迪士尼樂園」的存在。沒錯，迪士尼是「現實」。再加上就如各位所知，青春期之後的男性除非交到女朋友並要去約會，才有去東京迪士尼樂園的條件。在此前提下，若是典型的御宅族，就有很高的機率連這個條件都達不到。

別說俯瞰整體，就連進入迪士尼世界都有困難。面對這樣的實體性，御宅族的定向性當然立刻就會麻痺。御宅族只有在發揮多重定向的同時，也彷彿以俯瞰視角來環視整體地描述虛構，才能夠高度運作。希望各位再看一次前面提到的「御宅族的客體」。與愛好者的客體相比，只有那些連企劃與製作的祕辛都能看得清楚的客體，才能抓住御宅族的心。相較之下，無論是作者的面貌還是製作內幕都完全看不見的東京迪士尼樂園，或者「日常的現實」，都是會導致御宅族定向性麻痹的領域。

◈・御宅族的精神病理

不能把御宅族的現實性看得太過單純。譬如剛才提到的同人誌販售會。強力支配這個空間的是御宅族的邏輯，而非「日常現實」的邏輯，但我不會說那是「非現實」，因爲在那個世界裡，由深度御宅族製作的同人誌，甚至可能創造出百萬日圓的收益。換句話說在那裡，能創造出富有魅力的虛構，被視爲第一順位的能力，而在那裡發揮的只是御宅族改變現實能力的極小部分。他們乾脆地將現實也視爲虛構的一種，這絕對也是他們優勢。舉例來說，優秀的御宅族能夠配合自己的理想改變現實，就像比爾・蓋茲（Bill Gates, 1955-），或麥可・傑克遜（Michael Jackson, 1958-2009）所做的那樣。

然而多重定向的能力雖然具有能夠靈活切換觀點的優點，但或許也帶有某種病理上的限制。觀點的切換進行得愈準確，整個體驗的框架就難免愈往虛構的那一方靠近。現實的本質含有單一性的特質，而平等看待多個定向的狀況，同時也表示其單一性的衰減。倘若御宅族經常訴說失自我感的經驗，或者彷彿遠離塵世，大概就是這個緣故。所以多重定向有時看起來也難免像在逃避現實，然而就連這所謂的「逃避現實」，或許也不過是暫定的說法罷了。

一個人在什麼樣的契機下會成爲御宅族呢？的確若從旁觀者的角度來看，或許都以某種不適應的經驗爲開端。不過，一個人卽使沒有那樣的創傷，也可能成爲御宅族不是嗎？過度沉溺於前面提到的那種多重定向，才是變成御宅族本質上的契機吧？那麼御宅族爲何會如此沉溺其中呢？

我認爲這與性的問題密切相關。他們注意到性的虛構性，或者該說是多層性。當一個人被動畫所描繪的女性勾起慾望時，儘管覺得困惑，依然會被這個事實感染。決定性的分歧恐怕就在這裡。爲什麼那些被畫出來的女性會成爲性慾的對象呢？

「這個不可能的客體，甚至連碰都不可能碰到的女性，到底哪裡吸引我了呢？」這樣的疑問，持續徘徊在御宅族的腦海裡。這種對於自身性取向的一種分析性觀點，雖然解開了謎團，卻也決定了性的虛構性、性的群體性。「性」在虛構的框架中被拆解，而後再度整合。也可以說御宅族只有在這點上逐漸變得歇斯底里【審閱註6】，因爲御宅族的「情感交流」，其實是對於自己的「性」永遠沒有答案的疑問，而這種歇斯底里者的情感交流，必定會誘發我們的去產生各種解釋，所以我現在才會像這樣分析御宅族不是嗎？

◈・「性」的問題

或許御宅族的性生活，就是最能窺探出其身爲御宅族的一面。換句話說，當一個人在自己的嗜好領域中，能確保全部或是部分性生活時，這個人就屬於「御宅族」吧？倘若是愛好者，狀況想必就截然不同。他們可能在某個瞬間，對其客體（汽車或骨董等）感受到某種渴望，但是他們的性生活（包含自慰行爲）想必會依靠更現實的客體來維持，譬如「眞實的女性」。無論如何，很難想像愛好者會被其收藏品之類的直接地勾起性慾。這或許與愛好者的對象物都具有高度的「實體性」有關。

御宅族本質上的一種特徵，是對於虛構脈絡的高度親和性。對「虛構的眞實」這種矛盾狀態的感受性，定義了他們基本慾望的方向。喜愛戰鬥美少女這種幾乎虛構到無以復加的存在，並且將其認眞視爲慾望的對象，這個例子就能夠作爲佐證。當然也並非只要虛構就可以，因爲也有一些例外。最好的例子也就是剛才提到的「迪士尼動畫」，某位對御宅族的狀況知之甚詳的年輕朋友表示，「迪士尼御宅族」並不存在。這恐怕不是偶然，而是以原理來看就不可能存在。

御宅族問題的本質，必然與性有關。舉例來說，我們很難想像迪士尼愛好者把「米妮」或是「寶嘉康蒂」等角色直接視爲性慾對象。當然迪士尼也相當刻意地排除性的表現，而且若要說他們排除的程度，可謂是相當徹底。那已經不是完全不畫出任何性暗示，如此稚拙的排除法。倒不如說，他們清楚知道若完全將性排除，反而容易因爲遮蔽效應而更加強調。

只要去看御宅族如何看待《風之谷》，就能理解對於性的解讀是如何偏離作者的意圖。雖然宮崎駿稱不上有意識地在排除關於性的表現，但至少相對而言極度禁慾，但娜烏西卡彷彿違背他的意圖，持續地挑起御宅族的性慾。

那麼迪士尼的作品呢？譬如在《玩具總動員》（Toy Story）中，甚至出現了女性人偶色誘牛仔人偶的場景。也就是說，性的表現並沒有完全被排除在外。重點在於，就連這樣的行爲，都毫無破綻地被徹底形式化、虛構化，讓眞實的性失去介入的餘地。這不僅是使用了人偶，還是

【審閱註6】：歇斯底里（Hysteria）指無法控制的情感發洩。在過去是一種精神疾病的名稱，又被稱爲癔病或癔症，是古典精神分析主要的研究對象。

【原註16】：主要由女性同人誌作家創作的一種諧擬作品，讓動畫作品中登場的美形男性角色之間演出同性戀關係。其作品風格的特徵是「沒有高潮（YAMA）、沒有亮點（OCHI）、沒有意義（IMI）」，因此稱這類作品爲「YAOI」，這段典故非常有名。對象作品包括最早期的《足球小將翼》（キャプテン翼），到後來的《聖鬥士星矢》（聖闘士星矢）、《鎧傳》（鎧伝サムライトル

只靠CG描繪的世界才被允許存在的，乾巴巴的性。如此一來，迪士尼的創造物就能完全避開被作爲性慾對象消費的危險。

人們面對御宅族時不加修飾的厭惡眼神，想必完全源自於他們的性癖好。若是男性御宅族，就避不開「蘿莉控」的烙印，至於女性則不能無視「YAOI【原註16】」、「正太控【原註17】」等倒錯群體。像這種對於他們性癖好的厭惡感，或許正是導致我們對御宅族有著明顯歧視的原因。

議論、揚棄御宅族的倒錯性很容易，只需要一句「那些傢伙是蘿莉控，還喜歡機器人」就夠了，但問題依然存在。卽便他們眞的「又是蘿莉控又喜歡機器人」，卻極少化爲行動。將近三十年的御宅族史上，幾乎只有宮崎勤一個例外，這個事實也顯示出他們的嗜好與行動背離。

「萌」是近年來經常能看到的「御宅族用語」。以下是前述那位年輕朋友告訴我的知識：「美少女戰士中的角色土萌螢相當受歡迎，因此愈來愈多粉絲將『對小螢燃燒熱情』轉變爲『覺得小螢很萌』（譯按：在日文中「萌」〔萌え〕與燃燒〔燃え〕同音〔moe〕），後來就演變成所有對角色的沉迷，都用『萌』這個字來表現【原註18】」。

從這種表達方式成立的脈絡，也能一窺御宅族這個群體的特殊內情。我在此注意到，這個本質問題——御宅族的性癖好——的範疇（topos）。他們就連自己的性癖好都當成表演風格。「萌」這個字就是將「喜歡這個角色的自己」戲劇化後，作爲對象來展示的表達方式。他們爲什麼要這般與自己的性癖好拉開距離呢？

御宅族不一定會將角色視爲偶像，例如在COMIKE中販賣的同人誌，其中一種主要體裁就是十八禁作品。也就是將知名動畫作品的角色戲仿化的色情創作，這類作品還賣得非常好。而大多數御宅族都對於這樣的體裁非常寬容。偶爾也有一些過度將角色視爲偶像的粉絲，嚷嚷著難以容忍（參考第二章），然而奇妙的是，這種「正常」的粉絲，看起來並不太像「御宅族」。倒不如說，眞正的御宅族會對他們敬而遠之。身爲御宅族，必須聰明地把角色的偶像化控制在表演風格的範圍內。所以這種虛實混淆派的粉絲，在御宅族群體中實屬異類，眞要說起來，甚至是被（御宅族）視爲倒錯的存在。

我在本章的開頭提過，御宅族是在近代媒體環境與青春期心理狀態交互作用下出現的一種生活型態。沒錯，御宅族是青春期之後的生活方式，並不存在「兒童御宅族」。原因並非小孩子喜歡動畫天經地義，而是成爲御宅族需要性慾，那是在第二性徵出現之後才會有的。如果只是

ーパー）、《勇者萊汀》（勇者ライディーン）等等（參考：渡邊由美子《正太的研究》、《國際御宅足大學》光文社，一九九八年）。

【原註17】：相對於偏愛少女的蘿莉控，喜愛動漫作品中登場的少年則稱爲正太控。「正太」源自於漫畫《鐵人28號》（鉄人28号）中登場的主角金田正太郎，他是一名身著短褲的少年。正太控的正式名稱是「正太郎情結」。在「YAOI」這個種類固定下來之後，「正太」日益興盛，不只女性御宅族，就連男性粉絲也被捲入這股熱潮（參考：渡邊由美子《正太的研究》光文社，一九九八年）。

【原註18】：還有另一個有力的說法認爲，「萌」來自NHK節目《天才電視君》內放映的動畫作品《恐龍行星》的女性角色「鷺澤萌」。

老大不小了還喜歡動畫，也不是什麼大問題。倘若想要找出其中的問題爲何，首先必須提出的就是，明明老大不小了還以動畫中的少女作爲性慾對象。

如果說得淺白粗俗一點，能不能用動畫角色「打手槍」，也許就是御宅族與非御宅族的一個分歧點吧。在此爲不清楚狀況的讀者解釋一下，所謂「能不能用動畫打手槍」，意思就是「能不能用動畫所描繪的女性角色形象來自慰」。

那麼「用動畫打手槍」的行爲，具有值得背負倒錯者之名的「現實性」嗎？

這裡存在著一個人們總是忽略的決定性問題：爲什麼御宅族「在現實中」不是倒錯者呢？在我個人的印象中，大家往往會以爲御宅族的人生「目標」，就是與異性御宅族結婚。但就我所知，御宅族在現實生活中選擇的伴侶，幾乎毫無例外地都是極爲正常的異性。因此我認爲，御宅族決定性的特質，或許就是想像的倒錯傾向與日常的「正常」性癖好互相背離（就這層意義而言，宮崎勤完全是特殊案例）。不要說同性戀了，就連眞正的蘿莉控在御宅族當中都是極少數派吧？這也不是將動畫中的女性角色偶像化，在日常生活中就委屈一下以現實的女性代替這樣的想法。他們在這方面，確實能輕而易舉地切換「慾望的定向」。

探討「御宅族的慾望」，就是去追蹤「性的想像形式會如何變化」，而這想必也會帶來極爲耐人尋味的案例。無論御宅族看起來多麼像戀童癖，也不能操之過急地將其當成倒錯問題處理。這個問題首先必須與「虛構脈絡」放在一起討論。絕對不能忘記，御宅族儘管喜愛畫出來的年幼美少女，但同時也維持著穩健的異性戀日常。御宅族的「蘿莉控」在此反而是性倒錯的不在場證明，或者成爲「性虛構化」的手段。那麼，他們爲什麼會選擇「戰鬥美少女」作爲典型的對象呢？

戰鬥美少女的形象充滿了各種性倒錯。或者倒不如理解成，很容易就能從中指出同性戀（少女的性慾）、戀童癖、虐待狂、受虐狂、戀物癖等的痕跡，這些痕跡也幾乎可以視爲多態性倒錯的形象，雖然這些特徵放在腐女身上也說得通，但御宅族總會忍不住對虛構的性進行反轉、結合、扭曲等各種加工。就這層意義而言，戰鬥美少女的符號，就是御宅族式拼裝的傑出發明。她們身爲符號的普遍性，可直接了當地作爲事實來證明，她們現在已經透過網路播種到全世界的次世代，正在一起逐漸萌芽。

總而言之，御宅族的性包含了多層且複雜的脈絡，所以很難與戀物癖或戀童癖相提並論，而這想必也與陽具女孩的生成密切相關。重要的是，御宅族能夠在想像的領域確保自己的性，並使其充分運作。性的倒錯在這裡反而完全不成問題，因爲在想像的領域中，任何人都擁有身爲倒錯者的權利。

關於御宅族的慾望解析就先到此爲止。這裡提出的幾個問題，或許在最終章「陽具女孩的生成」，將以更能易於理解的形式展開。

II

來自「御宅族」的信

如同目前爲止所強調的，討論御宅族的精神病理時，不能忽視他們「性」的問題。歐美圈的動畫迷以「雖然喜歡動畫，但在『現實』生活中也有眞實的女友」自豪，不過日本的御宅族就不會特別強調這一點。儘管獲得異性伴侶也是「御宅族文化圈的人」想要的事情，但如果只是單純身爲御宅族，這點並沒那麼重要。

若去觀察動畫迷的論壇，時不時就會看到「動畫中的哪個角色可以用來打手槍」之類的話題。他們討論著撐起自慰幻想的形象，也就是能作爲「性幻想」的動畫類型。閱讀至此想必讀者立刻就能聯想到，近年來成人漫畫畫風有著顯著的變化，因動畫風格蔚爲風潮，如今連成人漫畫這個體裁都深受影響。石井隆（1946-2022）、或是平口廣美（1950-）、丹迪松本（1949-）在那個「美好昔日」所留下的遺產，已經完全不留痕跡。

這種問題出乎意料地重要不是嗎？實際上這裡想探討的是，爲什麼人們能夠此如有效地藉由這種非—現實的繪畫產生性慾呢？沒錯，這個問題的重點在於，「效用性」，成人漫畫的效用性、直接性與「性衝動」（eroticism）完全沒有關係，與「性」本身也保持了洗練的距離感，也因爲這個距離，「性衝動」才能被引入間接性或中介性。所以問題重點更會放在，選擇什麼類型的圖片作爲性慾對象，才能最效率地複製、傳達、加工呢？

不過只是在這裡滔滔不絕地闡述我的印象也沒有意義，所以我再次前往第一線，傾聽御宅族的聲音。相較於對性一律採取防衛姿態的海外御宅族，日本的御宅族還是更願意坦率地討論這個話題。

在撰寫本書時，我得以採訪偶然認識的二十幾歲御宅族青年。他擁有從《美少女戰士》變成《愛天使傳說》（ウェディングピーチ）狂熱粉絲的經歷，是個非常正統的美少女動畫御宅族。當然他使用的電腦是Windows系統，首頁充滿了《愛天使傳說》的圖片。他會定期主辦網聚，也持續針對拒絕上學的問題積極發言，從他身上看不到任何一丁點「自閉」的影子。沒錯，御宅族原本就不「自閉」。

透過與他的對話，我得到「御宅族與自己沒有太大差別」的感想，然而話雖如此，有一件事情我始終無法理解，那就是性的問題。他正是能靠著《愛天使傳說》的角色打手槍的人，而我無法理解這點，也完全無法同理他。身爲精神科醫師，遇到無法產生共鳴的精神現象時，就會突然熱血沸騰，於是我便帶著這股燃燒般的熱情試著以信件與他進行訪談。在取得當事人的許可後，將他耐人尋味的電子郵件重新編輯、引用如下：

最近透過IRC【原註1】與迷上美少女戰士的研究生，聊到綾波零的等身人偶。我的大腦深

【原註1】：Internet Relay Chat的簡稱，指的是一九八八年開發於芬蘭的網路即時聊天系統，日本也在一九九〇年開始使用。透過這套系統，可以在網路上與多名對象即時交談（聊天）。電腦使用者只要連上這套系統、選擇頻道，就能針對與自己興趣相近的主題展開討論。

處因此久違地浮現出某組詞彙，那就是所謂「收藏用」、「觀賞用」與「實際使用」的語言／概念。您應該大致知道意思吧？如果是行家，就連一個要價數十萬日圓的人偶，也可能會一次買三個……。

我沉迷於《美少女戰士》時，也覺得同樣的商品買兩個是理所當然的，但自從我發現《美少女戰士》作爲一部作品，卻因爲商業主義而崩壞後就不再這樣做了。

您要問動畫或模型公仔【原註2】的「實用性」嗎？關於這方面有任何疑問都請都請提出來（女僕模式【原註3】）。女僕先擺一邊（^^;，坦白說您想要問的問題就是「打手槍」吧？總而言之要討論下去，就要先從對動畫角色「打手槍」這個普遍現象說起。

這是我透過某線上聊天室發現的事情。舉例來說，或許也有男性（我想大約有好幾%）會覺得「對那個單純可愛的角色想像這種事情太下流了」，這就是一般所說的「18禁」否定派。在有一百人留言的聊天室裡，大約會有一個這樣想的人，因此若要只挑出顯露的「打手槍否定派」，大約占不到1%。其他多數人應該都可視爲容忍派或肯定派。

但如果說到這些極端反感的仁兄，他們的反對就徹底得驚人。告訴您一個有趣的故事：

這個人是某部美少女漫畫作品的狂熱粉絲，他一貫地主張情色同人作品不僅玷汙登場人物，還會傷害作家的心情，是離譜的犯罪行爲。所以他就算去COMIKE，也會害怕到在會場寸步難行。他怕如果看到有人以自己喜歡的作品爲題創作、販售情色同人誌，理智就會立刻斷線，說不定會衝上去抓著對方破口大罵：「你這個混帳！」所以他卽使參加COMIKE，也只會把他覺得絕對能夠放心的社團的作品買過一輪，其餘的時間除了上廁所與用餐之外，都待在自己的攤位不動，他對於自己的原則就是執行得如此徹底。

他在可能行使暴力的場合當然相當自制，但在線上聊天室之類的空間，就獨自一人持續主張「情色同人誌」這種骯髒的東西應該從地表抹煞的觀點。當然聊天室的其他成員對他這樣的態度極爲不滿。常有人對他說：「你就不能把虛構當成虛構享受嗎？」所以他在那裡就愈來愈被孤立。

然而就在某一天，他難得用消沉的語氣留言。令人驚訝的是，他宣告要爲自己殲滅「情色同人誌」的戰鬥畫下休止符。是什麼驅使他這麼做的呢？

原因是某本情色同人誌。那正是以他所熱愛的漫畫創作而成的成人漫畫風格的作品，他平常看到這樣的東西應該會暴怒撕毀，但這次他卻做不到，因爲這本同人誌，竟然是「作者本人」所製作的。作者看到自己的漫畫被冒失的御宅族畫成骯髒的戲仿作品，不是應該會受

◈

【原註2】：雖然這個詞泛指各種角色人偶，但御宅族通常特別會用來指稱塑膠製的展示模型，而關節可以活動的稱為「關節可動式公仔」，現在多半用來指將人氣動畫角色立體化的模型。八〇年代初，廠商推出了動畫作品《機動戰士鋼彈》（機動戦士ガンダム）與《福星小子》（福星小子）主要角色的塑膠模型，以這些產品爲基礎進行改造的粉絲急遽增加。一般認爲現在的公仔熱潮就是由此發展而來。本文中提到的綾波零1／1人偶，是以動畫作品《新世紀福音戰士》中的人氣角色製成的等身立體模型，儘管要價二十八萬日圓，卻有著不管製作多少幾乎都能銷售一空的高人氣。此外近年來，《閃靈悍將》（Spawn）等動畫作品，以及《星際大戰》（Star Wars）、《星艦迷航記》（Star Trek）等人氣電影的角色公仔也以塗裝完成的成品形式，裝在泡罩包裝中販賣，並且大受歡迎，更是加速了這股公仔熱潮。

【原註3】：近年來，動畫與遊戲作品中登場的美少女類型也變得多樣化，粉絲的嗜好隨著類型分歧的傾向也變得更加顯著。

傷嗎？但作者竟然親自繪製這樣的作品並販賣？這時他正遭受著足以改變人生觀的強烈衝擊。

他似乎只要迷上一部作品，就會完全對登場人物產生同理，與登場人物一同分享悲傷、喜悅、幸福、不幸等所有的情緒。如果遇到喜愛的作品，他甚至會產生登場人物彷彿擁有靈魂、實際存在的錯覺。當然這個人也和普通的粉絲一樣，會以這部漫畫爲題材，將自己原創的故事寫成小說。不過他創作故事時，終究還是對登場人物挹注熱愛，懷著由衷希望他們幸福的願望。我個人是不太想讀這種小說啦。

所以說對他而言，作者本人在創作時也應該像這樣懷著熱情與祈願，如果有人將等同於自己孩子的這些作品作爲題材，創作帶有情色內容的戲仿同人誌，應該會彷彿自己的孩子遭到強暴一般，難以容忍。

然而他所喜愛的作品的作者（附帶一提，是女性），卻使用自己創造出來的、可愛的登場人物製作情色同人誌，還若無其事地在COMIKE販賣……正是作者本人讓他發現，原來自己的感動全部都是幻想與錯覺。他的衝擊就來自於此。他發現自己孤軍奮戰、想要守護到底的純潔，事實上可以說是不曾存在，因此陷入恐慌。他「第一次」發現，漫畫終究只是紙張與墨水創造出來的幻想。這其實很滑稽，但又有些讓人笑不出來。

我以前曾拿這件事情去問那名自己創作情色同人誌的老師本人，她的答案是「漫畫終究是虛構」，那位粉絲所指出的「表與裡」，不過就是「適合孩子還是適合成人」這種對象讀者的差異，她自己並沒有褻瀆角色的意思。

話說回來，我想像這樣的人非常少見。一般御宅族在享受作品時，應該都把這位老師告訴我的話視爲理所當然吧？說得極端一點，如果在說著「〇〇好萌」打一發的同時，無法完全拋離這部作品與角色本身的話，根本當不了御宅族。換句話說，御宅族當然有極度熱衷於享受作品、談論作品的一面，但同時在另一方面，又似乎能處在完全清醒的狀態之下。能夠用各種方式擺弄自己喜愛的作品才是御宅族，如果將作品神聖化般地供奉起來，那就墮落爲單純的愛好者或粉絲了吧？

我覺得很多讀者會把少女漫畫當成神聖的作品來讀，而且年代愈早的作品愈是如此。《甜甜仙子》（ミンキーモモ）、《魔法小天使》（クリィミーマミ）都還是相當純粹的「少女動畫」，情色戲仿的角度在當時來看或許有點勉強，而決定性的轉捩點是OVA的登場。《奶霜檸檬》（くりいむレモン）以OVA的形式熱賣，市場終於建立。自此之後，各式各樣的動畫作品都開始有了「表」、「裡」兩面。

前言說得太長了，接下來就以此爲基礎，進入問題的核心吧！

能夠用動畫角色「打手槍」的人，我想大概也能用模型公仔「打手槍」。

當我們以慾望的眼神看著模型公仔時，她們就能幻化成符合自己慾望的形象。比方說綾波零的話，那就能與她一同沉浸在自己專屬、客製化的、甜美的魚水之歡裡。

◈

「女僕」也是這些類型之一。主要以遊戲《殼中小鳥》（殻の中の小鳥）、《歡迎來到Pia Carrot！！》（Piaキャロットへようこそ）等作品中所登場的角色爲代表。

話說回來，我也有過用模型公仔「打手槍」的經驗。我的對象是1／6【原註4】的花咲桃子（編按：《愛天使傳說》的女主角）。那是一九九六年左右開始流行的，像珍妮娃娃【原註5】般的芭比式【原註6】人偶，老實說，完成度遠遠比不上GK模型【原註7】。不過，因爲具備了足以辨識桃子這個角色的部分，因此用這個「打手槍」還是可以的。

首先第一點，與角色接觸這種作夢般的行爲，絕對不可能透過映像管【編註1】做到，但面對模型公仔卻可以。這點您應該懂吧？（雖然以前似乎也有透過映像管接吻的仁兄〈笑〉）。

第二點，可以在腦中塑造符合自己喜好的桃子。

這種時候，模型公仔的形象本身、實體就彷彿若有似無一般。在慾望最熾烈的時候，如果是我的桃子，就會撫摸我的頭髮，小聲地對我說「我只愛你一個」，讓我沉浸在錯覺裡，她彷彿會對我做一些模型公仔不可能做到的事情。模型公仔的擁有者在這時成爲「全能的神」，能夠支配這個角色所有的一切。所以，與其說直接用模型公仔的形象打手槍，我想倒不如說是，能夠在公仔身上添加符合自己、符合角色的演出。透過這樣的演出，打手槍的行爲便得以達成。

這裡引用一篇詩歌風格的文章給您參考，在這篇文章裡我深入思考了自己與1／6桃子的關係（這篇文章原本刊登在我的網頁上）。

領悟

我爲什麼會愛著妳呢？

那是取決與妳的，命運。

只要妳仍需要我，我就會盲目地持續愛下去。
妳不需要我的時候，我絕對不會出現在妳眼前。
我被賦予的自由，只存在於妳的意志範圍裡。
我會幻化成妳所希望的樣貌。

全部都遵從妳的希望。
妳是全能的神。
爲什麼呢？因爲我就在妳的心裡。

【原註4】：模型的縮尺比例。指的是「實體」大小的六分之一。
【原註5】：日本玩具公司特佳麗（タカラ，TAKARA）獲得美泰兒（MATTEL）授權販賣的日本製芭比娃娃，一九八六年美泰兒的授權到期後不久，特佳麗將同樣設計的人偶改名爲「珍妮娃娃」販賣。相較於五官擬眞的原版芭比，「珍妮」改版成適合日本人品味的大眼睛、小鼻子、小嘴巴，相當受歡迎。
【原註6】：泛指爲了讓女孩子玩換裝遊戲而製造的人偶。除了美泰兒的芭比娃娃之外，還有特佳麗的珍妮娃娃、莉卡娃娃等。
【原註7】：以展示爲目的、少量生產的精密模型。模型形象從傳統的帆船與骨董車等，到近年來的動畫、特攝，逐漸拓展到

這樣的行爲與文章，如果只看表面，甚至可能招人厭惡，覺得是「變態」吧？不過多數的御宅族都能客觀地看待陷入虛構的自己，並且將其當成題材來「玩」，甚至連招人厭惡的事情都能當成題材喔！啊，當然要在合法的範圍內。

舉例來說，「我在超市買了《庫洛魔法使》（カードキャプターさくら）的繪本，結果遭到店員與周圍的客人白眼」之類的對話對御宅族來說是家常便飯。此外，像是開頭「用綾波零的等身人偶打手槍」的話題，也眞的有人在邀請朋友來房間時，人偶旁邊就光明正大地擺著潤滑劑，如此一來他在房間裡做了什麼根本一目瞭然。

這麼一說，在COMIKE販賣排泄性癖類型動畫同人誌的小幫手，看起來都非常自豪，而且去買的人也一臉驕傲（笑）。

我參加某個動畫相關的線上留言板網聚時，也曾發生過類似的事情。我與十幾名御宅族男性成群結隊走在新宿街頭，碰巧經過歌舞伎町的時候，出現了酒店的皮條客。對方說：「我們店裡有可愛的女孩喔！」結果其中一名網聚的老面孔回他：「可是我比較喜歡美少女戰士！」於是皮條客就摸摸鼻子離開了，大家看到這幅情景都大爆笑。

我想，倒不如說「迷到這個程度很普通！」這類聲音敏感地存在於我們內心，而我們會回應這些聲音，就這樣一再地反覆持續玩出更多的把戲。

就我所知，御宅族實際的性生活非常健全，如果說得難聽一點，那就是平凡。換句話說，御宅族的性慾樣貌既健全又平庸，看不出與一般人有什麼差異。再者，至少就我所知的範圍內，現實生活中沒有任何一個御宅族是同性戀或蘿莉控，男女御宅族交往的情況也不算少見。

如果是男性，等到有經濟基礎並獲得一定的社會地位後，就會非常理所當然地與普通的女性結婚。雖然我也不清楚是否如大塚英志老師所說，御宅族的異性朋友比一般人多，但總而言之，我想一般而言，御宅族與性倒錯並沒什麼關連。

舉例來說，即使是如同人誌之類有性倒錯的表現形式，也是「在身爲御宅族的前提之下的創作」，這或許也可以說成，他們只不過是爲了以御宅族的身分享受作品與角色，所以將一般所知的性倒錯模式作爲「雛形」來使用。不過，也有部分會參加COMIKE的人是「在身爲變態的前提下去創作」的。我們必須將這些人分開來思考，如果試圖以這些極少數者採取的行動來理解全體御宅族，老實說會造成非常多困擾。

一般而言，如果女性有御宅族的嗜好，也就是所謂的「女御宅族」，那她們的人氣都會很高。若老婆是御宅族的話，那可是相當令人羨慕啊。西村知美（1970-）在御宅族之間很受歡迎，雖然一方面或許是因爲她長得還算可愛，但如果去掉她本身就是重度御宅族這項條件，我實在無法想像她爲何能有如此人氣。活躍的創意工作者中也有許多御宅族夫妻檔，如

更多元的領域。其能夠表現出一般廠商的產品所缺乏的小衆化細節，再加上無法大量生產的稀少性，儘管要價不菲，依然是逐漸成長的人氣領域。GK模型必須利用紙黏土或塑鋼土，從零開始製作角色的原型（相較於模型公仔的部分改造，這稱爲「full scratch」），再利用手工作業翻模製作。製作原型的造型師稱爲「原型師」，他們的原創性也是賞玩GK模型的重點之一。

【編註1】：映像管（Cathode ray tube）曾廣泛用於電視機、顯示器上。後因其笨重、耗電又占空間，2000年左右器被液晶顯示器所取代。

岡田斗司夫的夫人就是GAINAX的員工，宅度應該也很高。而唐澤俊一（1958-）、鹿野景子（1957-）夫妻、以怪獸畫聞名的開田夫妻（開田裕治、開田AYA）、赤井孝美（1961-，《美少女夢工場》（プリンセスメーカー）系列總監）與樋口紀美子（漫畫家）的例子也很有名。不過話說回來，同爲御宅族的男女彼此能夠這麼合拍，是理所當然吧！

但是接下來，我想單純地身爲御宅族，已經不再稱得上理想。接下來「能夠COSPLAY，而且沉迷其中」想必將更加重要。

我想您也知道近年來對COSPLAY的需求逐漸擴大，以前翻閱動畫・遊戲類的投稿雜誌，看到的都是「希望與喜歡某某作品的人交筆友」，但最近卻有非常多募集COSPLAY夥伴的投稿，譬如「COSPLAY某某作品的人，一起來玩吧！」

除此之外，也必須注意動畫類COSPLAY的色情產業，在某些族群間漸漸流行吧！有名的店大致有：「聖COSPLAY學園」、「COS man」、「婚禮鐘聲」等等。

前者被稱爲「澀谷的S」，我想應該相當有名。光顧的客人當中，似乎有一定的客群只與女孩子純聊天就離開，後來開幕的COS man或許就是看中這點，甚至還設定了「五千日圓純聊天方案」。

我也去過聖COSPLAY學園四次左右，之前去的時候買了店內最長的「45分鐘方案」，點了喜歡的女孩子，也只是聊聊天就走了，若要說有什麼肢體接觸，頂多只有最後的美式擁抱。

這看在一般男性眼裡，或許會感嘆「一次就花了約一萬日圓，眞是浪費」，但對我而言，這件事充分地具有讓我掏錢的價值，像我一樣的客人在那間店裡反而很「普通」。

能夠與COSPLAY的可愛女孩子（當然也具備動畫、漫畫知識）聊天，光是這樣就已經逐漸能在市中心確立市場，雖然似乎也有某些店只是要求普通女孩COSPLAY而已，但從對話內容推測，我在那家店每次點到的女孩都應該是真正的御宅族。

「最近玩了什麼遊戲嗎？」

「應該是《RayStorm》（レイストーム）（PS／太東）和《電玩GO！》（電GO！）吧。」

「不過我比較喜歡《RayForce》（レイフォース）耶。」

《RayForce》就像是《RayStorm》的前身，我想兩者都是太東迷，或是深度遊戲迷才知道的遊戲。

御宅族理想中的眞實女性是什麼樣子呢？從聖COSPLAY學園的「芳名錄」來看，或許就能相當程度地反映出這點。附帶一提。即使只看芳名錄也知道，那間店的女孩子胸部一律都很小，生意卻依然非常好——這也是重要的提示吧！

就我個人的理想而言，我希望的條件是能夠COSPLAY成桃子，所以胸部最好別超過B罩杯，身材苗條更好。如果有一天她眞的能COSPLAY，然後陪我一起去逛COMIKE，那就夫復何求了（笑）。（啊，附帶一提，在投稿雜誌上，也經常能看到「募集能夠陪我去逛COMIKE的女性」的徵求）。

話雖如此，說到年齡又是另外一回事了。並不是強制要求年齡都只要十多歲，我完全不會把十多歲的眞實女性當成對象。我現在二十多歲，所以就人類而言，比十多歲時更「成熟」，卻又依然年輕的二十五歲左右的女性就相當理想（或許因爲我正值喜歡比自己大一點的女性的年紀吧）。

同樣的道理，少女漫畫的粉絲並不會侵犯眞實少女。我想這方面的感覺相較一般人也沒什麼太大的差異。蘿莉、正太、動物（笑），雖然虛構對象的範圍比一般人更廣，但我從來沒聽過有哪個御宅族眞的去亂搞路邊的貓狗。

說到最近的熱潮，就不能不提「正太」。現在可說是遇到空前的正太熱潮吧？以《爆走兄弟Let's & Go》（爆走兄弟レッツ＆ゴー）、《科學小英雄》（YAT安心！宇宙旅行）、《勇者王》（ガオガイガー）等爲題材的一連串「正太」熱潮，甚至將許多男性御宅族也捲了進來，這點相當有趣。我自己也曾被男性御宅族朋友帶去澀谷的NHK攝影棚公園，去看只有在那裡才能觀賞的《科學小英雄》影片。

此外說到美少女系，我覺得頭身比一年比一年低。《美少女戰士》爆紅的一九九二、一九九三年，除了頭身比低到極端的《小紅帽恰恰》（赤ずきんチャチャ）之外，多數作品都是六頭身或以上，但最近只要去看《機動戰艦》（ナデシコ）的琉璃，或是《秋葉原電腦組》（アキハバラ電脳組）的主要角色就會知道，我覺得頭身比稍低，與其說是少女，不如說是還保留著女童模樣的女孩，她們都相當受到御宅族歡迎。《Serial Experiments Lain》的玲音也是，雖然設定是中學生，容貌卻非常孩子氣，還有剛剛提到的綾波零也一樣，喜歡「女童版本」的御宅族也不少見。以及在十八禁電腦遊戲中，比起成熟女性，能夠與外表大約只有小學生的女孩子從事性行爲的遊戲也逐漸增加。

要討論這方面的事情，首先必須從「無毛平胸」這個詞開始。無毛平胸的男孩與女孩，也就是尚未發展第二性徵期的孩子，都被畫成兒童動畫的角色，並強調其可愛與柔弱，因此會成爲「萌」的對象。反過來說，眞正的孩子多少具備的眞實而殘虐性的面向，往往都被過濾殆盡。舉例來說，誰也無法想像《爆走兄弟》的烈與豪玩弄蟲子的情景吧（笑）？所以「正太控」不一定會連實際的孩子都喜歡，把孩子當成性慾的對象更是令人非常存疑。我就算斬釘截鐵地說「『想要擄走男孩』的御宅族少女實際上幾乎不存在」也沒有問題，因爲假使這種人眞的存在，早就成爲某種形式的社會問題了不是嗎？

「正太」也只不過是能激發御宅族去萌的符號之一，不能輕易就與現實中的性癖混爲一談。大多數的御宅族，都對實際的男孩女孩沒有特別的興趣。因爲我自己就是這樣。

此外，近年情色戲仿的傾向，除了前面提到的「正太」體裁盛行之外，基本上都以承襲故事的合意性交爲中心，在這之外我想沒有其他特別顯著的熱門題材。雖然也有極少數排泄性癖或超巨乳等「特殊作品」，但我覺得這與其說是受到部分御宅族喜愛，還不如說這只是以部分擁有這類性癖的讀者爲受眾去進行的創作。我所擁有的戰鬥美少女同人誌選集中，雖然收錄了讓《守護天使莉莉佳》（りりか SOS）的莉莉佳排便，甚至要求她吃下去的漫畫，但至少我讀的時候會把這段跳過去。

部分「獸人系」的作品擁有許多粉絲，似乎是從蘿莉系同人誌所衍生出來的變型，據說這個風潮近年也波及到正太圈。簡單來說，這個發想的原點來自「如果將可愛的小女孩裝上貓耳朵或是尾巴，應該會變得更可愛」的想法，蘿莉本身是經典的體裁，因此能夠推測從很久以前就已經存在，然而就我所知，現有的加入「獸人」要素的少女動畫角色同人誌很少。

我想這個體裁應該被視爲原創系，但我對原創系不太熟，所以也不知道這是從什麼時候開始的。

此外，如果要說與這個相關，也不能忽視《寶可夢》（ポケモン）的皮卡丘。前陣子不是也有因製作皮卡丘的情色戲仿，結果遭到逮捕的女性嗎？這類作品相當受歡迎喔。甚至還有皮卡丘的COSPLAY，所以當然也有用皮卡丘打手槍的粉絲。除此之外，與配角的動物獸姦、女性角色vs動物的作品也不少見。像《美少女戰士》也有描繪露娜vs阿提密斯，也就是貓咪交配的同人誌。不過這好像應該視爲單純的戲仿才對。

我參加的論壇中有一名蘿莉控女性（！），她喜歡《新世紀福音戰士》與《名偵探柯南》（名探偵コナン），也是非常喜歡《純愛手札》（ときメモ）的SEGA土星玩家，像她這樣的人很少見。我和她在網路上聊天時，她傳來大量蘿莉照片，我一方面對這些照片感到不自在，同時也驚訝於「原來女性也會如此著迷眞人女童啊！」

她好像是因爲我喜歡桃子所以才傳了這些照片給我，覺得能夠得到共鳴，但我雖然喜歡動畫的少女，卻不可能對眞實的少女心動，更不要說女童了。如果是她的話，看到幼稚園的孩子似乎會「想要擄走（笑）」。附帶一提，她好像沒有去過COMIKE……，這應該算得上是遊走於御宅族邊界的例子吧？

我與他交換過好幾次意見，因此無法否認他的這些見解可能會逐漸變得稍微與我相近，但無論如何，都不能忽視在御宅族的特徵中，「對虛構的情慾」、「虛構的倒錯」與「健全性生活」

三者的平行吧？御宅族的特徵反映在像「性」這種最根本的事情上，尤其是在處理與想像有關的情況時最爲明顯。他們活在自主的解離狀態當中，而在此展現的是，戰鬥美少女與「被解離或是被媒介的性」之間的生成關係。關於這個問題，在最終章將會更詳細地探討。

III

海外戰鬥美少女的狀況

◈・海外的御宅調查

據說「otaku」（御宅族）、「anime」（動畫）（據岡田斗司夫表示，「Japanimation」（日本動畫）這個詞彙幾乎沒有人使用）等詞彙，在歐美也和「sushi」（壽司）、「sake」（淸酒）、「karaoke」（卡拉OK）一樣，逐漸成爲可直接通用的「外來語」。舉例來說，美國的主要大學幾乎都設有某種形式的動畫粉絲社團，而各個社團也都架設了精美的網站。

我試著在全球最大規模的網路搜尋引擎「Alta Vista」搜尋了相關詞彙（調查的時間點爲一九九九年十一月二十四日）。首先是「otaku」（御宅族），共有六萬九四二〇筆資料；同樣屬於外來語的「anime」有一七〇萬三六〇五筆；「manga」（漫畫）有一三五萬六三一〇筆；相較之下「comic」則有一九九萬七四九〇筆。若放在一起看，就會再次驚訝於這些詞彙的滲透狀況。

以下列出幾個人氣詞彙作爲參考。「Star Trek」（星際迷航記）有四四萬七四三〇筆；「Superman」（超人）有二七萬七三三〇筆；「Batman」（蝙蝠俠）有四二萬六二五〇筆；「Beatles」（披頭四）有六七萬五一二筆；「Spice Girls」（辣妹合唱團）有一六萬二四二五筆。此外在美國幾乎與「御宅族」同義的單字「Nerd」，則有三七萬四九二〇筆。

當然這類搜尋結果，在現階段沒什麼値得期待的信賴性。因此以上這些數據，終究只是參考而已，但在想像「otaku」滲透的狀況時，應該可作爲一個判斷標準。

每當我接觸歐美圈「御宅」的言行時，都會覺得他們的粉絲意識似乎與日本的御宅族有著微妙的差異（本書原則上統一使用「御宅族」這個名稱，但以下指稱海外「otaku」時，則使用「御宅」以茲區別）。這些御宅到底如何看待「戰鬥美少女」呢？我決定對歐美的動畫粉絲進行簡單的意識調查，於是以幾個比較知名的動畫粉絲網站為中心，試著連上網站並透過電子郵件提出一些疑問。以下是部分電子郵件中的問題：

——我多年來都有個疑惑，爲什麼在日本的動畫與漫畫（譬如《美少女戰士》）中，青春期的少女會武裝起來，與敵人戰鬥呢？雖然好萊塢電影之類的也會出現許多戰鬥的女英雄，但她們並非少女。《坦克女郎》（Tank Girl）與《終極追殺令》（Léon）除外。美國最知名的非主流藝術家亨利．達格，描繪出了許多幻想中的武裝或戰鬥的少女。如果您知道在科幻作品中登場的，武裝或戰鬥少女的例子，請您告訴我。

身爲一名精神科醫師，我從「性」的觀點探討這些女英雄。如您所知，喜愛動畫與漫畫的人在日本被稱爲「御宅族」。最有名的御宅，同時也是少女連續殺人犯「宮崎勤」，不久之前才被宣判死刑。自從這個案子之後，人們對御宅族的印象就逐漸惡化，就連知識分子也都誤以爲御宅族是戀童癖。某位義大利的心理學家甚至指出，如果孩子觀看少女與敵人戰鬥的動畫（他說的是《美少女戰士》），長大之後就會變成性倒錯者。這些武裝的美少女，是御宅族倒錯的慾望的衍生物嗎？對於這個問題您怎麼看呢？

對於這些有點冒失的問題，卻出乎意料地收到許多誠摯的回答。爲了再次遏止「自閉」、「沒常識」、「缺乏社會性」等對於御宅族的刻板批判，我一定要強調這點——就我的印象而言，即使與一般的英語圈網路使用者相比（或者與日本一般的御宅族網路使用者相比），他們都非常認眞有禮，而且提供的意見富含智慧與啟發性。以下引用他們的發言，來大致看看戰鬥美少女在海外的接受狀況。

◈・歐美圈的戰鬥美少女

首先，我的核心問題意識是：「戰鬥美少女在歐美存在嗎？」以下是一些對這個問題的回覆。

麻省理工大學的麥克・法蘭克，就告訴我一些耐人尋味的美國案例。

「電影《魔法奇兵》（Buffy the Vampire Slayer）最近翻拍成電視影集。這是十幾歲的少女擊退吸血鬼的故事，至於現在非常紅的人氣電視影集《齊娜武士公主》（Xena: Warrior Princess）中，雖然也出現了戰鬥的女英雄，但我想，她的年齡嚴格來說應該落在青春期，大約相當於大學生。」

「美國漫畫中出現許多年輕女性的超級英雄。在《X戰警》系列中，就有十三歲就開始參

與戰鬥的少女（幻影貓，本名凱蒂・普萊德）。她在十幾歲時非常受歡迎，但現在二十幾歲了以後似乎就沒這麼紅了。」

麥可充分理解我的主張的重點：「戰鬥美少女與亞馬遜女戰士不同」，並且也認同絕大多數美國漫畫的女英雄缺乏「可愛感」，她們只是單純地很強大。在這些女英雄當中，《X戰警》的幻影貓則是例外，他指出，至少幻影貓當初在漫畫中登場時，是相當可愛且純潔的女性角色。

「平裝小說裡也有許多戰鬥的女性角色登場。梅賽德斯・拉凱（Mercedes Lackey,1950-）這名作家，就時常寫到戰鬥的年輕女性角色。還有週六早晨的動畫【原註1】，譬如《神奇雙胞胎》（Wonder Twins）或是《史酷比》（Scooby Doo）等，雖然也出現了勇敢的少女，但這些作品都極度降低了暴力性。」

麥可在此指出的幾部作品，在第五章後半將會進行簡單的介紹，這裡就不再多提。不過到了近年，這類女性角色在美國也逐漸受到歡迎，這個現象非常耐人尋味。當然如果與日本相比，其普及程度依然相當有限，但無論如何，這類例子的增加，至少是某種徵兆吧！

約翰霍普金斯大學的迪・李，雖然表示「除了科幻作品與漫畫之外，沒辦法立刻想到其他

【原註1】：美國學校採取完全週休二日制，因此許多給孩子看的動畫都集中在週六早晨播出。這似乎有很大一部分是爲了把孩子釘在電視機前，以減輕家長照顧的負擔。老實說，這時播放的作品絕對稱不上高品質，因此「週六早晨的動畫」也是一種蔑稱。

戰鬥美少女」，但也指出「描寫壞女孩的作品」是現在的趨勢；管理美國網站「anime.net」的唐．霍里斯則表示，雖然美國動畫中也會出現許多戰鬥的女孩子，但幾乎都是些不值一提的作品；科羅拉多大學動畫研究社的其中一名社員，則舉出美國動畫電影《重金屬》（Heavy Metal）作爲例子。但就我來看，在這部作品中登場的角色依然屬於亞馬遜女戰士的類型。

西班牙的動畫粉絲拉蒙．奧迪亞雷表示，在歐洲的歷史與傳說當中，武裝的女英雄並不罕見。重點反而是，爲什麼會在遠離歐洲傳統的地方，也就是日本，少女會以甲冑武裝起來呢？他所舉出的例子，首先是「聖女貞德」，其次就是《王者之劍》（Conan the Adventurer）的桑妮雅。聖女貞德先不談，他還是把戰鬥美少女與亞馬遜女戰士的形象混淆了。因此針對他所指出的「六〇、七〇年代的科幻作品也有許多這樣的案例」，我也很難全盤接受；在美國管理網站「otaku.com」的亞力克斯．麥可勞倫也和拉蒙一樣，指出歐洲歷史上有許多例子，然而他所舉出的例子依然是「聖女貞德」、「伊莉莎白I世」、「維多利亞女王」、「亞馬遜女戰士」等，和拉蒙同樣將定義擴及女戰士乃至於一般的女豪傑。

格林威治大學（英國）的馬修．鮑勃則提到，雖然不像日本那麼多，但美國與英國也有一些戰鬥美少女的例子，譬如唐．卡麥隆的《Cyberella》、克里斯．巴卡羅的《Generation X》等，此外他也提到我舉出的《坦克女郎》，並且指出這部作品眞的是例外。換句話說，英國的漫畫、動畫、小說、電影之間的關係薄弱，漫畫改編電影的案例相當稀少。

馬修的品味似乎與日本的御宅族相當接近，他的分析大致以「日本動畫」（anime）的脈絡爲基礎，讓人覺得相當貼切。以下我試著引用他對於戰鬥美少女的一些評論：

「《攻殼機動隊》（攻殻機動隊）的草薙大佐在作品改編成動畫之後，就喪失了武裝與可愛感，但是她的形象依然具有衝擊性，我想在美國的成功也來自其外形。」

「（關於前面提到的《魔法奇兵》）我不覺得巴菲是強韌的女戰士（fighting woman），她是典型的美國女學生（valley girl），比起打擊怪物，約會或逛街更適合她，但這也成爲節目中的幽默就是了。不過，我想典型的美國女學生形象也與日本的不同。」

他對於「魔法少女」以及她們的「變身」，也提供了耐人尋味的意見：

「我雖然沒有看過《魔法使莎莉》（魔法使いサリー），卻看過後來的《魔法騎士雷阿斯》（魔法騎士レイアース）、《守護天使莉莉佳》與《美少女戰士》等作品，我認爲這些比起《神仙家庭》（Bewitched）之類的喜劇，更接近超級英雄作品，雖然角色看起來沒有那麼突兀。」

「變身與不爲人知的眞面目，這個概念讓人聯想到美國的超級英雄。譬如《超人》或是《蜘蛛人》之類的角色。他們雖然過著普通的生活，但只要換上特別的服裝，就能獲得超級英雄的人格（persona）。魔法少女應該受了這個概念的影響吧？」

不過，馬修所指出的觀點當中，我認爲最重要的是以下關於日本動畫幼齡化傾向的看法。

「日本動畫最讓我驚訝的是，主角看起來比實際年齡更幼小。譬如《貓眼女槍手》（ガンスミスキャッツ）的小美，年齡設定明明是十七歲，看起來卻只有十四歲。主角變得幼小是最近的傾向嗎？無論是《宇宙戰艦大和號》（ヤマト）、《超時空要塞》（マクロス）還是《科學小飛

俠》，新系列的主角看起來都變得更年輕，彷彿少年一般。這是爲了與《銀河女戰士》（ガルフォース）或《三隻眼》（3×3 EYES）之類的作品對抗嗎？無論理由爲何，（日本人的）喜好似乎愈來愈偏向外型幼小的角色。」

關於「魔法少女」與「幼小的主角」等問題，《美少女戰士》仍然是重要的作品。在這次的調查當中，反應最兩極化的作品正是《美少女戰士》，這點想必也具有重大的意義。我認爲從這個部分可以看出，歐美御宅與日本御宅族在意識上的差異。不過，儘管意見兩極化，大多數的反應都是如「那是給小女孩看的」、「那個看太多會變笨」、「我們的社團禁止看那種東西」等，雖然以玩笑包裝，但負面的意見依然較多。

在芬蘭管理動畫網站的安迪．衛斯瑪，是在這次接受問卷調查的動畫粉絲中少數的《美少女戰士》支持者，也是最接近日本御宅族的動畫粉絲。他也熱愛《夢幻遊戲》（ふしぎ遊戲）與宮崎駿動畫。原本是電影迷的他，自從迷上動畫之後，就幾乎不再看電影了。

他也想不太到歐美圈中「戰鬥少女」的實例。他原本覺得《美少女戰士》是給小女孩看的作品，不知道好看在哪裡。但耐著性子看下去之後，卻在某天突然成爲他最喜歡的作品。他認爲這是因爲主角是擁有超能力的少女，原本不喜歡變態作品的他，似乎很難相信像《美少女戰士》這種出色又可愛的動畫會帶來倒錯。

「我知道變態漫畫也有粉絲，但在芬蘭，大概只能找到五部左右動作類型的日本動畫，因此多數芬蘭的日本動畫粉絲，喜歡的都是動作類型動畫。在這裡要成爲動畫粉絲非常辛苦。我

看的第一部動畫是（變態動作類型的）《超神傳說》（うろつき童子），當時相當喜歡，但現在的喜好已經從變態動作類型，變成浪漫喜劇類型，最近已經不太看變態作品了。魔法少女我也只知道《魔法少女　可愛莎美》（プリティサミー），至於西洋的魔法少女作品，我也只在書上看過而已。」

「我很喜歡《純愛手札》這個遊戲中優美的動畫畫風，但我聽到有藤崎詩織（譯按：《純愛手札》中的角色）的MV與粉絲俱樂部時，覺得相當不可思議。像這樣的影片，不會讓現實與想像之間的區別變得模糊嗎？」非常熱愛日本的他，在郵件的最後以「我當完兵要去日本」作爲結尾。

綜合以上的意見，或許可以看成我的預測並沒有太過失準的依據。可以確定的是，戰鬥美少女這個體裁，是在日本形成特殊發展的領域，在歐美圈中看來並不像日本這麼特殊，這點在此時幾乎可以完全確定。明顯地，這種類型的角色在日本被當成市場戰略利用，而且還如預期般熱賣，而在海外並不存在這樣的脈絡。

然而就近年的傾向來看，極爲接近戰鬥美少女的角色在眞人影集的領域中開始博得人氣，這點倒是出乎意料。我認爲這類傾向，都幾乎毫無疑問地是受到日本動畫極大的影響。

◈・日本動畫與女性主義

哈佛大學的班傑明・劉，是一名相當「重度」的動畫粉絲，甚至還撰寫了關於日本動畫的日文論文，不過他主要是從女性主義的觀點分析這個現象。他舉出《小甜甜》（キャンディ・キャンディ）、《幸運女神》（ああっ女神さまっ）、《電影少女》（電影少女）等作品中的角色作爲典型女性的範例，也就是「有女人味的女性」。相較之下，《凡爾賽玫瑰》（ベルサイユのバラ）、《甜甜仙子》（ミンキーモモ）、《美少女戰士》等，就是女性的行爲舉止彷彿男性一般，會變身、會擊退怪物的作品。他推斷後者的作品群，象徵著女性地位的提升，而他認爲其中最女性主義的創作者就是宮崎駿。

做這樣的對比當然不能說沒有問題，而且不得不說，他沒有充分參考《美少女戰士》之前的戰鬥少女體系相當地可惜，不過他的見解能夠促進對於動畫作品中性別角色（gender）的關注，就這層意義而言相當寶貴。除此之外，我也試著從他的見解當中，挑出幾個重要的部分。

他首先指出的是日本的英雄一般較爲幼小這點。美國漫畫（他以《X戰警》爲例）的英雄大多是成年男性，相較之下，日本則多半選擇青春期的少年少女作爲英雄、女英雄。除了他之外，也有好幾個人指出類似的觀點。

而劉也基於下列理由，對於戰鬥美少女與性倒錯之間的關係，採取完全否定的立場：

(1)日本人與其他民族相比，在性方面的嗜好沒有太大的差異。
(2)動畫呈現的暴力經常成爲問題，但不能因此就判斷日本人特別暴力。
(3)大衆媒體反映社會情勢是事實，但將動畫的思維直接當成社會的思維並不正確。
(4)將動畫創作者全部視爲性倒錯者過於牽強。
(5)日本的動畫、漫畫相當於美國的影集、電影。換句話說，這些作品在社會上的接受度與影響力是相等的，如果從這個角度看，對於少女的描寫方式並沒有太大的差異（問題反而在於，爲什麼日本的動畫中會出現這麼多怪獸呢？）

因此，比起將戰鬥美少女視爲男性慾望的產物，應該還有更合理的理由：

(A)女性在日本的身分認同（identity）既模糊且受到侷限，戰鬥美少女就是逃離這種束縛的方案。少女保護她們自己或她們所愛的人的想法，對日本少女而言是有價值的。
(B)女性主義運動難免會與性有關，女性必須擺脫男性希望的少女形象，宣告她們本身性的自由。在性方面成熟，能夠控制自己的外表與性的角色，是女性獨立的另一種形式。

在這個脈絡下，也一併思考青少年在日本的立場，以及年幼的動畫英雄。日本青少年的立場，比美國的青少年更弱勢。在美國，孩子們從小就被訓練要獨立，但日本至今仍有根深柢固的「長幼有序」與「晚輩」的概念。動畫中出現的許多年輕角色，或許也與女性的性角色一樣，試圖打破「無力的年輕人」這種刻板印象。

(C)雖然部分的動畫角色是作爲性慾的對象被創造出來，但並非所有的戰鬥美少女都是這種爲了娛樂男性的存在。譬如娜烏西卡，又譬如伊莉雅。《美少女戰士》太幼稚了，我不喜歡（雖然這是祕密，但我覺得看太多那個會變白癡……開玩笑的）。（《快打旋風》〔ストリートファイター〕的）春麗在成爲御宅的偶像之前，也先是一名個性強烈且強大的角色。

(D)戰鬥美少女在打破女性形象的同時，或許還是反映出了「柔弱女性」的思想。科幻作品也成立在現實之上，少女經常是柔弱的存在，所以她們若不穿上戰鬥服就無法戰鬥。

提倡戰鬥美少女有害論的人，是被社會現象的分析弄反了。具有性障礙的人容易沉浸在動畫的世界中。對於在現實得不到滿足的人而言，虛構是安全的，就如同不存在於這個世界的天堂；但若反過來說，這些就並非事實。動畫不會帶來倒錯，只有懷著倒錯幻想的人，才會從中看見倒錯。

我很喜歡動畫《電影少女》，被其充滿了可能性的思想所吸引。不可能的可能性、少女跳出電視畫面與怪物戰鬥。我想要相信這樣的魔法是眞實的，我想要的不是創造不可能的現

實，而是想像眞實的可能世界。

劉的分析相當出色，就某方面來看不得不說完全正確。尤其他將「除了女性之外，就連年輕人也受到不平等對待的日本社會結構」囊括其中，也指出了「日本的動畫、漫畫相當於美國的影集、電影」等，都相當出人意表。雖然動畫的典型反應出社會狀況的部分，難免流於粗糙，但就脈絡而言是正確的。

二十出頭歲的動畫粉絲能做出如此精確的分析，並使用日文寫成論文。在這個時間點，就不得不說他和日本一般的御宅族有著決定性的差異。說到我的同胞，雖然會觀察線上論壇，卻只是在那裡無止盡地延續圈內用語、圈內把戲，完全無法期待這樣的批判性。卽使認眞闡述意見，似乎也會事先聲明這是自己的「表演風格」。

不過，我也不打算原封不動地接受他的主張。尤其社會的壓抑性結構，以相反的形式投射在動畫作品的正確分析。正是因爲正確，所以也遺漏了動畫的特異性。此外，戰鬥美少女作品與女性主義的關係，我覺得主要的觀點已經在齋藤美奈子（1956-）《一點紅論》（紅一点論）的論述中考察殆盡。我終究還是想要聚焦在動畫與性的問題。

◈・動畫與倒錯，或者與性

接下來想要探討的是，這個體裁關係到多少程度的性，乃至於性倒錯的問題，以及這種特殊的發展在日本有什麼意義。

首先，第一步先檢視前面提到的西班牙動畫粉絲拉蒙・奧迪亞雷所提出的歐洲動畫粉絲的問題。西班牙連宮崎駿導演的《紅豬》（紅の豚）都列爲限制級，此外其他日本動畫也幾乎都被禁止播放，只能透過錄影帶觀賞。雖然部分變態作品想必會帶來重大影響，但卽使如此，只因爲是日本動畫就禁止的做法依然太過極端。當然，這種「誤解」似乎相當普遍，不只存在於西班牙，就西歐的標準來看，日本動畫的體裁本身就已經被視爲充滿性禁忌的作品處理，這是爲什麼呢？

前面提到的馬修・鮑勃，也詳細地報告了動畫在英國的接受狀況：

「英國對於動畫的批評也很強烈，尤其像《超神傳說》與《眞・淫獸學園La★Blue Girl》這種觸手成人作品（tentacle porno）【原註2】，甚至有一些集數被禁止販賣。在美國發行時，多半會將暴力與性的場景剪掉。雖然關於這點，好萊塢電影也相同。」

「我看過幾集爲美國市場剪輯的《美少女戰士》，對性的暗示似乎相當敏感，不僅因變身而裸體的場景被剪掉，（敵人四天王之一）佐賽特的性別甚至被改成女性。這應該是考量到避免他

與昆札特的關係被當成同性戀吧？雖然我覺得這部作品內容沒有什麼太大的罪過，或許因爲漫畫的讀者以少女爲對象，主角都是女孩子，小女孩容易同一化吧？許多御宅想把她們當成偶像的情況，與耽美同人類似，彷彿在嘲笑原著的純粹性，就像是《星艦迷航記》的耽美同人誌一樣，但我完全不覺得所有粉絲都是這樣。」

前面提到的亞力克斯．麥可勞倫（管理「otaku.com」者）表示「宮崎（勤）應該被處以死刑」的同時，也諷刺地反問「（關於性倒錯的原因）那位義大利心理學家，沒有提到天主教會嗎？」他表示「**任何人都有權利看想看的東西**」，也認爲「**倒錯的御宅慾望這種東西，只存在於想要挑毛病的政治家、拚命推銷的報紙以及自責的心態當中**」等，回答得相當諷刺。

至於斬釘截鐵地表示「《新世紀福音戰士》很無聊，只有需要插電機制的部分是原創的吧」的唐．霍里斯（前面提過）則說「**在魔法少女的作品裡追求性是錯誤的**」，據他表示，戰鬥美少女不是給御宅看的，不管是《美少女戰士》、《小紅帽恰恰》、《飛天少女豬》還是《魔法少女可愛莎美》，全部都是給小女孩看的作品。霍里斯對我說「**如果你覺得動畫裡有性的問題，首先應該研究你自己**」，給我極爲精神分析式的建議。

聖克勞德州立大學（明尼蘇達州）的保羅．海夫利是《新世紀福音戰士》的狂熱粉絲，他

【原註2】：一般用來稱呼出現「女性遭到擁有巨大觸手的怪物侵犯」場景的成人動畫作品，以《超神傳說》等爲代表。主要由美國的動畫粉絲使用，有相當高的侮蔑含意。

對於御宅與性的問題是這麼說的：

「身爲御宅與倒錯無關。『御宅』在美國指的是沉迷於動畫的粉絲，就像『星艦迷』（Trekkie）一樣。當然也有部分粉絲只看被列爲限制級的動畫，但他們會這麼做是受到『動畫』的影響嗎？我不覺得。因爲就算沒有動畫，他們應該還是會看眞人拍攝的成人影片。而我之所以會看動畫，是受到其深刻的故事性以及純熟的角色塑造所吸引。」

「不過話說回來，武裝的孩子到底哪裡有魅力呢？我今年二十一歲，但已經把《美少女戰士》所有已播放的集數都看完了。剛開始是因爲好奇，與無聊的美國動畫相比，這個作品很新鮮。不過愈看愈能樂在其中。但這不是因爲我喜歡看女子團體戰鬥，而是因爲它作爲一部科幻作品而言相當出色，不過我自己並沒有陷入倒錯，現在也和一般人一樣交女朋友。我認爲批評御宅與動畫粉絲很不妥當。」

科羅拉多大學的「Otaku Animation Association」的副社長「班」，雖然給予《新世紀福音戰士》與宮崎駿相當高的評價，卻也表示自己應該與日本的御宅族不一樣。

「我非常喜歡女性戰鬥的場景，就像《泡泡糖危機》（バブルガム・クライシス）那種，這部動畫中的女性既美麗也不害怕獨立。我對於大眼睛、總是嗤嗤笑著的『非常卡哇伊的女孩』（日文）不太感興趣。我喜歡《泡泡糖危機》中出現的普莉斯，她是騎著機車的搖滾歌手。」

「我喜歡聰明、積極的女性，尤其那些剛好和我一樣，擅長數學與電腦的女性。乖巧順從的理想女性並不吸引我，我對小女孩也沒興趣。喜歡和自己（二十二歲）年紀差不多的女生。」

「班」理想中的女性，似乎就是我所謂的陽具母親那種女性形象。他確實有許多部份與一般所說的「御宅族」不同。這不單純只是喜好的問題，他無論在動畫方面，還是在「現實」方面，都擁有幾乎相同的「理想女性」形象。他的喜好太過一致這點，正是他「稱不上御宅族」之處。

就如同到此之前所看到的，針對御宅，乃至於動畫與倒錯的關係性，否定的見解占了絕大多數。至於御宅在「現實」中的異性關係，有人像「班」那樣和女孩子普通地交往，但也有人不是。不過御宅（或是「Nerd」）多數是男性，而且異性關係較爲貧乏的意見也不少。關於這方面，或許與日本的狀況沒什麼不同。

◈・戰鬥美少女與文化背景

哈佛大學的麥可・喬凡科是宮崎駿動畫的粉絲，非常喜歡《風之谷》與《天空之城》。他試著盡量仔細地分析戰鬥美少女何以成立。

「首先有少女漫畫的存在，那是爲女孩子創作的作品，所以女主角理所當然是少女。《美少女戰士》是給小學女生看的，雖然也有喜歡這部動畫的青年，但多數粉絲都是女孩子（至少在美國是如此）。再者，我個人並不喜歡《美少女戰士》，而是偏好適合更高年齡層的動畫（譬如《夢幻遊戲》或是《橘子醬男孩》（マーマレード・ボーイ））。」

「御宅的嗜好能大幅影響漫畫與電玩等領域，最主要的原因是製作方也是御宅。」

「漫畫與動畫的性的概念錯綜複雜，其中也有只爲了滿足性的慾望而存在的『變態』漫畫。不只動畫與漫畫，還有電玩。《純愛手札》成爲主流，伊達杏子（堀製作的虛擬偶像）的出道反映出了御宅的理想。爲什麼這在日本會成爲可能的呢？日本男性的性慾受到壓抑，與女性相比也缺乏活力，這與日本文化的特殊性有關。這些是我自己與日本人接觸所得到的印象。」

「相較於其他文化圈，日本的動畫、漫畫、電玩特別興盛。雖然美國也有漫畫與電玩，但大致都以孩子爲對象，比如『卡通』適合年幼的孩子，或是像迪士尼則適合闔家觀賞。雖然可能有少女英雄，但一般少年對於少女英雄並不感興趣，而更偏好暴力與動作場景。美國的少年一旦開始對少女產生興趣，就會拋棄電玩。幾乎沒有少年超過十四歲還會對電玩與漫畫興致勃勃。」

「日本社會與其他社會相比，對於御宅風格的生活更加寬容。如果在美國，根本無法想像動畫角色會變成偶像，又或者對多數美國人而言，要求年輕少女穿上水手服作爲高中制服是一件驚人的事情。在重視青春期純粹性的社會中，很難接受將女高中生以那樣的形式『客體化』。這不是價值判斷，而是文化上的差異。當然我只能提供美國的狀況，就連在那種情況下都可能陷入刻板印象。像《美少女戰士》那樣的角色模型，與其說是以將女性平等化爲目標，我想倒不如說是將女性當成物品般處理。《美少女戰士》在美國播放了一年以上，但也沒吸引到多少御宅或狂熱粉絲，支持的依然是原本就設定爲受衆的年幼觀衆。」

「（關於迪士尼粉絲與御宅的差異）迪士尼動畫以大眾爲對象，所以才會花那麼多工夫與時間，也奢侈地邀請知名電影明星配音，但即使如此，魅力依然比不上『日本動畫』。日本動畫與其他御宅活動（otaku no koto），大幅改變了生活。就這點而言，影響力勝過任何迪士尼作品。這是御宅活動與單純的流行之間的差異，或許也可說是『動畫』與『電子雞』之間的差異。而《美少女戰士》剛好位於中間，無論是一般大眾還是御宅都能接受。」

「我不覺得伊達杏子的目標是成爲一般意義上的偶像，就挑戰科技的極限這點而言，我非常感興趣。朋友買了她的CD，儘管非常酷，但看了她的影片之後就『覺得有點毛』。她雖然就像眞的一般，但又不完全眞實，而動畫的角色就不會像是眞的。御宅雖然也能與美少女戰士談戀愛，但他們知道那不是眞的。如果美少女戰士眞實存在，那就會有點『毛』，又有點困擾。伊達杏子不被接受我很能理解，我想這個世界還沒準備好接受虛擬偶像，倘若科技更進步，這樣的偶像（例如《Macross Plus》（マクロスプラス）的夏濃）也會更受歡迎吧？但現在還無法跨出僅僅屬於好奇心的領域。」

「在美國幾乎看不到像美少女戰士這種可愛的女性英雄，雖然我想也會有很多美國人喜歡這種角色，但多數美國人反而會錯亂。她們的可愛經常就像小孩子一樣，帶有戀童癖的意味。不過就我的預測，美國的漫畫也會逐漸接近日本那種可愛小孩子的風格吧？」

喬凡科在了解美國禁忌意識的基礎上，提供了寶貴的資料。水手服原本是水手的工作服，將其轉用爲女學生制服的經過確實值得關注。因爲近年對「女高中生」的興趣，在日本受到異常的矚目，裡面包含的要素不單純只是對年輕女性的慾望。至少在這部分之中可能混入了服裝倒錯的嗜好。如果說得更極端一點，愛好水手服與年輕女性的組合，這種行爲也不是不可能如戀童癖、服裝倒錯以及同性戀般的嗜好等，作爲多形性倒錯的傾向分析。

關於「變身」的問題，他也做了如下的敘述：

「（關於戰鬥美少女的變身）可能是從稚弱可愛的少女轉變爲成熟堅強女性的變化。這種雙重人格性，能從少女身上帶來成年男性御宅所期望得到的一切所願。這讓她們成爲完美的存在。」

「變身」是加速成熟的隱喻這點，我也完全同意。

接下來介紹的傑夫．蔡，是柏克萊大學的學生。

身爲動畫《夢幻遊戲》粉絲的他，也認爲戰鬥美少女的作品在幾乎所有的電影與電視節目中都屬於少數派。他舉出的例外作品是《魔鬼終結者》（The Terminator）與《霹靂煞》（Nikita）等。

「（爲什麼會很少的）理由我並不清楚，可能是動畫風格的差異吧？譬如偉大的迪士尼，希望將角色描繪得符合現實，而觀衆也想看符合現實的作品。所以很難畫出『美少女』，『大眼睛、小鼻子與小嘴巴』的動畫風格，正因爲是在日本所以這些才能被接受。」

「某篇心理學論文將戰鬥美少女登場的動畫命名爲『魔法少女作品』，並指出這類堅強的女

性角色，依然保持著纖細的女性特質。只要她們有意願，也能傷害男性，然而一旦被男性表白，她們就會變得陶醉、溫柔又熱情。御宅族喜愛的或許就是這點。」

前面提到的迪．李指出，戰鬥美少女的動畫，含有倒錯與吸金的意圖。《甜甜仙子》等作品雖然以小女孩爲設定的受衆，但像《蕾姆涅亞傳說》（レムネアの伝説）等作品中出現的那種武裝少女，明顯地就是從倒錯的慾望中誕生。他認爲少女身上穿著的盔甲，是「**既不需要也沒有用處的裝備**」，又比如針對《魔法少女　可愛莎美》，他也表示「**這麼暴露的服裝沒有必要**」。他的見解或許也可以說有他的明智之處。

◈．蒙古人種情結？

最後將引用一篇有點特殊的郵件，簡單來說，這是某位被動畫打亂人生觀的白人青年的手記。他同意以匿名爲條件將郵件公開，因此在這裡幾乎全文引用：

你的意見很有趣。我在小時候最喜歡的動畫是《超時空要塞》、《宇宙戰艦大和號》以及《科學小飛俠》。我甚至不知道這些是外國製作的作品。我進入高中之後，對動畫有了新的發現，於是完全沉迷，我自己的生活也變得截然不同——我的朋友都是亞洲人，大學也主修

亞洲史。我的雙親因爲我的改變而困惑，有時候就連我自己也覺得奇怪。但我確實連對女孩子的喜好都受到動畫影響。

我沉迷於亞洲的一切到了近乎異常的地步，動畫在這當中更是特別重要的存在。我特別熱愛日本、滿州（？）、韓國。我主修東亞史，朋友都是亞洲人，其中也有來自日本新潟的女孩。

不過，我並非一直以來都是這樣。我成長在位於郊區的白人家庭，小時候幾乎沒有接觸亞洲事物的機會，頂多只有想當忍者、聽祖父說他在日本時的事情（祖父在當海軍時曾待過日本）、剛才提到的動畫，還有功夫電影（這對成長期的少年而言很常見，我們看了很多武術作品、《小子難纏》（The Karate Kid）、李小龍的作品）等等。我的學校幾乎沒有亞洲學生，即使有，也都只是亞裔美國人。

我在九年級（國中三年級）時開始學跆拳道的時候，在那裡認識了韓國混血兒少女，並與她交往。那時的事情說來話長，簡而言之最後我們分手了。

分手後不久，某位朋友介紹我看幾部動畫（《阿基拉》〔AKIRA〕與《吸血鬼獵人D》〔ヴァンパイア・ハンターD〕）。因爲那時候我非常沮喪，就整天都關在家裡，看著動畫裡的少女讓我想起分手的女友。我就連週末也沉浸在動畫之中，非常地悲慘。

現在回想起來，依然覺得她與動畫裡的少女驚人地相似。她不僅可愛，而且還強大到近乎危險（她既是跆拳道的州冠軍，也是啦啦隊長）。長相就像動畫裡的女孩那樣有魅力，眼睛也很大，或許亞洲混血這點，也使她的存在看起來特別得非現實吧？

後來《魔物獵人妖子》（魔物ハンター妖子）取代了她，成爲對我而言最可愛的女孩。想必若是動畫裡的少女是眞實的存在，我也會愛著她們吧？不過，或許就像日本籍教授半開玩笑的警告，我不應該再看那麼多動畫了，否則就連現實中的女孩子，我也會期待她們做出像動畫般的行爲舉止。我從來沒有試著仔細分析過自己的想法，所以教授的警告就這樣留在心底。

不過，我想我確實不是倒錯者。因爲無論是動畫還是其他媒材，我都不喜歡成人作品。我喜歡《亂馬1／2》（らんま1／2）等高橋留美子的作品，或是《DNA²》之類的，這學期也針對《亂馬》的性別角色與其表現撰寫論文。

吸引我的除了動畫之外，也逐漸擴及到亞洲文化的各個面向。我感興趣的領域從歐洲史轉移到亞洲史。上了大學之後，立刻與和我一樣喜歡動畫的韓國學生成爲朋友，最後我的朋友全部都只有韓國人、中國人與日本人。我明明連韓語都說不了幾句，卻總是和他們混在一起。我是裡面唯一的白人，這件事情有點奇妙，不過這個韓國學生團體，在其他亞洲學生之間卻有著「勢利排外」的評價。我已經有很長一段時間，變得對白人夥伴不太感興趣。從交到韓國朋友之前就已經是如此，理由有很多。你知道兄弟會（大學社團活動的一種）嗎？我參加的與動畫有關，因此戲劇性地改變了我的人生。

動畫與分手女友的記憶，在象徵性的關係中互相強化，分別都使我更加著迷。我未曾喜歡過亞洲少女，也未曾與她們約會（因爲韓國朋友說，那名韓國混血女孩不算亞洲人）。對我來說，亞洲少女（只算韓國人、中國人、日本人）就和白人少女一樣有魅力，可愛女孩的比例說不定更高。無論是白人還是亞洲人，最可愛的女孩都同樣漂亮。我喜歡的並不是亞洲少女刻板印象中的「順從」，而只是單純審美意義上的喜歡。

大家都認爲這不是美國少年的正常狀況。我可以保證。你是精神科醫師，或許能夠判斷這所代表的意義，但我沒辦法。

每當我偶然環視房間，發現周圍都是亞洲人，只有我一個人不是，或者發現經常語言不通時，總是這麼想，我到底在做什麼呢？爲什麼會變成這樣呢？總覺得不可思議。把所有一切推給動畫絕對是錯的，因爲這裡面有著更加深刻複雜的狀況。但母親自從我發生某件事以來，似乎一直都是這麼想。

我兩歲的時候，曾經全家一起去西雅圖旅行，那裡有一家子的日本旅客，他們帶著一名和我年齡相仿的小女孩，雖然我不記得，但聽父母說，我跑過去把那個小女孩撲倒，讓她站不起來。我的父母非常尷尬，對著那名女孩不會英語的家人深深道歉。這件事情應該含有某種潛意識上的深刻意義，但是我也搞不清楚。現在能寫的只有這些，如果能夠成爲參考就好了，但是希望你不要把我的名字寫出來。我在今年的十二月到一月左右將要去日本與在新潟的朋友見面。

我非常喜歡日本，就連軍國主義那種評價不太好的一面也喜歡。我也覺得大東亞共榮圈非常耐人尋味。我也是浮世繪、谷崎潤一郎小說，以及奇波馬多合唱團那類日本音樂的超級粉絲。對於平家與源家的戰爭也很感興趣。我認爲日本是全世界最有魅力的、悖論與矛盾的社會。我由衷地稱讚。

我已經不打算「分析」如此坦率的個人告白。他雖然不是典型，但或許也不是太過特殊的例子，我只是爲了避免「日本的動畫侵略，導致全世界變得御宅化」這種單純的誤解，而想要強調「動畫迷」的多樣性。

我讀了他們的信件後，重新認識到了日本御宅的群體性，並從中看到了奇特的雜食性與表演性，這種狀況與其說具有多樣性，還不如說就結果而言帶來的是單調性吧！我想這種單調，可能也是因爲漫畫和動畫表現空間本身的「單調」所致。也許是創作者的創作性與接受者的感受性都被「過度認同」，以致表現空間變得單調。而關於上述我所說的「空間」，其特徵以及這個場域的特殊性，導致了生成戰鬥美少女的必然性，請參考最後一章「陽具女孩的誕生」。

IV

亨利・達格的奇妙王國

◈．非主流

開頭也提過，我在構思本書的主題時，畫家亨利．達格的「作品」帶給我很大的啟發。先不論達格在美術史上的評價，其市場價值就如同後述，不斷地水漲船高。然而在日本，這位畫家至今仍稱不上出名，因此本章將介紹這位特殊畫家的生涯，以及他的作品。

說到達格，就不能不提近年來逐漸受到矚目的「非主流藝術」熱潮。首先簡單地介紹一下「非主流藝術家」。簡而言之，非主流藝術家指的是「不曾接受正規的藝術教育，也不隸屬於美術界的藝術家」。非主流藝術家的作品體裁，在歐洲稱為「Art Brut」（原生藝術），在美國則直接翻譯，稱之為「Raw Art」等。

非主流藝術也包含不隸屬於藝術界的素人作品，但一般經常用來指稱「精神病患的作品」。一九二二年，德國精神科醫師普林佐倫（Hans Prinzhorn, 1886-1933）拜訪各地的精神病院，收集患者的作品，並在著作《瘋狂的表現》（*Bildnerei Der Geisteskranken*）中介紹。自此之後，非主流藝術家，也就是精神病患的繪畫與造形藝術就開始引起各界的興趣。此外法國畫家尚．杜布菲（Jean Dubuffet, 1901-1985）從藝術家的立場來關注這些作品，對於在藝術界介紹非主流藝術一事帶來最重要的貢獻，且「Art Brut」的稱呼也來自杜布菲。

達格的介紹者約翰．麥葛瑞戈（John M. MacGregor）如此定義非主流藝術：「內容廣大，如百科全書般豐富，鉅細靡遺地創造出另一個世界（another world，指無法適應現實社會的人所選擇的，奇妙而遙遠的世界）。這個世界對他們而言並非藝術，而是經營人生的場所。」沒錯，他們製作以自己的瘋狂所創造的世界的地圖，描繪他們自己的神的符號。他們在圖畫中解說自己發現的萬靈丹，描寫自己看過聽過的火星風景，又或者詳細說明，迫害者透過遠端操作來折磨自己的那些裝置如何運作。他們在自己專屬的王國中發行貨幣，利用圖解說明自己創辦的新興宗教。這已經不是「描繪出來的虛構」，對於創作者而言，這分明就是現實的等價物。

非主流藝術家對於販賣、展示作品不太感興趣。因爲他們的作品不是取悅他人的虛構，而是連現實也能改變的工具與手段。這麼重要且私人的事物，到底有誰能夠展示或販賣給他人呢？

達格的創作行爲，確實符合以上對於「非主流」的描述。但卽使如此，我對該如何介紹他，也不是完全沒有猶豫。視他爲畫家或創作者眞的妥當嗎？將這種終其一生把自己的作品當成祕密據爲己有，去世時希望將作品完全銷毀的人視爲「創作者」；又或者我應該站在精神科醫師的立場，只討論達格的病理與倒錯呢？然而就算達格有所謂的「病理與倒錯」，若要去對他下「診斷」，其實我立刻就會有排斥感。再者，我們尚未得知達格的全貌。因爲各種困難的狀況，我們暫時還無法看見他創造力的核心。而爲了繼續討論他的特殊才能，就只能另闢更多條道路了！

達格從二十四歲起，長達六十年單獨創作一件誰也不知道的作品。作品包含多達一萬五千頁以上的龐大打字原稿，並且附上大量的插畫。以獨立創作的單一虛構作品而言，這恐怕是空前的規模，但保存狀況不佳也影響我們至今仍無從得知故事的全貌。他的插畫所描繪的世界散發出奇妙的魅力，使觀看者很難不受其吸引。然而最重要的是，達格製作這部作品完全只爲了自己，而絕不是想要拿給誰看。

他的故事中，出現七名被稱爲「薇薇安女孩」的主角。她們爲了將兒童奴隸從邪惡大人的支配中解放，拿起槍枝勇敢戰鬥。她們的戰鬥經常極爲血腥且殘酷。達格畫筆下少女天眞的情慾（eros）與這種沾滿血的殘虐性，兩者之間充滿強烈的對比。最奇妙的是，所有少女都像少年一樣擁有陰莖。依照我們對這樣描寫的理解，決定了我們要如何看待達格這名創作者；是僅將其當成倒錯的產物而排斥？還是能視爲某部分也是自己慾望的倒影，儘管令人躊躇，但仍想持續凝視呢？當然，我想討論的並非持有哪種態度才正確。不過，我不由得採取後者的態度，忍不住窺視他的祕密小屋。

達格無緣接受藝術教育，他的繪畫技巧看起來稚拙，但在這裡，贏得勝利的正是那份稚拙。將少女群像配置於風景與室內時巧妙的構圖功力、清淡柔和的筆觸帶來水潤的色彩感。背景中的雲彩雷電等出色的自然描繪，則帶有清晰的情感，在此明顯地反應出他對於人格神質樸且虔誠的信仰。事實上，他確實是非常虔誠的天主教徒。

他的繪畫最顯著的特徵就是純潔到有種怪誕感，而正是這種感覺讓我非常著迷。沒錯，至少他的創作行爲無疑地與「如孩子般純潔」密切相關。不過，這又是多麼純粹啊！天眞的鼻酸、純潔的慾望，這種不穩定的緊張感漲滿了整個畫面，此時的我們也同時面對著自己慾望的某種影子。這又使我們不得不深感困惑。

達格現在已經獲得「美國唯一且最重要的非主流藝術家」（約翰．麥葛瑞戈）的評價，據說他的插畫在藝術市場上以高達數萬美元的價格交易。麥葛瑞戈是藝術史學家，也學過精神分析，他首度試著從精神病誌學的觀點聚焦達格的作品。一九八六年他在完全偶然的情況下得知達格的作品，而後花了十年以上的時間持續研究，並發表了數篇關於達格的論文。接下來將根據麥葛瑞戈的幾部著作來介紹這名特殊的畫家。

◈．生活史

亨利．約瑟夫．達格於一八九二年四月十二日，出生於美國伊利諾州芝加哥，據說他一輩子沒有離開過這裡。達格四歲時，妹妹誕生，母親卻隨後因爲敗血症去世。妹妹很快就被送養，達格後來由身障的父親撫養，但是父親也在一九〇〇年過世。八歲的達格便住進了天主教的少年機構，十二歲時由伊利諾州林肯市的精神遲緩兒機構收容。據說他的綽號叫做「瘋子」，但從達格身上當然看不到智能障礙的徵兆。這座機構，林肯瘋人院給他的診斷是「手淫（！）」。這類設施在本世紀的美國，收容了許多被認爲精神有問題的孩子。

達格好幾次試著從機構逃跑，終於在一九〇九年（十六歲）成功。他在十七歲時，獲得在聖約瑟夫醫院洗碗兼清潔工的職位。後來，他的人生看起來就單調得缺乏起伏。他一輩子單身，靠著在芝加哥的幾間醫院打雜維生。

達格在芝加哥北區的一棟房子，租了一間位於三樓的小房間居住，那就是他全部的世界。他每天的工作就是擔任醫院的守衛、洗碗工、清潔工等單調的重勞動。達格每天去上班，在附近的餐廳解決三餐，回到房間裡就著手進行他的祕密作業。達格也是虔誠的天主教徒，幾乎每天，多的時候甚至會一天五次出席教會的彌撒。

他幾乎沒有朋友，「孤獨到近乎病態」（麥葛瑞戈），總是害怕著什麼。即使遇到認識的人，也只會聊天氣，但就算是這樣的達格，也曾有一段時間有一位名爲威廉・修洛達的朋友，但這位唯一的朋友最後也搬走了。他的搬離使得達格的孤獨變得更加完整，或許正因爲這徹底的孤獨，才能讓達格在不爲人知的情況下創造虛擬世界，撰述其龐大的歷史。

◈・發現

一九七二年十一月的某個下雪天，八十歲的達格住進了老人之家，從此之後再也沒有回到住了四十年的租屋處。房東問他私人物品該如何處理，他只回答「全部都給你」。

雖然不知道這對達格而言是否是一件幸福的事情，總而言之，這位房東內森．勒納（Nathan Lerner, 1913-1997）發現了他的作品。內森是相當知名的攝影師，同時也身兼畫家、設計師以及芝加哥包浩斯的美術教授。這個偶然將達格的畫作從被破壞的命運中拯救出來。

房東走進房間一看，發現裡面充滿了雜物，雜亂到連站的地方都沒有。達格絕對不會丟掉自己收集的東西，所以一直生活在骯髒、幾乎被垃圾淹沒的房間裡。散落在地板上的Pepto-Bismol（止瀉藥）空瓶、推測是撿拾而來的成堆舊雜誌與報紙、上百個不知道做什麼用的繩結、還有其他奇妙的收集品。內森．勒納與他的學生大衛．巴格倫一起著手打掃房間，這次的清掃帶來了堪稱命中注定的發現。

他們首先找到了八本被命名爲《我的人生歷史》（*The History of My Life*）的自傳，頁數多達一萬頁。這些是一九六三年達格從打雜的工作退休後不久所撰寫的。此外，他們打開了隨意擺放在房間裡的陳舊大行李箱，在裡面發現了更重要的東西——裡面有十五本，多達一萬五千頁的厚重打字原稿（卽麥葛瑞戈所謂「史上最長的小說、科幻作品」、「堪與大英百科全書匹敵」）。這個故事甚至附了總共三本的大量插畫。除此之外，從達格的房間裡還找到了仔細的天氣記錄、剪貼簿、日記與信件，以及關於虛構戰爭的筆記、速寫、計算表等等。

雖然這個發現純屬偶然，但內森立刻就理解其價值，決定將這個偉大藝術家的痕跡全部保存下來。自此之後的二十五年間，這個房間就被管理起來，維持著達格生前的狀態。

住進老人之家的達格，是個畏縮、看起來憂鬱、安靜又不起眼的老人。發現他的作品後不久，學生大衛・巴格倫就去老人之家拜訪了達格。發現作品的大衛依然情緒高昂，他興奮地向達格報告自己發現的東西，但達格的反應有點奇妙。

達格明顯受到嚴重的衝擊，他沉默了一陣子之後，終於艱難地開口：「已經太遲了，我什麼都不想說。」他的反應彷彿就像心靈受到重創，接著他以明確的語調補上一句：「(作品)全部幫我丟掉。」

接著半年之後，達格在孤獨中迎向死亡。

從這則逸事中可以得知，達格完全沒有世俗的功名心，他並不打算將自己的作品公諸於世、獲得認可，但是他的作品現在已經頻繁地在紐約、日本展示，在歐美也逐漸廣為人知。我們當然無從得知達格是否希望這麼做，但麥葛瑞戈提醒大家，無論抱著多大的敬意對待他的作品，我們本身都是褻瀆達格的王國的闖入者。麥葛瑞戈身為介紹達格的最大功臣，表明這樣的糾葛或許很矛盾，但考慮到達格的作品難以抗拒的魅力，為了確保最低限度的倫理性，這種懷疑的態度是無可避免的。

◈・在非現實的王國

亨利・達格賦予他奉獻一生的敘事詩直白的標題：《非現實的王國，或者在所謂非現實的王國的薇薇安女孩的故事，又或者格蘭德林尼亞大戰爭，又或者因兒童奴隸叛亂而起的格拉姆迪可對安吉利尼亞的戰爭》（*The Story of the Vivian Girls, in What is Known as the Realms of the Unreal, of the Glandeco-Angelinian War Storm Caused by the Child Slave Rebellion*）。整個故事多達十五卷一萬五一四五頁，包含了在薄紙上打滿字的七部手工裝訂書，以及八綑手寫原稿。一方面因爲篇幅太大，另方面也因爲保存狀態不佳，光是把捆在一起的原稿解開就可能解體，因此就連麥葛瑞戈也沒有全部讀過。他指出，卽使故事有出版的可能性，或許也只能將原稿謹愼掃描，收錄在光碟裡。這份原稿還附有三百張以上的插畫，這些繪畫正是讓這位作品至今仍未有人讀過的作家史上留名的關鍵。多數插畫的形式就像卷軸，最長的甚至長達三公尺六十公分。達格經常在紙的兩面作畫，因此他的作品在展示時沒有裱框，而是用兩片大玻璃板夾起來。

推測達格從青春期就開始構思這部作品，製作期間是十九歲到八十歲的這六十一年。

當初也有故事發生在其他行星的構想，這個異世界的故事講述的是，神聖的奴隸少女軍隊與搶奪了格蘭德林尼亞王國統治權的兇惡男性奴隸主戰鬥的歷史。以下引用自達格初期的構想：

「這場大規模戰爭的描寫以及持續的過程，或許是單一作家撰寫的作品中具有最大篇幅的吧？」

「在這個故事當中，戰爭持續了約四年七個月。作者花了十一年仔細地描述細節。他站在基督教徒這邊，爲了在這場殘酷血腥的戰爭中獲得勝利，日復一日地戰鬥至今」。

身爲主角的七名「薇薇安女孩」（或稱爲「薇薇安姊妹」、「薇薇安公主」），都是五歲到七歲的金髮美少女。姊妹們是虔誠的基督徒，也是頭腦清楚的戰略家以及知名射手。達格如此稱讚她們：

我無論如何都無法表現出姊妹們的美。而且她們的個性、意志、善良，以及更美的靈魂，毫無缺點。她們總是樂意地達成命令，不接近壞朋友，每天出席彌撒與聖餐禮，過著小小聖人般的生活。

她們穿著同樣的衣服，在神的守護之下，跟著巨大的龍前往戰場，雖然經常陷入拷問與死刑的危機，但總能在千鈞一髮之際逃脫、毫髮無傷地生還。她們永遠開朗且意氣昂揚，對於宗教的信仰堅定並虔誠。這七名能比作聖母瑪利亞的姊妹，彷彿是被賦予不死性質的超自然存在，且就如同這類故事的慣例，薇薇安女孩絕對不會長大。

陪伴少女們的巨龍布蘭基格梅里安・莎班特（簡稱布蘭基斯），是一群有著巨大羽毛、羊角與長長蛇尾的善良怪獸。「她們」各自擁有固定的名字，樣貌也形形色色。布蘭基斯有時候也能變成少女的模樣說話。這些龍打從心底愛著孩子，在故事中保護孩子免於敵人的迫害。

達格身爲持續記錄戰爭敍事詩的歷史家，同時也出現在故事當中。據說達格強烈關注美國的南北戰爭，而故事中也仿照這個戰爭的形式來描寫，只不過這場戰爭想要解放的奴隸是「兒童奴隸」。戰爭橫跨數個國家，在各地展開複雜的戰線，在海上也有船隻、潛水艇、水雷等封鎖港口。達格自己化身爲戰地記者，以報紙標題的形式書寫、從戰場送出報導。戰爭愈演愈烈，擴大到連非戰鬥人員也被波及的地步。都市被格蘭德林尼亞人控制，許多居民成爲飢餓的難民，逃往基督教徒的土地，而各地的孤兒院則成爲戰爭與天災的犧牲品，擠滿了大批的兒童。

薇薇安女孩在某天發現了一套古書，書裡鉅細靡遺地寫著虛構的戰爭紀錄，她們知道自己也與這場戰爭有關。這套書上有著亨利．達格的簽名。沒錯，這也是個後設虛構的故事。

少女們的叔叔看到這個故事後表示，他想要買下這套書出版。

如果這套書暢銷，他就能成爲富翁。舉例來說，光是這一本就有大約三十萬美元的價值，而這裡共有十九本，如果賣得好，也想把畫買下來呢！

但是少女們反駁：

叔叔，這是不可能的。書的後面不是寫得很清楚嗎？「就算用金礦裡的所有黃金，或者世界上的所有白銀，又或者用盡全世界所有的金錢，不，甚至是世界上的所有一切，都無法從我這裡買下這些畫」、「我會向偷走這些畫的人、破壞這些畫的人復仇，是恐怖的復仇」。

從這段內容可以窺見，達格認爲自己的作品有出版的價値，但他並未嘗試出版。爲什麼呢？因爲對達格而言，這部作品有著由他自己獨占的必要性。或許透過這種暗地裡的獨占，才能提高虛構世界的眞實性，並且得以維持其安全吧？

除了這段內容之外，在這部作品當中，也反覆寫著他的畫或許會被偸走或破壞的擔憂，而事實上，這個擔憂在他死後成爲現實。達格的作品現在已經被當成「績優股」，其價格至今依然水漲船高。內森將達格的作品無償捐贈給洛桑市的域外藝術美術館，但不知爲何達格的作品依然出現在市場上。但麥葛瑞戈認爲，買賣達格的作品是道德上的錯誤。

◈・達格的技法

雖然達格受到矚目的主要是繪畫作品，但他的故事也散發出非主流文學的特殊魅力，尤其他字裡行間最爲獨特而顯著的「異常的文法、有節奏的語言反覆、新詞的使用、奇怪的標點符號用法」等，麥葛瑞戈稱之爲「言語的再創造」。

孩子們被慘絕人寰地虐殺。在牢房的中庭，他們的鮮血甚至淹沒通道。到處都發生怒號的暴動。可憐的孩子們被攪拌進怒號的灰色大海⋯⋯這些可憐的小東西大多數都彷彿失去力氣般倒下，被斬殺得四分五裂，伴隨著將死的哀號一個個無力地倒下。不久之後，屍體堆積如山。通道開始變成紅色。請你想像，這些邪惡的格蘭德林尼亞人發出吶喊，臉上滿是血與汗，更多的女人發出更激烈的尖叫，而孩子們叫喊著「請憐憫我們，啊，拜託請憐憫我們」，但是憐憫並不存在。

達格耗費了龐大的篇幅描寫破壞與殺戮，接二連三地展開如電影分鏡般的場景。他的描寫就如同後述，顯然是先有內心的影像，彷彿達格只是單純地描述發生在自己內心的情景一般。或許也因如此，儘管描述的篇幅如此龐大，但這些情景的發展依然歷歷在目，完全沒有冗長與單調的感覺。

達格在描寫這個極度複雜的龐大故事時，也使用了許多筆記作爲輔助，甚至製作了將軍的生死、戰鬥的勝負、死傷人數等表格。此外也重新製作了相關區域的地圖、國旗、軍旗等等。

達格似乎是在故事幾乎完成後才開始製作插畫。達格本自認不會畫圖，但最終難忍畫圖的慾望，遂以自己的方式開始作畫。他製作各章需要的插畫表，每完成一幅畫，就在表上做記號。

繪畫的主角，當然就是總數多達數千人的少女們了。達格明顯地受到年幼少女的吸引，他在路上撿拾各式各樣的雜誌與報紙，持續從漫畫書、著色畫、童裝目錄與雜誌等，剪下多達數千張的少女形象並收集起來。他的插畫藍本，就是這些收集而來、「成爲養女」（麥葛瑞戈）的少女剪貼。

達格開始使用拼貼技法組織複雜的戰鬥場景。他的拼貼通常都極爲詳細且複雜，有些甚至精細到幾乎與照片沒什麼兩樣，但由於從雜誌剪下的人物與馬匹等的照片尺寸不符合需求，因此這項作業往往伴隨著極大的困難。不過在一九四四年，達格發現了新的拼貼技法。他將人物、馬匹、建築物等的圖片拿到附近藥妝店的照相攝影櫃台製成負片，並且要求利用這些負片，放大成11×14吋洗出。自從能夠製作這種照片副本之後，尺寸變得更容易控制，此外也可以藉由線描的方式，完成大型的、較為單純的線稿。他將描好的少女形象，慎重地配置在畫面當中。他的畫作中經常反覆出現推測描自同一張圖的少女形象，提升了獨特的韻律效果。

不過如果達格有意願，也能畫出極美的風景。如預告暴風雨將至的烏雲、炸彈爆炸的荒涼戰場、巨大花朵爭相綻放的庭院等，尤其他的水彩畫所散發出的抒情色彩，是達格作品中最大的魅力之一。當他以這種柔和的筆調描繪時，就連極度殘酷的戰鬥場面，也能帶有神話般的崇高性。這種效果已無關技法，或許唯有「透過繪畫才能與現實抗衡」的質樸信念才可能做到。

◈．是病理還是倒錯——從「繭居」的觀點分析

根據麥葛瑞戈所表示，他徵詢了精神科醫師對達格診斷，每位醫師都主張達格本身的「特殊性」源自於疾病，並且爭辯著正確的診斷到底為何。他們所提出以作為診斷候補的病名，包括自閉症、亞斯伯格症（高功能自閉症）、多重人格障礙（或「解離性身份障礙」）、妥瑞氏症（伴

隨著小動作與髒話的疾病），或出現多寫症（hypergraphia，書寫大量文章的症狀）等其他精神障礙。但根據我的臨床知識，達格應該不屬於自閉症。此外，我也希望特別注意關於此處列出「多重人格」的可能性這點。其根據之一是接下來這段逸事。據房東內森．勒納表示，達格曾與拜訪他房間的虛構客人長時間交談，甚至發揮模仿能力表演兩個人的對話。那是尖銳的女性音色與粗暴的男性聲音，又或者他也曾一個人唱著不知名的歌。如果這代表的不是經歷某種幻覺，那麼懷疑他可能罹患多重人格的判斷或許是正確的。但我想對這個診斷提出異議，因爲上述疑似「多重人格」的症狀完全沒有影響達格的人際關係。多重人格有可能完全不影響其人際關係嗎？而且刻意在人前人後展現不同的面貌，也與多重人格的狀況相去甚遠。

所以現階段只能消極地指出，達格罹患精神疾病的可能性很低。即使他罹患多重人格障礙，也只能說他順應地利用這點，至於再多的討論就幾乎變得沒有意義。如果要說是自閉症，達格在許多方面出現的「社交恐懼」與「人際恐懼」的跡象，都是在自閉症患者身上所無法看到的。自閉症並非避開人群把自己封閉起來，他們只是單純地對人類極度缺乏興趣。

如果將診斷爭議擺在一旁，先討論達格的性取向，或許就會發現非常豐富的材料。他的故事中當然沒有非常明顯的關於性的描寫，頂多只有少年與少女的戀愛，以及清純的吻而已。據麥葛瑞戈所表示，達格的描寫中與性最相關的面向，就在暴力的描寫中充分發揮出來。譬如以下這段場景：

激動的格蘭德林尼亞人暴徒陸續朝著紫羅蘭與她的姊妹們的牢房聚集。率領暴徒的旗幟，是六個美麗幼兒的頭部以及被切開的身體，腸子從腹部噴出，每個都被槍尖刺穿、滴下鮮血。

暴徒將孩子們的頭部塞到少女們的膝上，命令她們用鉛筆畫下來。少女們雖然怕得要命，卻也覺得照著做是最好的方法，所以當雙手恢復自由，拿到鉛筆與紙張後，就開始描繪可怕的身體與頭部。她們很會畫圖，因此成品相當完美。

沒錯，尤其少女們所面對的殘虐，也流露出極爲虐待性的衝動。這個部分很容易讓人聯想到戀童癖與虐待狂。不過，關於性的部分，特別值得一提的還是「少女們的陰莖」吧！達格或許確實一輩子都是處男，但他眞的如幾名評論者所說，不知道男女身體的差異嗎？關於這點我極度懷疑，不僅是對於性別差異的無知這個根本上的缺陷，更是對於不可能有任何慾望這點。關於這點，達格在精神分析上也是極爲耐人尋味的案例。他明顯知道性別的差異。但同時也不清楚性別差異的根據。這算是種「否認」的防衛機制嗎？

達格面對成熟的抗拒，就是對去勢的抗拒，卽是看似否認去勢的態度。就眞正的意義而言，他一直都是個孩子。他在自傳的某一節中不知道對誰傾訴著：「很難相信嗎？我和其他的孩子不一樣，對於總有一天必須長大這件事情厭惡到難以忍受的地步。我根本不想成爲大人。我想要一直當個孩子，但現在的我已經是個腿腳不方便的老傢伙了，怎麼會這樣？」達格一輩子都維持著青春期的情感。在他的生活當中，完全被剝奪認識重要他者的機會，「成長」或「成熟」對他而言，或許都不值得期盼吧？

誠如各位所知，「否認去勢」是各種性倒錯的源頭。那麼達格是倒錯者嗎？原來如此，他的故事充滿了多到不能再多的倒錯符號，但是他的眞實生活也是如此嗎？同樣創作戀童癖故事的路易斯．卡羅（Lewis Carroll, 1832-1898）也熱衷於「實踐」【審閱註1】。相較之下，達格的倒錯就太過客氣了。他所愛的看似只有收集而來的剪貼少女，以及自己創作的故事中的少女。唯一的例外，或許就是達格曾經想要實際地去收養孩子吧？但他並沒有取得成爲養父的資格，因而無法實現這個願望，這也喚醒了達格對神的憤怒。但這則逸事眞的能夠解讀成其倒錯的痕跡嗎？雖然並非不可能，但我也不覺得這件事有太大的意義。

我還是認爲，達格的適應障礙與創造性，全都來自於他的青春期心理狀態。因此問題就變成，達格爲什麼會將青春期心理狀態原封不動地保存下來呢？他的收集癖與創作行爲一樣，可以看出極爲顯著的強迫傾向。又或者在他的信仰當中，是否混和了無法完全以虔誠的天主教徒說明的、魔法般的要素呢？我想這些傾向，都可以透過青春期延長化的角度說明。而可能促成

【審閱註1】：路易斯．卡羅爲《愛麗絲夢遊仙境》的作者，有傳聞指出他有戀童傾向，愛麗絲的原型可能是他在大學任教時期院長一家的三位千金，而路易斯有很長一段時間持續爲這三位小女孩拍攝照片，後被懷疑與女孩們有不當關係才中斷與院長一家的聯繫，並以么女愛麗絲爲名創作小說。

青春期延長化的，不就是達格那徹底的孤獨嗎？

達格顯然渴望著人際關係，但最後卻無法擁有。如果能夠從他的生活中看見病理性，那不就是剛才也提過的「人際恐懼」或「社會恐懼」的傾向嗎？從童年期到青少年期嚴酷的人際環境，帶給他這樣的症狀也不足為奇。源自於社會恐懼的這種「繭居」狀態，或許就在他維持著青春期的這件事中扮演著決定性的角色。就如剛才所說的，「繭居」並非「自閉症」，反而是對於人際關係過度渴望，卻因為害怕被拒絕而孤立起來的狀態。至於「自閉症」則多半對人際關係不感興趣，因此他們也只是看起來孤獨而已。如果進一步補充，現在已經知道自閉症發病是源自於大腦的實質障礙。當然，我不否定達格有可能罹患某種智能障礙，但就算有也很輕微。畢竟在惡劣的生長環境下，這種障礙是可能發生的。因此我推測達格的「障礙」幾乎是屬於心因性，也就是可透過生長經歷或創傷經驗來解釋，雖然這也加上了身為臨床醫師的判斷，但更進一步來說，在某種「環境」下，發生在達格身上事情也可能完全地發生在我們身上。換句話說，我想表達的是，達格也是精神官能症患者【審閱註2】。

話題再回到「繭居」。根據我的經驗補充，這種繭居狀態具有某種成癮性，如果持續到某種程度以上，就幾乎不可能靠自己的力量脫離。再者，繭居狀態也容易成為各種病理的溫床，如解離、分裂，或者投射等防衛機制失控，會導致各式各樣的症狀。事實上，在達格身上看到各種類似「症狀」的現象，都可以透過假設這樣的機制來解釋。沒錯，作為一種症狀，就連他的「異世界」都充分具備了可以探討的餘地。

達格的「王國」很可能源自於他的青春期性幻想，而這個幻想的發展看來幾乎帶著某種自主性。換句話說，達格並非努力構思這個「王國」，他恐怕只打算以記錄者的身分忠實地記述、描寫已經存在的世界。可想而知，因爲達格的「藺居」，才能使這樣的工作持續六十年以上。麥葛瑞戈也指出，或許正因爲這項工作維持了保密狀態，才能夠發揮如此強大的持續力。而祕密的維持，正是因爲「藺居」才得以完成。

除此之外，他的創作經常背叛自己的意志進行。舉例來說，達格在一九一二年弄丟了他稱爲「安妮·阿倫伯格」的孩子的照片。這名在綁架事件中犧牲的孩子的照片，或許與他死別的妹妹形象重疊。總而言之他拚命嘗試各種努力，想把照片找回來，包括建立祭壇、望彌撒、清心寡慾——但他的願望並沒有實現。達格因此非常憤怒，開始恐嚇沒有傾聽他祈禱的神。故事的發展也隨之產生極大的變化。戰鬥變得更加激烈，薇薇安女孩遭到拷問，原本應該保護孩子的達格，最後離開了基督教會，並加入故事中的格蘭德林尼亞軍隊。這是虛實混淆嗎？總而言之，王國充滿了殘酷。當達格寫出下列這段話的時候，現實與虛構又該如何界定呢？

自身是基督教的教義之敵，打從心底希望基督大軍遭受擊潰。讓格蘭德林尼亞人贏得戰爭

【審閱註2】：精神官能症患者於古典精神分析是指「可被分析」的人，在當代意思等同於心智功能健康的正常人，而非有嚴重障礙的精神病。精神官能症是指較輕微的精神疾病，如焦慮症、強迫症、恐慌症等。

吧！這也是太多不當試煉的報應。無論發生什麼事情我都不原諒他們。即使失去自己的靈魂，或者失去許許多多的人。如果試煉再持續下去，我就會復仇！神太爲難我了！不管是爲了誰，我都再也無法忍受。如果要送我去地獄就試試看吧！我是我自己的主宰。

於是好幾萬名的兒童奴隸被磔殺、被懸吊、被火燒、被絞首、被切開肚子，甚至被切成碎片，他們的內臟碎片與血液，將道路化爲血海。這樣的描寫多達數百頁。

隨著戰爭白熱化，不知爲何連大自然也加入了殺戮。換句話說，暴風雨、地震、不明的爆炸、大洪水、火燒山等天災地變，在四處都造成了破壞性的影響。大地完全被洪水淹沒，丘陵與森林一齊陷入火海。

「殘骸劇烈燃燒，那是唯一的光亮。當火焰不燃燒的時候，所有一切都陷入完全的黑暗。除了可以在天空看見紅色的光芒。」達格投入異常的熱情去描寫森林熊熊燃燒的情景。麥葛瑞戈指出，從這樣的描寫中甚至能夠感受到性的暗示。「火海逐漸擴大，就如同猛烈的氣旋般向前推進，那是轟然推進的火焰之海。現在眞正的火海變成了雲，擴大到成千上百呎，看來是被因大火的熱而產生的異常強風所驅動。那是規模超乎尋常的、最恐怖的火焰颶風。恐怖到讓人說不出話來！」

從到此爲止引用的段落也能推測，達格的文章非常視覺化。不少段落都像是如實描述他從幻視中看見的光景。我要在此提醒：他可能具備全現心象（eidetic image）的資質。這類人擁有明確掌握內心視覺影像，並將其操作加工的能力。雖然許多孩子都具備這樣的能力，但隨著成長會逐漸弱化。達格的「繭居」在這時有所意義——他的青春期因為繭居而延長，這是否有可能幫助他維持全現心象的能力呢？

也許藉由一些視覺媒體的操作，像是將照片放大洗出，能讓這個能力變得更加完整。而是否他就是透過自己的作品，讓這一連串過程得以實現——也就是創造一個自主的眞實空間？換句話說，這些創作並非只是慾望能量的集合，而更是一種現實。這就像是一般精神官能症者一樣，在某些狀況下會有想把自身幻想實現的動機，這樣的心理歷程。這時全現心象的能力在表徵之外發揮功能，透過自戀的方式，將幻想不斷循環般地活性化。所以我們不能將達格視爲精神病患【編註1】，而是和我們普通人相同的精神官能症者。以這樣的立場，才能看清他的青春期心智狀態，是如何與媒體環境有生產性的連結（coupling）。至此，達格與現代日本「御宅族」的議題，才終於有了共通點。

請容我再次提問，爲何少女們要戰鬥呢？戰鬥的美少女群，這個符號的普遍性到底來自哪裡呢？我現在已經確定，剛才所提到的連結，正是使她們必然生成的因素。在驗證其根據之前，請讓我先嘗試一些「臨床的迂迴」。沒錯，就是追溯戰鬥美少女體系發展的迂迴。

【編註1】：精神病指的是較嚴重的精神疾病，如思覺失調症、妄想症等。

◈【參考文獻】——

『芸術新潮』一九九三年一二月号「特集=病める天才たち」新潮社、一九九三年。

斎藤環「ヘンリー・ダーガーのファリック・ガールズ」『ら・るな』1号、地球の子ども舎、一九九五年。

斎藤環『社会的ひきこもり——終わらない思春期』PHP新書、一九九八年。

タックマン、モーリス他編『パラレル・ヴィジョン——二十世紀のアウトサイダー・アート』淡交社、一九九三年。

MacGregor, John M., Henry J. Darger: Dans les Royaumes de l'Irreel. Collection de l'art brut, Lausanne, Fondazione Galleria Gottardo, Lugano, 1995.

MacGregor, John M., l'art par adoption, in Raw Vision 13, 1995/96.

V

戰鬥美少女的體系發展

◆・戰鬥美少女的現在

迪士尼一九九八年的作品《花木蘭》(Mulan)(圖1),以中國傳說中的少女花木蘭爲藍本。這部作品在迪士尼的歷史當中,至少帶有兩個劃時代的意義。第一就如同許多人已經提過的,這是首部以東洋爲舞台的迪士尼動畫;第二則是迪士尼的故事首次以「戰鬥的少女」作爲女主角。這幾乎可說是迪士尼動畫(animation)的「日本化」(japanimation)吧?沒想到迪士尼過去持續否認的日本動畫對其的影響——我們當然不可能忘記《獅子王》事件(譯按:有一說認爲迪士尼的《獅子王》〔The Lion King〕抄襲手塚治蟲的《小獅王》〔ジャングル大帝〕)——竟然以這種形式顯露出來。這讓我們再次確定「所謂的否認就是藉由否定來承認」。

圖1《花木蘭》(動畫電影)

本章希望盡可能透過實證來看待戰鬥美少女的體系與其歷史。不過,其體系雖然以動畫爲中心,但也橫跨眞人作品、漫畫作品以及近年來的遊戲等多領域的大量作品。如果將小品也包含在內,作品清單恐怕得列出數百項,但礙於篇幅的關係,終究不可能將所有作品全部網羅進來。話說回來,戰鬥美少女的體系有幾個主要的分支,這裡的目標就是大致記述其概要。

首先來簡單看一下現況。雖然是有點舊的資料,但我手邊有一九九六年六月號的

《Animage》（アニメージュ）。這本老牌雜誌上，刊登了第十九屆該雜誌每年主辦的讀者人氣投票「動畫大賞」的結果。其結果作爲觀察近年來戰鬥美少女人氣的資料相當有意思，在此介紹其中一部分。

首先是作品類，第一名至第十名的結果如下：

第一名《新世紀福音戰士》（新世紀エヴァンゲリオン）
第二名《秀逗魔導士NEXT》（スレイヤーズNEXT）
第三名《機動戰艦》（機動戦艦ナデシコ）
第四名《新機動戰記鋼彈W》（新機動戦記ガンダムW）
第五名《美少女戰士Sailor Stars》（美少女戦士セーラームーン　セーラースターズ）
第六名《聖天空戰記》（天空のエスカフローネ）
第七名《機動新世紀鋼彈X》（機動新世紀ガンダムX）
第八名《機械女神J》（セイバーマリオネットJ）
第九名《神劍闖江湖》（るろうに剣心）
第十名《爆走兄弟Let's & Go!!》（爆走兄弟レッツ＆ゴー!!）

雖然從作品名稱較難看出來，但在這十部作品中，從第一至第九名皆有戰鬥美少女（包含戰隊中的女性士兵）的登場。如果包含第十一名以下至第二十名，戰鬥美少女在其中大顯身手的作品則在二十部裡面占了十六部。換句話說，一九九六年發表的日本代表性動畫作品中，以戰鬥美少女作為主要角色的約有八成。

如果將「動畫」這種表現手法本身，視為和漫畫、電影、電視等同樣的中性媒體，不得不說這個結果相當地不均衡。在迪士尼動畫中，以「戰鬥的（不是性格好戰，而是字面上的戰鬥）女性角色」為特色的作品，在《花木蘭》之前一部都沒有，或者各位也可以回想一下同一年熱門的電影作品清單，即使只侷限於奇幻作品，也很容易發現這類型的女性角色是多麼特殊的存在。但更不可思議的是，我們幾乎找不到關於這種特異性的評論或分析。

戰鬥的女性角色本身在歐美原本也沒有那麼稀奇。在奇幻與科幻的世界，經常描寫如亞馬遜女戰士般的女性角色，而在好萊塢電影中，也時常會出現這般堅強的戰鬥女郎，只不過與日本相比，這些作品至今仍只是少數派。此外就連這些少數的女英雄，嚴格來說也與日本型的戰鬥美少女性質不同。關於這點容後再提。

不過，這個現象也不只出現在動畫。在電玩與漫畫等領域，戰鬥美少女的角色設定現在也幾乎成為了慣例。不，就如同接下來會看到的，戰鬥美少女的存在與電玩史縱橫交織，已經是很普遍的存在了。戰鬥美少女在日本國內如此普及，在歐美圈卻又如此稀少。若試圖將這些現象視為媒體與慾望的交互作用來思考，不就會形成耐人尋味的對比嗎？這樣的普遍性，在進入九〇年代之後，有逐漸加速的趨勢。我在此想做的，就是在追溯戰鬥美少女歷史變遷的同時，也試圖從中解讀以媒體爲中介的慾望變化。

然而必須注意的是，我們無法以單一或是線性的因果關係，說明長久以來被投射於戰鬥美少女的慾望（假設能夠找出來）。根據我的臨床經驗也可以確定，任何長期持續的現象都不可能只歸咎於單一因素。即使創傷是長期持續的，但這樣的持續也可能是遭反覆強化的結果。換句話說，就是因爲有頻繁的經驗重現（flashback）症狀，意外事故造成的創傷經驗才會變成持續性障礙，如果沒有這種重現症狀的強化，這種類型的障礙就不會太難治療。關於慾望的原因也一樣，在這邊我們先預想一些原因，以及反覆強化這些原因所造成的環境。

在我以來賓身分出席的朝日電視台生活資訊節目「AXEL」（一九九六年六月二十一日播放）上，前面提過的岡田斗司夫曾針對戰鬥美少女的熱潮（？）做出如下的發言：

「有魅力的不是戰鬥的女孩子本身，重要的是從一開始就擬定媒體組合戰略，讓她既能拍成電影、製成動畫，也能作成遊戲。」

「御宅族文化的基本就是性與暴力。」

「男孩子已經不作夢了，他們透過弱者的戰鬥尋求宣洩（catharsis）。」

做爲曾經待在第一線的人，岡田斗司夫此時的發言帶有著自信與說服力。我們尤其須要注意他提到媒體組合的部分，如果未曾有過站在製作方的經驗，或許就不會想到這點吧？但光靠這些言論，依然難以充分理解「少女的必然性」。「透過弱者戰鬥宣洩」的解釋也相同，如果從這樣的脈絡來看，戰鬥美少女的存在完全沒有任何特別之處，因爲將之替換成是老人或少年也說得通。實際上確實有名爲《老人Z》（老人Z）的動畫作品，但這必須視爲例外吧！此外，岡田斗司夫提到「御宅族的性」的部分也相當重要，但他以「性與暴力」這種略微老套的方式來處理也是大問題，儘管我能肯定這種直觀的印象具備一定的說服力，但現在需要的是能夠超越這種經驗主義的「分析」觀點。

岡田斗司夫身爲創作者，倒不如說就像是信仰犯一般採用了美少女的符號。就如本書在前面提到的，名作OVA《勇往直前》就是基於「女孩與巨大機器人」的組合一定會受歡迎的信仰所展開的企畫，但是其製作過程明顯脫離當初的規劃。結果不僅在商業上獲得成功，也誕生了無論就戲仿還是就故事而言都堪稱一流的動畫作品。在思考戰鬥美少女時，這點提出一個極爲重要的問題，「半裸的女孩搭乘巨大機器人戰鬥就會受歡迎」的初期設定或許確實是有意爲之，但這裡值得注意的悖論是，作品可能超越創作者的意圖，或者以幾乎是背叛般的形式來獲得成功。如果拿掉戰鬥美少女這個表徵所帶來的特別現實，就完全無法解釋這樣的現象。這部作品在回顧戰鬥美少女的體系時，占據了極爲重要的地位，後面會再稍微詳細介紹。

◈・宮崎駿的《白蛇傳》體驗

動畫創作者宮崎駿指出，自己在高中三年級時觀賞的東映動畫作品《白蛇傳》（圖2）是他成爲動畫創作者的出發點，這是他最初的，也是決定性的動畫體驗。我想他對本作主角的感覺就類似戀愛一般。這部作品描寫白蛇精「白娘娘」與人類青年的悲戀故事，是日本第一部正統的彩色長篇動畫電影。不過後來宮崎駿表示，《白蛇傳》這部作品本身是不值得回顧的拙劣之作，這種戀愛情感也只不過是「戀人的代替品」，說起來這也是理所當然的【原註1】。這則逸事有許多部份值得玩味。

愛上動畫中的美少女，這絕對是從動畫作品中找到了情慾（sexuality）的關係，表示在日本動畫草創期的作品，就已經能「透過動畫來表現情慾」。此外在作品中，出現女主角與試圖妨礙戀情的和尚鬥法的場景，因此也能夠將白娘娘定位爲最早期的戰鬥美少女。無論這種「戰鬥少女的情慾」是否有意爲之，其結果都對處於青春期的少年宮崎駿產生了影響。這件事具備重大的意義，而且是雙重的意義。

圖2《白蛇傳》（動畫電影）

歐美圈的主流動畫作品，幾乎沒有刻意表現情慾的例子。因爲動畫可以成爲性表現的手法這件事本身就難以想像。對歐美國家而言，日本的動畫中出現性的表現反而是醜事，已經有幾個國家對此有反應過度的狀況，舉例來說，現在的西班牙就連宮崎駿動畫都列

【原註1】：宮崎駿〈關於動畫製作〉，《出發點》德間書店，一九九六年。編按：繁體中文版於二〇〇六年由台灣東販出版。

爲「限制級」。這該視爲健康的直覺，還是逐漸衰弱國家的奇妙免疫反應呢？總而言之在此先保留評論。

無論如何，請各位先記住，日本透過動畫作品來表現「性」的特殊狀況，在動畫史的最初期就已經（至少潛在地）做好準備。而這個經驗，以接近創傷經驗的形式對日本動畫史上最重要的創作者之一產生影響——這點極富意義，因爲由此看來，「動畫的美少女」確實被當成了「創傷的重覆」持續地繼代培養。

爲什麼《白蛇傳》對宮崎駿而言是「創傷」呢？這從宮崎駿提到這部作品時的矛盾態度就能明顯看出。他一方面貶低這部作品，認爲它作爲動畫作品相當拙劣，但另一方面又一直反覆地談起這段經驗。「我雖然喜歡這部作品，但這部作品不行」，宮崎駿的這句話不就出乎意料地隱含著創傷經驗的感受嗎？

宮崎駿並沒有被這個經驗直接傷害，也沒有努力想要忘記。換句話說，這當中不存在「潛抑作用」（repression），那麼將其視爲創傷經驗不會有點勉強嗎？雖然也可能出現這樣的反駁，但這並不正確。儘管這部作品是動畫，也就是漫畫電影，少年宮崎駿依然愛上了女主角。這或許是甜美如夢的體驗，但畢竟是「被虛構強迫且身不由己的享樂」這樣沉重的事。這時成爲戀愛客體的女主角也正因爲其虛構性，在作爲慾望客體的同時，隱含了客體喪失的風險。而這種創傷經驗，在宮崎駿日後的經歷中，即使微小，依然透過「分裂」而逐漸顯露出來。

宮崎駿對所謂的動畫迷（他愼重地迴避「御宅族」這個用詞）很冷淡。即使製作作品，也完全不去看動畫迷的評價（他曾說過「不管製作出多拙劣的作品，都還是會有一定人數的動畫迷」、「我知道動畫迷會喜歡，因此以動畫迷之外的人爲對象來製作」等等）。宮崎駿明確表示，類似愛上動畫女主角這種事情是替代性的滿足，只不過是邁向成熟的過程之一。依戀動畫女主角的青年，用「蘿莉控」一詞就能完成切割。他談論作品的態度非常健康，但儘管如此，宮崎駿創造的女主角（克蕾莉絲、娜烏西卡等）卻在動畫的性表現中占據了最重要的位置。宮崎駿爲什麼會重視少女呢？雖然宮崎駿自己也試著陳述這點，但最後卻變成「這樣比較具有眞實性」、「這樣比較能夠投入感情去畫」等模糊的說法。相較於宮崎駿分析日本動畫表現特殊性時那種當事者不應有的清晰分析力，他對此如此模糊的陳述就相當奇怪。我認爲這種奇怪的感受能夠以「創傷的重複」來解釋。宮崎駿對「動畫美少女」的執著明顯源自於他的創傷經驗，也就是《白蛇傳》。

而這樣的「創傷與創傷的重複」，或多或少也被潛在式地織入動畫的歷史。在日本動畫的表現上，這點在被一路畫下來的美少女體系中最爲明顯，而從動畫作品所帶來的創傷經驗中一路走來的世代，將作品當成創傷反覆製作，下一個世代再度將其作爲創傷的繼承、反覆。接下來就帶著這種反覆構成的意識，來看日本的動畫史吧。

◈・戰鬥美少女簡史

一九六〇年代

我試著參考幾份資料，製作了六〇年代到九〇年代，「戰鬥美少女」表現的歷史年表（參考第六章末），此外也重點地列出「漫畫・御宅族文化」、「其他次文化」、「媒體發展史」作爲相關動向。以下將根據這份年表來概觀戰鬥美少女的體系。

一九六〇年代相當於戰鬥美少女表現的「史前時代」。雖然可以看見一些重要的徵兆，卻還看不到值得本書討論的核心表現。在此就介紹這些可稱作是前驅的作品群。

圖3《無敵金剛009》（漫畫）

首先，是從一九六四年開始在週刊《少年SUNDAY》（少年サンデー）上連載的石森章太郎（1938-1998）的漫畫《無敵金剛009》（サイボーグ009）（一九六八年製成動畫）（圖3）。本作是最早期的科幻戰隊作品，也是石森章太郎的代表作之一。九名人造人戰士中包含了一名女性（法蘭索娃・阿爾達努），而自此之後無論是動畫片還是特攝片，戰隊作品中一定要有女性士兵參與這樣的設定就幾乎成爲慣例。我們姑且將這類型的作品命名爲「一點紅類型」。石森章太郎在設定戰鬥美少女時有著一定程度的自覺，這點在一九六七年發表的作品《009-1》（009ノー）（不久後被翻拍成真人戲劇）中變得更加顯著。不過，無論是哪部作品，其中所描繪的與其說是「少女」，還不如說都是成熟的「女性」，因此就這層意義而言，還是應該視作前驅作品吧？不過若就「發現」性與暴力的特殊結合這點，石森章太郎無疑地依然是一名重要的創作者。

石森章太郎也以創作者之一的身分，參與從一九六六年開始播放的動畫作品《彩虹戰隊羅賓》（レインボー戦隊ロビン）（圖4）的製作。本作中也出現女性型機器人莉莉。雖然就女性（女童）型機器人這點而言，《原子小金剛》（鉄腕アトム）中的小蘭先於此例，但本作是最早的一點紅類型動畫的例子，因此莉莉也是動畫中女性士兵角色的開端。《星艦迷航記》等海外科幻影集的女性隊員，往往被賦予通訊官等低調的非戰鬥角色，相較之下，女性士兵在最早期製作的日本動畫、科幻戰隊作品中就已經登場，可說是某種徵兆。莉莉雖然也參與戰鬥，但主要任務還是照顧士兵，作爲治療者的戰鬥美少女，這種近年也大量描繪的角色設定，也在這個時間點已然成形。

石森章太郎日後也持續爲「戰鬥美少女作品」帶來貢獻，直到九〇年代都依然爲東映特攝奇幻系列《美少女假面》等人氣作品提供原著。他身爲一名創作者，從草創期到今日都對「戰鬥美少女」這個體裁具有重大的影響力。請各位將其作爲這個體裁的創造性表現案例記在腦海裡。

圖4《彩虹戰隊羅賓》（電視動畫）

一九六六年，根據橫山光輝（1934-2004）原著改編的動畫《魔法使莎莉》（圖5）開始在電視播放。「魔法少女類型」也是另一個至今仍持續受到歡迎的特殊體裁，於此要再次強調這個體裁連結到戰鬥美少女體系的發展。譬如近年的熱門大作《美少女戰士》就既是美少女也同時是魔法少女，這部作品也可說是兩者交會（crossover）的極致。就這層意義來看，《魔法使莎莉》可視爲戰鬥美少女的另一個原點。順帶一提，本作的製作靈感來自美國熱門電視影集《神仙家庭》（Bewitched），而在改編時就已經進行了「主婦→少女」的降齡化作業。當然，給孩子看的動畫作品將主角設定爲少女也不足爲奇，而耐人尋味的部分，或許是從給大人看的影集中尋求兒童節目的藍本吧？

一九六七年，電視動畫《寶馬王子》（リボンの騎士，又譯「緞帶騎士」）（圖6）開始播放。本作根據手塚治蟲的漫畫改編，天生就具備雙性之心的少女藍寶，爲了繼承王位而被當成王子養大，藍寶內心的糾葛就成了這個故事的要點。但這部男裝美少女（而非美女）戰鬥的作品，在戰鬥美少女的體系中或許反而該定位爲旁系。手塚治蟲是寶塚歌劇的粉絲，這部作品也運用了他的嗜好，因此自本作之後與男裝美少女戰鬥的相關作品系列，或許都可命名爲「寶塚類型」。

在這段堪稱動畫黎明期的年代，被手塚大師選爲第三部動畫作

圖5《魔法使莎莉》（電視動畫）

品的這部作品屬於戰鬥美少女體系，具有非常重要的意義。如同後述，不只手塚治蟲，包括大友克洋（1954-）、宮崎駿等動漫大師，都有各自的戰鬥美少女代表作。這點也顯示了戰鬥美少女這個表現體裁本身的效用。

同年開始播放的動畫，還有藤子・F・不二雄（1933-1996）原著的《小超人帕門》（パーマン）（圖7）。在這部作品中，女性角色「炫風女超人」作爲本作主角小超人帕門的夥伴登場。本作的重要之處在於，炫風女超人或許是最早的「變身少女類型」的角色。此外，炫風女超人平常是名爲星野堇的偶像歌手，她早一步奠定了日後動畫中「偶像作品」的傳統，這一點也不容忽視。

加藤一彥（1937-2019）創作的漫畫《魯邦三世》（ルパン三世）也從這年開始連載。這部作品創造出峰不二子這名充滿魅力的戰鬥女性角色，並且數度改編成動畫，直到二〇〇〇年的今天仍持續連載（雖然是由他人作畫）。變換不同作者、橫跨不同媒體，編織出無限故事變體的巧妙角色設定，讓人聯想到《西遊記》。不過峰不二子被塑造成龐德女郎般的成熟女性，這倒不如說是銜接到戰鬥女郎的體系，因此這部作品在戰鬥美少女的體系當中頂多只能作爲參考。

圖6《寶馬王子》（電視動畫）

圖7《小超人帕門》（電視動畫）

這裡也大致介紹一點紅的眞人特攝影集《超人七號》（ウルトラセブン）。之所以會提到這部作品，是因爲超級警備隊的隊員「友里安娜」（圖8）這個存在。當然這個系列依照慣例都會出現女性隊員，但女演員菱美百合子所飾演的安娜，作爲一名女性的存在感特別值得一提。安娜作爲嚮往《超人七號》少年們的偉大偶像，至今依然被持續討論著。她身爲一名中堅女演員，至今不僅沒有被遺忘，甚至連自傳都仍被廣泛傳閱，之所以能夠維持這樣的人氣，不就源自於她的虛構性嗎？沒錯，安娜也是在虛構空間中出現的迷人戰鬥美少女之一。

珍・芳達（Jane Seymour Fonda, 1937-）所主演、獨樹一格的科幻電影《上空英雄》（Barbarella）（圖9）也在這年於美國上映。女英雄「巴巴麗娜」爲了打倒邪惡的化身「杜蘭杜蘭」而穿梭於宇宙各地，她的戰鬥被描寫得相當性感。雖然巴巴麗娜也屬於戰鬥女郎的體系，但她身穿戰鬥服的可愛英姿，成爲了性描寫的符號之一。這部電影與一九六六年上映的《大洪荒》（One Million Years B.C.）相同，只因拉寇兒・薇芝（Raquel Welch, 1940-）充滿魅力的英姿而讓人留下印象，兩者至今都是仍被持續討論的名作。

一九六八年開始連載的望月明（1937-）原著漫畫《青春火花》（サインはV！），以及隔年開始播放，改編自浦野千賀子（1946-）作品的電視動畫《排球甜心》（アタック No.1）（圖10），都是以排球

圖8《超人七號》（真人拍攝電視影集）

圖9《上空英雄》（電影）

少女爲主的體育競技漫畫，但應該也可以同樣列入戰鬥美少女的表現體系之一吧。這個系列可命名爲「體育競技類型」。本章開頭提到的作品《勇往直前》，其功績不僅在於「體育競技類型」的戲仿作品，也大幅開拓了少女們在戰鬥時不犧牲「少女特質」表現的可能性，而後面會詳細介紹的歐美圈戰鬥女英雄，爲了維持人格的一貫性，就不得不在表面上犧牲女性特質。日本的戰鬥美少女之所以會受到喜愛，正是因爲戰鬥方酣時依然能展現其「堅強」、「柔弱」與「惹人憐愛」。但在歐美圈幾乎看不到有這些特質的脈絡。

同年上映的動畫電影《太陽王子霍爾斯的大冒險》（太陽の王子ホルスの大冒険）是由高畑勳（1935-2018）與宮崎駿兩大巨匠參與製作的紀念碑級作品。女主角「希爾達」（圖11）雖然不是戰鬥美少女卻匯聚了極高的人氣。這部作品至今仍是足以召開粉絲聚會的名作，有很大一部分就是因爲她的存在。

在六〇年代，重要性不亞於石森章太郎的創作者還有永井豪（1945-），他於一九六八年開始在雜誌《少年JUMP》（少年ジャンプ）上連載《破廉恥學園》（ハレンチ学園）。永井豪也可算是發明作爲性慾客體的「戰鬥美少女」，以及巨大機器人作品（《無敵鐵金

圖10《排球甜心》（電視動畫）

圖11《太陽王子霍爾斯的大冒險》（動畫電影）

剛》（マジンガーZ）的始祖之一。早在他最初的代表作《破廉恥學園》中，就已經出現了戰鬥美少女「柳生十兵衛」了。拿著機關槍亂射的半裸美少女，這樣的符號日後也在不同的脈絡下一再反覆出現。

《甜心戰士》（キューティーハニー）（圖12）是永井豪創造的變身少女類型的戰鬥美少女，在一九七三年播放電視動畫，該製作近年也與新系列的連載同時進行。少女「甜心」的父親是開發空中元素固定裝置的如月博士，她與殺害父親的犯罪組織豹爪戰鬥。其變身過程中會變得全裸，因而引發眾人討論，是一部明確意識到少女的性魅力的作品。此外，據說其傑作《惡魔人》（デビルマン）也為九〇年代的最大爭議作品之一的《新世紀福音戰士》帶來「思想上的影響」。光憑這點大概也能一窺永井作品的影響力範圍吧？永井豪在偶然之間自己發現（發明？）了「御宅族的性」。關於這點，與活躍於同時期的另一位性表現大師喬治秋山（1943-2020）相比應該會更為明確。

圖12《甜心戰士》（電視動畫）

這裡並沒有深入探討這個問題的餘裕，因此暫且先介紹兩者最明顯的差異。永井豪的作品之中確實含有透過虛構力改變「現實」的契機。舉例來說，他頻繁地描寫主要登場人物的死亡就是一個徵兆；至於喬治秋山則透過絕望與放棄，矛盾地肯定「現實」。他的作品經常無意間地讚頌生命，對他而言，虛構只不過是為了服務「現實」的事物。例如《金錢戰爭》（銭ゲバ）是一部揭發黑幕式的作品；《浮浪雲》（浮浪雲）則是缺乏故事性的箴言集等，都符合這個推測。永井豪與喬治秋山的分界線的延伸，想必會與「御宅族」及「非御宅族」的分界線重疊。尤其在性的表現方面，永井豪重視少女，喬治秋山則重視成熟女性，這樣的差別也是重點。

關於永井豪七〇年代的作品容後再行介紹。

一九七〇年代

七〇年代，「御宅族文化」的障礙幾乎都已經排除，此外，在戰鬥美少女的體系也添加了一些新的分支。尤其在七〇年代前期，與東映黑道電影一起上映的「大姐頭」系列也因其體裁的特異性而值得注目。這個系列並非一般的人氣作品，因此不再詳細介紹，但由於其開拓了全新性表現體裁的功績，以及作爲銜接到日後《飛女刑事》（スケバン刑事）等作的先驅作品群，在此依然稍微提及。

一九七一年播放的眞人拍攝電視影集《喜歡！喜歡！！魔女老師》（好き！すき!!魔女先生）（圖13），描述保護地球人的和平監察員月光老師，變身爲安德魯蒙面與敵人戰鬥的故事。這是首部由「戰鬥美少女」作爲女主角登場的作品，因此雖然不是動畫依然在此介紹。雖然在動畫《小超人帕門》與《甜蜜小天使》（ひみつ

圖13《喜歡！喜歡！！魔女老師》（眞人電視影集）

のアッコちゃん）（一九六九年）中對少女的變身已有描繪，但本作依然是第一部眞人拍攝的變身少女類型作品。《喜歡！喜歡！！魔女老師》原著爲石森章太郎的《千目老師》（千の目先生），這名作者廣泛的影響力也由此可見一斑。此外，同年播放的《神奇糖》（ふしぎなメルモ）則由手塚治蟲的作品改編，雖然稱不上是戰鬥美少女，但卻是一部帶有性教育意圖的啟蒙作品。少女舔食不可思議的糖果而變身爲成熟女性的過程，直截了當地顯示「變身」的意義——沒錯，「變身」就是加速成熟的過程。

一九七二年開始播放的電視動畫《科學小飛俠》（科学忍者隊ガッチャマン）（圖14）也是部劃時代的重要作品。過去的動畫作品中所缺乏的細緻製作與世界觀的設定，確實爲播下御宅族的種子帶來貢獻。我自己卽時體驗了這部作品，其質感與過去的動畫作品明顯不同。在這部作品中，少女「天鵝珍珍」是「科學小飛俠」的一員，這點繼承了一點紅的體系。而她的特殊之處在於擅長肉搏戰，作爲戰隊作品的女性成員，這可說是相當少見。這名少女使用溜溜球或手裡劍殺傷敵對角色，如此「直接的」描寫，在戰鬥美少女作品漫長的歷史中也幾乎沒有他例。除此之外，本作也兼具了能成爲動畫一大潮流的巨大機器人作品的基本雛形，是「機器人沒有出現的機器人動畫」（動漫評論家冰川龍介〔1958-〕）的評論）。

圖14《科學小飛俠》（電視動畫）

戰鬥美少女大師永井豪的主要作品在七〇年代初期都已經全數推出，以下試著列舉出來。

首先是七二年的《無敵鐵金剛》（改編動畫）、《惡魔人》（改編動畫）、七三年的《甜心戰士》（改編動畫）、《鬥魔王傑克》（バイオレンスジャック），以及七四年的《穴光假面》（けっこう仮面）（眞人拍攝）等。其中特別值得一提的，應該是以戰鬥美少女爲主角的《甜心戰士》與《穴光假面》吧？這兩部作品都刻意畫出了戰鬥美少女的性魅力。永井豪原本是石森章太郎的助手，後來出道成爲職業漫畫家，在資質方面也與石森章太郎極爲接近，將兩人互相比較時，其信仰犯【編註1】的特質更加顯著。兩人都具備科幻的素養，並且因爲奇幻漫畫的成功而聞名。此外如同前述，我不認爲石森章太郎對於這些性的表現沒有自覺。儘管如此，兩人的表現手法依然擁有決定性的差異。即使是石森章太郎都覺得永井豪在表現手法上過度節制，舉例來說，從兩人作品中對時間描寫方式的差異就能看出。這種時間描寫的差異，可視爲漫畫轉成動畫最大的重點，因此在第六章將會再詳細探討這一點。

一九七三年開始播放的電視動畫《網球甜心》（エースをねらえ！）（圖15），改編自山本鈴美香（1949）的原著漫畫。這部作品融入各種愛恨情仇，描寫進入網球名校的少女在嚴格的教練指導下，逐漸成長爲成熟的網球選手的故事。這部作品延續自體育競技類

圖15《網球甜心》（電視動畫）

【編註1】：日文爲「確信犯」，是指基於道德、宗教、政治上的信仰而實踐的犯罪，自認自己所作爲正確，堅信世間的法律、宗教、政治等規範是錯誤的，例如思想犯。這是由德國的法學者古斯塔夫·拉德布魯赫（Gustav Radbruch）所提出的法律用語。

型，也確實影響了御宅族文化。舉例來說，前面已經提過好幾次的作品《勇往直前》，就是改編自本作的戲仿作品。

永井豪的活躍在七〇年代達到巔峰，而在他之後特別值得一提的，就是從一九七四年開始播放的電視動畫《宇宙戰艦大和號》（宇宙戦艦ヤマト）（圖16），改編自松本零士（1938-）的原著漫畫。大和號的艦隊員，一邊與使用放射能汙染地球的加米拉斯帝國軍戰鬥，一邊爲了在期限內取得去除放射能的裝置宇宙清洗器，而前往伊斯坎達爾星球。這部作品剛發表時，無論是漫畫還是電視動畫都很難稱得上受歡迎，但當一九七七年電影版動畫上映後卻創下了空前的紀錄。這部作品有許多值得討論的地方，譬如具有說服力的設定、登場人物複雜的性格等，相較於《無敵鐵金剛》都更加地進步與純熟。至於在戰鬥美少女史上的貢獻，則包括爆炸性地擴大御宅族市場，以及一點紅女性士兵「森雪」的存在等等。她因士兵身分而更加凸顯女性特質，身爲這種典型爲日後的作品帶來相當大的影響。此外，這部作品從漫畫→電視動畫→電影的走紅套路，也成爲當時媒體組合的一種典型手法。從這部作品開始，動畫粉絲的族群一口氣擴張，御宅族文明的黎明期至此出現曙光。

圖16《宇宙戰艦大和號》（電視動畫）

沒錯，七〇年代最重要的歷史性轉變，就是「御宅族市場」的誕生及急速擴張。首先是在一九七五年舉辦第一屆同人誌販售會（簡稱「COMIKE」）。COMIKE的規模直至目前都幾乎呈直線成長，現在已經發展成三天來場的人數總計能達到五十萬人以上的巨型活動。現代的日本幾乎沒有其他活動的集客力能夠與之匹敵。

接著來到一九七六年，不得不提及家用錄影機（VHS）的發售。據岡田斗司夫表示，錄影機的出現爲御宅族的歷史帶來大幅度的進展。此外，不久之後以動畫雜誌，更正確來說是以動畫二創（動畫作品的戲仿作品）雜誌而聞名的《OUT》也在此年創刊。這套原本以次文化爲中心編輯的雜誌，第一次製作以動畫爲主題的特輯：《宇宙戰艦大和號》特刊。這也是足以在御宅族歷史中記上一筆的大事件。

一九七五年，由石森章太郎的原著改編而成的電視劇《祕密戰隊五連者》（秘密戦隊ゴレンジャー）（圖17）開始播放，而這部劇集也成爲特攝戰隊作品的開端。自《無敵金剛009》之後就中斷的一點紅類型戰隊作品體系，以本作爲契機大張旗鼓地復甦。從此以後，五人一組的戰隊系列作品就在眞人特攝片的框架內綿延不絕地延續下去。在連者戰隊中包含一至兩名女性戰士的結構，基本上至今都沒有改變。

圖17《祕密戰隊五連者》（眞人電視影集）

電視動畫《月光女俠》（ラ・セーヌの星）（圖18）也在同一年播放。這部作品在寶塚類型當中，位於《寶馬王子》與《凡爾賽玫瑰》之間，描寫在法國大革命前夕的巴黎，蒙面騎士「月光女俠」對抗欺壓民衆的蠻橫貴族的故事。蒙面騎士的眞面目是名爲「西蒙」的少女，根據設定，她其實是瑪麗．安東尼的妹妹。電視動畫《救難小英雄》（タイムボカン）系列也在同年播放，是一部大受歡迎的喜劇作品。少年少女組成的搭檔，在不同系列中爲了不同的寶藏而戰鬥，且這對搭檔對抗的邪惡三人組——性感女首領與兩名脫線手下的組合——也是經典設定。少女的定位與一點紅類型最爲接近，而這部作品也潛在地準備好了戰鬥美少女作品典型的對立構圖，也就是少女的正義與成熟女性的邪惡之間的對立。在戰鬥美少女作品中，可以頻繁地發現「成熟＝邪惡」的構圖，而我們在此當然必須聯想到達格所描繪的，少女與大人戰鬥的這項主題。古賀新一（1936-2018）在同一年發表的漫畫《魔女黑井美沙》（エコエコアザラク）是以操作黑魔法的美少女「黑井美沙」爲主角的人氣恐怖作品。這部作品與其說是魔法少女類型，更接近後面會出現的「獵人類型」，但後來幾乎沒有再看到延續這個系統的作品，或許因爲如此，這部作品長期以來擁有高度人氣，甚至在進入九〇年代後還製作了電視劇與三部電影。

圖18《月光女俠》（電視動畫）

圖19《飛女刑警》（眞人電視劇）

和田愼二於一九七六年開始連載的漫畫《飛女刑警》（圖19），在進入八〇年代之後翻拍成眞人電視劇，並且大受歡迎。傳說中的太妹「麻宮早紀」，爲了調查連警察也無法出手的校園事件，以印著櫻花家徽的溜溜球爲武器與歹徒戰鬥。和田的原著漫畫本身就以嚮往強大女主角的少女爲主要讀者群，與御宅族的性慾無緣。然而八〇年代由齊藤由貴、南野陽子、大西結花、淺香唯等當時的一線偶像所主演的電視劇版本，大幅改變了這部作品的定位。原著的女主角是短髮且帶有俠氣的少女，但在電視螢幕中戰鬥的並非強大的女性，而是惹人憐愛的偶像少女。原著並未採用的水手服，卻在電視劇中被大幅使用，這點也耐人尋味。水手服本身的雙性特質，及其作爲少女符號使用時的眞實效果，惹人憐愛與強大的奇妙融合在本作中得到證明，即使在眞人戲劇中也毫無矛盾地展現。我們就將這種標榜跨性別少女魅力的作品系列，統稱爲「服裝倒錯類型」吧！前面提到的寶塚類型也包含在內。我之所以不稱之爲「雙性特質類型」，是因爲想要強調在這個系列的主角身上，兩性的性被相互隱蔽地表露出來。

改編自水島新司（1939-2022）原著，並於一九七七年播放的電視動畫《野球狂之詩》（野球狂の詩），是一部體育競技類型的作品，描寫棒球史上第一位女性左投手「水原勇氣」在加入中央聯盟吊車尾隊伍「大都會」後活躍的英姿。這部作品雖然並不是非常熱門，但後來也被翻拍成電影。將少女設定爲職棒選手的作品很少見（小說則有梅田香子〔1964-〕的《勝利投手》〔勝利投手〕），這個體裁直到九八年的電視動畫《魔球美少女》（プリンセスナイン）（譯按：又譯《野球辣妹》、《野球美少女》）等，才在幾乎睽違了二十年後被繼承下來。

此外，也請各位注意該年的女子摔角熱潮。摔角這種「表現」，本身就是在虛實之間取悅觀衆的一種特殊運動。尤其女子摔角的發展，更是反過來利用這種虛構性，就本書的脈絡來說，也可視爲「服裝倒錯類型」的表現。換句話說，如果沒有這種積極享受其虛構性的態度，女子摔角不可能擁有這樣的人氣，否則也不太可能有人氣摔角選手活躍於演唱會與電視廣告的狀況。

一九七八年開始播放的電視動畫《未來少年柯南》（未来少年コナン）（圖20），作爲宮崎駿第一部執導的電視動畫，是一部值得記住的名作。本作主要登場的人物除了與柯南搭檔的少女「拉娜」之外，還有女性士兵「孟斯莉」。這部作品是根據科幻小說《恐怖海嘯》（The Incredible Tide）【原註2】改編而成，而在改編成動畫時，大幅降低了登場人物的年齡。據指出，日本式英雄的特徵之一，就是偏好採用青春期或青春期前的少年少女，而在這部動畫中也維持了這個傳統。

這一年就另一層意義而言也形成了一個新的紀元，御宅族文化在接下來的七九年達到了一個高峰。首先是高橋留美子的第一部主要作品《福星小子》（うる星やつら）（圖21）開始在週刊《少年SUNDAY》上連載。來自宇宙的「拉姆」不請自來，找上女人運很差的高中男生「諸星當」同居，自此之後就發生了各式各樣的騷動。拉姆是個母老虎，如果生氣就會用強力的電極給予對方打擊。

圖20《未來少年柯南》（電視動畫）

圖21《福星小子》（電視動畫）

在這部作品當中，也出現許多具有特殊技能的戰鬥美少女。高橋留美子的這部作品開發了校園科幻愛情喜劇這個特殊的體裁。此外，本作在戰鬥美少女的體系中也是「日常同居的特異少女」這種設定的先驅。我將這個體系命名為「同居類型」，相關代表作品包括動畫《風神戰士》（アウトランダーズ）（一九八六）、高田裕三（1963-）的漫畫《三隻眼》（一九八七）、桂正和（1962-）的漫畫《電影少女》（電影少女）（一九九〇）、動畫《天地無用》（天地無用！）系列（一九九二）、藤島康介（1964-）的OVA《幸運女神》（ああっ女神さまっ）（一九九三）（圖22）、動畫《守護月天》（まもって守護月天！）（一九九八）等等。

同年，第一套動畫專門雜誌《Animage》創刊，這也能視為御宅族文化興盛的一個徵兆。就這層意義來看，改編自松本零士作品的電視動畫《銀河鐵道999》（銀河鉄道999）（圖23）也是重要作品。這部作品相當受歡迎，電影版也在不久之後上映。男主角是夢想著獲得機械身體的少年「鐵郎」，女主角是引導他的公主「梅德爾」。

圖22《幸運女神》（OVA）

圖23《銀河鐵道999》（電視動畫）

【原註2】：亞歷山大・凱伊（Alexander Key, 1904-1979）《未來少年柯南》（原標題《恐怖海嘯》），角川書店，一九八八。

梅德爾是機械帝國的公主，但也與帝國戰鬥，希望毀滅帝國。她身上散發的氣質，與其說是強大或惹人憐愛，更不如說是優雅的母性，這極爲特殊的角色造型吸引了許多粉絲。

一九七九年和七八年同是重要的年份。最大的事件就是電視動畫《機動戰士鋼彈》（圖24）開始播放。御宅族文化的浪潮因爲《宇宙戰艦大和號》而逐漸高漲，而本作則爲其帶來了決定性的深度。就這層意義而言，本作已經可說是經典了。平民少年「阿姆羅・雷」爲了保護遭受吉翁公國攻擊的白色基地，而被捲入戰鬥之中。擁有高度認知能力與資質的阿姆羅被稱爲「新人類」，操作地球聯邦的新型機動戰士鋼彈，前往與宿敵「夏亞」戰鬥。關於鋼彈系列接下來漫長的故事詳情，請參考不計其數的解說書。但必須在此指出，因這部動畫的導演富野喜幸（1941-）的個性太過鮮明，這種「深度」也可能在日後製作科幻動畫系列作時成爲一種枷鎖。尤其是「對戰鬥抱持著疑問的主角」的眞實感，使得描寫主角的內心糾葛，在嚴肅動畫中成爲必然。

這部定位爲一點紅類型的作品，在戰鬥美少女史上也具有極爲重大的意義。圍繞著主角阿姆羅・雷的多名女性士兵（瑪姬爾達、

圖24《機動戰士鋼彈》（電視動畫）

圖25《凡爾賽玫瑰》（電視動畫）

雪拉、拉拉等）扮演了重要的角色。主角與戰鬥的女主角之間的愛恨情仇，也成爲這個系列被長久繼承下來的特別設定。

尤其必須強調富野導演對於性表現的講究。本作所描繪的女主角入浴的場景在粉絲之間獲得好評，甚至還有傳聞認爲這是企畫《奶霜檸檬》等成人動畫的契機，而興起動畫女主角的性表現。這或許也該視爲本作的功績之一。

雷利・史考特（Ridley Scott, 1937-）所執導的電影《異形》（Alien）是一部值得紀念的作品，因爲這應該是第一部出現戰鬥女主角的主流科幻動作片。雖然從《星際大戰》的「莉亞公主」一角也能看見這樣徵兆，但像雪歌妮薇佛（Sigourney Weaver, 1949-）飾演的「蕾普利」這種兼具堅強與可愛的女性，在這樣的大作中作爲主要角色卻是第一次。不過在續集《異形2》（Aliens）當中比起可愛更強調母性，就這點來看，本作的女主角也依然只停留在先兆般的存在階段。

此外，電視動畫《凡爾賽玫瑰》（ベルサイユのばら）（圖25）從此年開始播放。從寶塚歌劇團搬演其故事就能知道，這部也是由《寶馬王子》延續下來的寶塚類型作品。故事以法國大革命爲背景，核心角色是誕生於傑爾吉將軍家的男裝麗人「奧斯卡」。

如同各位所知，動畫電影《魯邦三世：卡里奧斯特羅之城》（ル

圖26《魯邦三世：卡里奧斯特羅之城》（電視動畫）

パン三世カリオストロの城）（圖26）上映時的票房非常冷清，但這部作品的評價卻隨著錄影帶化而水漲船高，甚至還有部分意見認爲這是宮崎駿導演的最高傑作。錄影帶化之後才成爲傳說名作的案例不少，譬如電影《銀翼殺手》（Blade Runner）也是如此，由此也顯露出御宅族文化的事後性。雖然本作中沒有出現戰鬥美少女，但從位於作品核心的二十歲少女，「克蕾莉絲」公主的身上，可以看到與日後的娜烏西卡相通的性格造型。純潔溫柔的少女克蕾莉絲，在不知不覺間發揮的攻擊性，從開頭的飛車追逐場景也可一窺其端倪。

動畫電影《哪吒鬧海》（圖27）在中國上映，這部電影在日本也成爲話題。中國製作的許多動畫中，選擇少年作爲主角的作品同樣不少。這部的主角雖然也是少年，但看附圖也能知道，其性別描繪得極爲曖昧，穿著打扮也偏中性且帶有裝飾感，乍看之下彷彿少女一般。這部作品的故事以性別差異模糊的青春期主角爲中心，是如此接近日本動畫的傳統。不過，或許也必須考慮中國動畫直接或間接受到日本動畫強烈影響的可能性。

圖27《哪吒鬧海》（動畫電影）

圖28《怪博士與機器娃娃》（漫畫）

一九八〇年代

一九八〇年代，動畫在其前半發展到極致，到了後半則歷經衰退，但與動畫的盛衰無關，耐人尋味的是幾乎所有重要的作品都出現了戰鬥美少女。我們先大致來看其前半的發展。

一九八〇年特別值得一提的是，鳥山明（1955-）的《怪博士與機器娃娃》（Dr. スランプ）（圖28）開始在週刊《少年JUMP》上連載。作品中登場的女童型機器人「阿拉蕾」，平常因爲其純潔的天眞爛漫引發各種滑稽的騷動，且一旦憤怒就會發揮出爆炸性的怪力。這點從精神醫學的脈絡來看，屬於在癲癇案例中經常可以看到的天使樣貌，安永浩（1929-）將其命名爲「中心氣質」【原註3】。在塑造戰鬥美少女時，這種性格類型逐漸成爲重要的參考框架。本作以機器人或人造人等、被製造出來的少女，這種虛無的主體爲中心，在不久之後改編成電視動畫並大受歡迎，也可說是後面會提到的「畢馬龍類型」【原註4】的開端。

大友克洋（1954-）的代表作之一《童夢》（童夢）也在此年開始連載。誠如各位所知，大

◈

【原註3】：精神科醫師安永浩將類癲癇氣質的性格傾向，擴大敘述至正常範圍，並且把擁有下列特徵的氣質命名爲「中心氣質」。這些特徵意指「想像五至八歲左右『孩子』，他們『健康、正常地發展』的形象。天眞爛漫，無論是開心的事情，還是悲傷的事情都單純而明確」、「對於具體事物具有強烈的好奇心。雖然投入，但也只有三分鐘熱度」、「不煩惱明天的事情，眼中也沒有『昨天的事情』」等等（安永浩〈關於『中心氣質』的概念〉《安永浩著作集三卷方法論與臨床概念》金剛出版，一九九二年）。

【原註4】：畢馬龍是希臘傳說中賽普勒斯島的國王。他愛上象牙製成的女性雕像，於是阿芙蘿黛蒂便賦予雕像生命，成爲他的妻子。這裡指的是所有透過「教育」，使內在空虛的女性獲得討喜人格的故事，就如由蕭伯納（George Bernard Shaw, 1856-1950）原著的《畢馬龍》（Pygmalion）改編而成的電影《窈窕淑女》（My Fair Lady）所呈現的。編按：《畢馬龍》一書，在臺灣由林語堂翻譯爲《賣花女》，一九七六年由華貿出版。

友克洋大幅改變了漫畫史發展，是最重要的作者之一。據說漫畫的作畫線條在大友之前與之後截然不同。就我來看，因大友克洋的出現而導致決定性衰退的類型是「劇畫」（編按：日本漫畫界的專有名詞，指的是畫風寫實的作品）。因爲大友克洋的超寫實主義，實際證明了劇畫般的寫實主義等根本就不重要。漫畫之外，大友克洋也製作動畫作品，兩者都獲得高度評價，尤其受到他機械設計的影響，完全改變了科幻動畫中的機械風景（譬如後面會提到的士郎正宗〔1961-〕）。《童夢》是大友克洋第一部代表作，至今仍有人評爲是最高傑作。大友克洋的畫面從法國漫畫家墨比斯【編註2】的描線承襲了俐落、簡潔且緻密的脈絡，並添加了他獨特的魄力與情緒，而擁有超能力的少女就在這樣的畫面中戰鬥。少女的年齡似乎設定爲小學低年級以下，並未採取刻意表現性魅力的描繪風格，但選擇「少女」作爲主角，卻使用了能將高樓住宅瞬間夷爲廢墟的「力量」，依然帶有某種暗示性。當然《童夢》本身在戰鬥美少女的體系當中，屬於稍微特殊的作品，如果勉強將其定位，或許可說是「巫女類型」的先驅作吧？這個體系在日後以《風之谷》一作達到巔峰。卽使是大友克洋這種選擇西歐描線風格的創作者，依然能夠以戰鬥少女爲故事中心創作出傑作，這一點不容忽視。

其實在本作中還能看到其他徵兆性的表現，其中之一就是「模型御宅族」的描寫（圖29）。犯下怪異事件的老人操控了這名人物，令他以美工刀自刎而喪命。這率先且出色地表現出了不久後被分類爲

圖29《童夢》（漫畫）
對話框：「不要——」

御宅族的人物類型：微胖、戴著眼鏡的內向重考生，並描繪了在少女面前自殺的場景，這明確地證實了漫畫是最能展現時代投影的表現形式。

該年也是青年雜誌創刊風潮盛極一時的年代，高橋留美子的另一部代表作《相聚一刻》（めぞん一刻）開始在雜誌《Big Comic Spirits》（ビッグコミック・スピリッツ）連載。「蘿莉控漫畫」在幾乎相同的時期也蔚爲風潮。內山亞紀（1953-）等作者在少年雜誌上連載描繪誇張蘿莉控的漫畫，獲得了一定的人氣。她也是爲戰鬥美少女的角色塑造帶來深遠影響的作家，在此先記錄下來。

隔年一九八一年，首先特別值得一提的是十月開始播放的電視動畫《福星小子》。這部作品是電視系列的戰鬥美少女作品中規模最大的熱門作品，播放期間長達四年半。其設定就如同前述，是校園科幻愛情喜劇，同時也確立了「同居類型」這種特殊的體裁，就此而言是非常重要的作品。

北條司（1959-）同年開始在週刊《少年JUMP》上連載的作品《貓眼》（キャッツアイ）（圖30）也大受歡迎，並翻拍成動畫，而後也翻拍成電影。這是一部動作性感的漫畫，身穿緊身衣的美女盜賊三姊妹在作品中大顯身手。這部作品的定位接近後來出現的「盜賊

圖30《貓眼》（漫畫）

【編註2】：墨比斯（Mœbius）爲法國著名漫畫家，尚・亨利・加斯東・吉羅（Jean Henri Gaston Giraud, 1938-2012）的筆名。

類型」，同時也確立了戰鬥的少女團體這種「團隊類型」的系列，就這點而言是重要的作品。團隊類型無論就脈絡還是時間序列來看，都可看成是一點紅類型的衍生。美少女二人組、三人組或是團體，與罪犯或者來自宇宙的怪物戰鬥，這種類型在八〇年代到達高峰，發展出以下作品群：電視動畫《宇宙再生人》（超時空騎団サザンクロス）（一九八四）、電視動畫《棘手拍檔》（ダーティペア）（一九八五）（圖31）、OVA《無限地帶23》（メガゾーン23）（一九八五）、OVA《A子計劃》（プロジェクトA子）（一九八六）（圖32）、OVA《GALL FORCE》（ガルフォース）（一九八六）（圖33）、漫畫《逮捕令》（逮捕しちゃうぞ）（一九八六）、OVA《泡泡糖危機》（バブルガム・クライシス）（一九八七）（圖34）、漫畫《魔法陣都市》（サイレントメビウス）（一九八八）、漫畫《貓眼女槍手》（ガンスミスキャッツ）（一九九一）（圖35）等。

至於值得記住的活動則有第二十屆日本科幻大會。在這場大會中上映的《DAICON III》開幕動畫與一九八三年的《DAICON IV》（圖36）開幕動畫都被譽爲「充滿御宅族夢想的名作」。兩部短篇動畫都是由庵野秀明（1960-）這位當時還沒沒無聞的素人所執

圖31《棘手拍檔》（電視動畫）

圖32《A子計劃》（OVA）

圖33《GALL FORCE》（OVA）

導，雖是小品卻有著極高的完成度。藝術家村上隆（1962-）也對《DAICON IV》讚不絕口，認爲這是足以代表戰後日本藝術界的最高傑作【原註5】。這兩部短篇動畫裡，濃縮了當時御宅族渴望看到的畫面。兩部作品的主角都是戰鬥美少女，第一部作品是背著紅色書包的小女孩，爲了將水送達目的地而與敵人戰鬥；第二部作品則是身穿兔女郎裝的少女，徒手拋擲巨大機器人，並乘上火箭般的劍穿梭飛行。

此外，電視動畫《小麻煩千惠》（じゃりン子チエ）（圖37）於此年開始播放。這部動畫改編自春木悅巳（1947-）長期連載的原著漫畫，其對象與其說是御宅族，更不如說積極地鎖定在菁英階級。這部作品描繪以毒舌與木屐爲武器戰鬥的少女日常，首先由高畑動導演製作電影動畫，接著才翻拍成電視動畫。由於這是筆者個人感受最深刻的作品，所以在此記下一筆，但這部作品的定位與一般所說的戰鬥美少女略有不同。

圖34《泡泡糖危機》（OVA）

圖35《貓眼女槍手》（漫畫）

【編註2】：齋藤環、村上隆、香山理香「未來由二次元構成」（座談會）《鴿子啊！》一八九期，MAGAZINE HOUSE，二〇〇〇年一月號。

至於角川電影的《水手服與機關槍》（セーラー服と機関銃），先不論故事內容，電視廣告中藥師丸博子（1964-）所飾演的女高中生拿著機關槍掃射，以劇中台詞「快感」爲訴求反覆播放，成了大衆熟知的戰鬥美少女符號之一。這也可說是與服裝倒錯類型相關的一種表現吧！

一九八二年是愛情喜劇的全盛期，其中以安達充（1951-）創作的《鄰家女孩》（タッチ）爲首。就在這時候，也不能忽略幾個已經蓄勢待發的重要動向。首先是宮崎駿的漫畫《風之谷》開始在《Animage》雜誌上連載，電視動畫《超時空要塞》（超時空要塞マクロス）開始播放。關於這些作品之後會再介紹。此外大友克洋的代表作《AKIRA》（AKIRA）也開始在週刊《Young Magazine》（ヤングマガジン）上連載。

電視動畫《甜甜仙子》（魔法のプリンセス　ミンキーモモ）（圖38）是魔法少女作品中的人氣之作，據說企畫這部作品時，也將有蘿莉控嗜好的御宅族當成目標客群，事實上這部作品也成爲戲仿同人誌的最佳材料。動畫的最後一集，「桃子」在失去魔法能力，回歸普通少女的日常後就立刻被卡車撞死了。這段情節相當重要，

圖36《DAICON IV》（電影動畫）

圖37《小麻煩千惠》（電影動畫）

圖38《甜甜仙子》（電視動畫）

藉此足以得知當時的動畫製作者如何理解「虛構與現實的對立」。換句話說，他們相信在動畫中將現實畫得真實，就是現實的表現不是嗎？

一九八三年，由吾妻日出夫（1950-2019）原著改編的電視動畫《奈奈子SOS》（ななこSOS）（圖39）是一部特別值得一提的作品。突然從天而降的水手服美少女「奈奈子」是失去記憶的超能力者。自稱天才科學家的四谷與搭檔飯田橋便企圖利用她的能力大撈一筆。奈奈子是純潔而空虛的主體，可定位成先前所提（與《怪博士與機器娃娃》相同）的畢馬龍類型，尤其這部作品的特殊之處在於添加了性的成分。美少女之性是漫畫家吾妻日出夫畫風的幾個中心要素之一，因此這部作品可說是畢馬龍類型的戰鬥美少女系列中，確立其正統性的重要作品。自此之後，可定位成這種類型的作品包括了漫畫《銃夢》（銃夢GUNNM）（一九九一）（圖40）、OVA《萬能文化猫娘》（万能文化猫娘）（一九九二）（圖41），以及小山由（1948-）的漫畫《少女殺手阿墨》（あずみ）（一九九四）等。

由人氣漫畫家江口壽史（1956-）原著改編的電視動畫《變男變女變變變》（ストップ!!ひばりくん）（圖42）也在這一年開始播放。

圖39《奈奈子SOS》（漫畫）

圖40《銃夢》（漫畫）

這部雖然不屬於戰鬥美少女作品，主角卻是位無論怎麼看都彷彿少女一般的同性戀美少年。少女的外表與男性的內心之間的對比，帶來令人頭暈目眩的眞實效果，在此也可以理解爲與服裝倒錯類型相關的作品吧？再加上高橋留美子的漫畫《亂馬1／2》（らんま1/2）（一九八七）（圖43）爲性轉換添加可逆性，這個類型至此發展完成。其他的代表作品還有漫畫《平行女孩》（クルクルくりん）（一九八二）、漫畫《花之飛鳥組》（花のあすか組！）（一九八五）、電影《Go for Break》（V・マドンナ大戦争）（一九八五），以及OVA《鐵腕女警》（鉄腕バーディー）（一九九六）（圖44）等。

電視動畫《足球小將翼》（キャプテン翼）描寫的是，夢想著以世界頂尖足球選手身分，帶領日本在世界盃奪冠的少年「大空翼」，與其夥伴一同成長的故事。這部作品的粉絲，相較少年反倒獲得了更多女性的青睞，更是促成了稱爲「YAOI」的一大風潮。想像青少年登場人物之間產生虛構的同性戀關係，並以此創作出的各種戲仿同人誌，這形成了「YAOI」這種沒有高潮（YAMA）、沒有亮點（OCHI）、沒有意義（IMI）的作品體裁。在思考動畫的性對女性御宅族的意義時，這可說是極具啟發性的現象。日後的《聖

圖41《萬能文化貓娘》（OVA）

圖42《變男變女變變變》（漫畫）

鬥士星矢》（一九八六）、《鎧傳》（一九八八），以及《勇者萊汀》（超者ライディーン）（一九九六）等以美少年團體爲中心的作品，都可連結到這個體系。

雖然很難說是直接貢獻，但這一年也是中森明夫爲「御宅族」命名的年份，因此也值得記錄。

接下來的一九八四年，是日本動畫史上收穫豐厚、值得紀念的年份。首先必須大書特書的，是三月在電影院上映的動畫《風之谷》（圖45）。這是由宮崎駿執導，改編自他自己的原著漫畫的動畫電影作品。這部幾乎已被討論徹底的動畫也被視爲最重要的戰鬥美少女作品。故事的舞台是距最終戰爭「火之七日」已千年的地球，地球大部分都由有毒的「腐海」與住在裡面的巨大昆蟲群所主宰，人們則爭奪著未被汙染的少量土地，並在這些土地上生活。「風之谷」這個聚落因從海上持續吹來的風而免受腐海的瘴氣威脅，在這裡出生長大的公主「娜烏西卡」選擇不擊退腐海及昆蟲，而是不斷地尋找與它們共生的方式。但是某天，載著「巨神兵（被認爲會毀滅世界的生物）」的「卵」的飛行船墜落在風之谷，追著這些卵而來的多爾梅吉亞軍對風之谷發動攻擊，娜烏西卡別無選擇地被捲入了

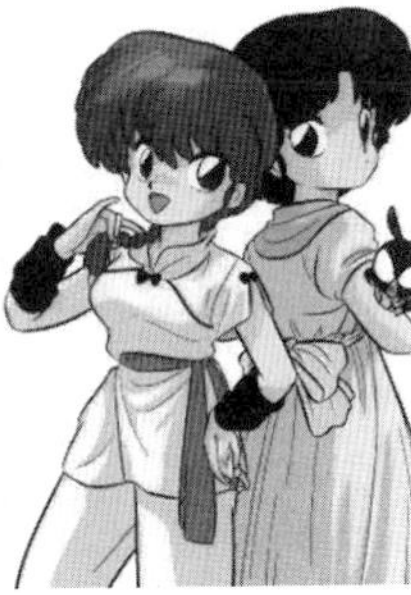
圖43《亂馬1／2》（電視動畫）

圖44《鐵腕女警》（OVA）

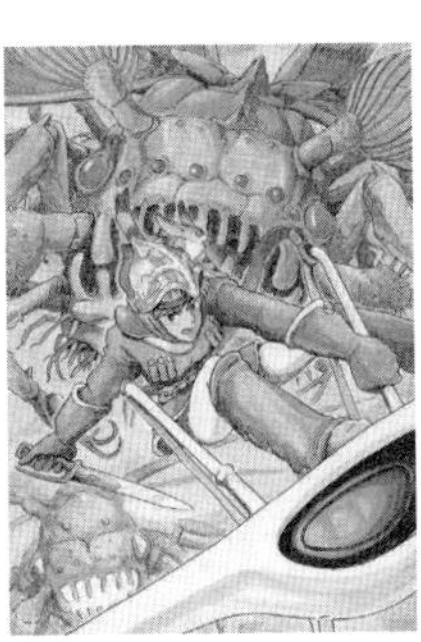
圖45《風之谷》（動畫電影）

戰鬥。關於這部作品已經有許多解說之類的書籍，這裡就只「稍微」介紹一下。無論如何，這部作品都不單只是動畫史上的經典名作，還附帶了許多價值。舉例來說，娜烏西卡的出身與多爾梅吉亞女王「庫夏娜」的來歷，兩者之間的對照等，也是在驗證戰鬥美少女故事結構時最重要的素材。宮崎駿的作品中，正統的戰鬥美少女主角，只有本作與《魔法公主》（もののけ姫）（一九九七），這兩部作品在結構上的相似也極為耐人尋味。它們與到此之前介紹的任何類型都不同，都有著特殊的定位。娜烏西卡是人類世界與腐海的橋樑；小桑則象徵著文明與森林的對立。這樣的定位正是所謂的巫女，她們也因為處在這樣的位置而不得不戰鬥。我們就稱這種類型的作品系列為「巫女類型」吧！而被視為其始祖的，當然就是「聖女貞德」了。此外，達格所描繪的少女或許也可定位為巫女類型。至於其他可以連結到這種類型的女性角色，則有動畫電影《太陽王子霍爾斯的大冒險》中的「希爾達」，以及前面提到的漫畫《童夢》（一九八〇）的少女「悅子」等，雖然作品數量絕不算多，卻可視為戰鬥美少女體系之中，最重要的類型之一。

同年上映的動畫電影《超時空要塞：愛，還記得嗎？》（超時空要塞マクロス　愛・おぼえていますか）（圖46），是動畫史上首度由動畫迷親手製作的作品。本作除了一點紅類型的巨大機器人這個基本設定之外，再加上基於科幻考證的精緻機器描寫，以及圍繞著偶像美少女的戀愛故事等，近年甚至還製作了續集與遊戲，非常受歡迎。這部作品的女主角是身為偶像歌手的少女「明美」，她被擺在透過歌聲擊退敵人的重要位置。

主要動畫導演之一的押井守發表了動畫電影《福星小子2：綺麗夢中人》（うる星やつら2

ビューティフルドリーマー），這部作品在最初就成爲代表作，也可列爲日本動畫史上最重要的作品之一。但在戰鬥美少女史上，這部卻是這位導演與動畫風格的戰鬥美少女訣別的最後作品，並因此而聞名。

OVA《奶霜檸檬》系列是最早期的原創錄影帶動畫，也就是只透過錄影帶發行的動畫作品（簡稱有OAV與OVA兩種，基於筆者的偏好，統一採用後者）。這部作品屬於成人動畫，這甚至是比「戰鬥美少女」更加日本獨有的體裁，其市場自此之後急遽擴大。在此列出這部作品，不只是因爲其內容明確地鎖定了御宅族的性慾，也是因爲系列中的《超次元傳說拉爾》（超次元伝説ラル）與《POP CHASER》（POP CHASER）（圖47）描繪了在戰鬥中性交的少女。成人動畫這種特殊體裁，在最早期也同樣由戰鬥美少女支撐。

如此一來就很容易理解，爲何難以在電視上播放的成人動畫撐起了OVA草創期，但是後來OVA這個體裁本身也擴大了市場，尤其在動畫方面，甚至反過來變成等到錄影帶發行才算是決定版。作爲「媒體形式規範了作品內容」的典型案例，這段脈絡相當耐人尋味。

一九八五年發行的《幻夢戰記蕾達》（幻夢戦記レダ）（圖48），也

圖46《超時空要塞》（動畫電影）

圖47《奶霜檸檬》系列《POP CHASER》（OVA）

是支持著最早期OVA的熱門之作。雖是一部小品，但普通女高中生突然被召喚到異世界，變成戰士加入戰鬥，作爲戰鬥美少女作品的經典故事，這樣的基本設定在以《美少女戰士》爲首的許多作品中一再重複。關於這個系列之後會再提及。

這一年發表的OVA《夢獵人麗夢》（ドリームハンター麗夢）（圖49），以及士郎正宗的漫畫《蘋果核戰》（アップルシード）（不久之後翻拍成動畫）（圖50）等，都可定位爲「獵人類型」的系列作品。這是肩負特定任務，或是基於賺取獎金等明確目的意識而戰鬥的美少女角色的總稱。這個類型的起源可以追溯至先前提過的電影《上空英雄》（一九六七），而《魯邦三世》（一九六七）的女主角「峰不二子」也可定位爲此類型的角色。此類型原本強烈地帶有戰鬥女郎性格，但在八〇年代之後，美少女的獵人類型逐漸成爲壓倒性的主流。這個類型的作品包括《GS美神》（GS〔ゴーストスイーパー〕美神）（一九九三）（圖51）、OV（原創錄影帶）《傑拉姆》（ゼイラム）（一九九一）（圖52）、OVA《魔物獵人妖子》（魔物ハンター妖子）（一九九一）、電視動畫《秀逗魔導士》（スレイヤーズ）（一九九五）（圖53）、OVA《海底嬌娃藍華》（Aika）（一九九七），以

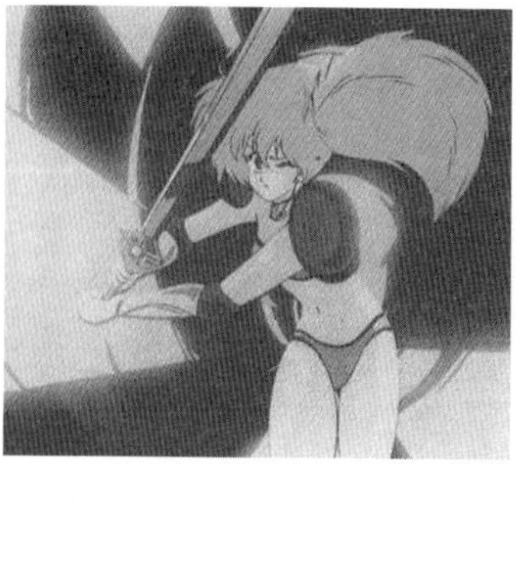
圖48《幻夢戰記蕾達》（OVA）

圖49《夢獵人麗夢》（OVA）

圖50《蘋果核戰》（漫畫）

及電視動畫《貓狐警探》（はいぱーぽりす）（一九九七）等作品。由於系列的特異性較低，在此就只列出代表作。

一九八六年，浦澤直樹（1960-）的漫畫《以柔克剛》（YAWARA！）（圖54）開始連載，以進軍全世界爲目標的柔道天才少女的故事廣受大衆歡迎，甚至成爲眞實柔道選手的暱稱，在社會上具有如此高度的辨識度。這部作品首先改編成動畫，後來也改編成電影，並由偶像淺香唯（1969-）主演。原本以球技爲主的體育競技類型，自這部作品之後，幾乎都變成了以格鬥技爲主。

接著到了八〇年代後半，動畫也進入衰退的時代。許多動畫雜誌接連停刊，動畫作品缺乏熱賣大作的狀況不斷持續，但在這樣的情況下，戰鬥美少女依然存活下來。

一九八七年，動畫電影《王立宇宙軍：歐尼亞米斯之翼》（王立宇宙軍オネアミスの翼）上映。爲什麼會在此介紹這部沒有戰鬥美少女出現的作品呢？正是因爲她們沒有出現。

因《新世紀福音戰士》而風靡一時的製作團體GAINAX，原本是大阪周邊的素人學生們爲了製作《新世紀福音戰士》而成立的公司。當時二十四歲的山賀博之（1962-）年紀輕輕就負責腳本與執

圖51《GS美神》（電視動畫）

圖52《傑拉姆》（電影）

圖53《秀逗魔導士》（電視動畫）

導，並投入了龐大的預算與人員，完成了這部傑作。這部作品基於縝密的世界設定與考證，描寫了以成爲火箭飛行員爲目標的少年的挫折與成長，是一部令人感動的故事，但儘管獲得極高的評價，卻沒有到熱賣的地步。參與企畫的岡田斗司夫自己分析，主因之一就是「既沒有出現機器人也沒有出現美少女」，於是物極必反，在隔年催生了OVA 熱門作品《勇往直前》。

荒木飛呂彥（1960-）的代表作《JOJO冒險野郎》（ジョジョの奇妙な冒険）也從此年開始連載。本作同樣是沒有戰鬥美少女登場的名作，介紹這部作品也是基於我個人的私心。我以前曾在雜誌《Eureka》訪問過他，當時發現了許多有趣的事實【原註6】。首先是荒木飛呂彥刻意地排除了御宅族的元素。刊登他連載作品的《少年JUMP》在當時收錄了各種類型的作品，對象讀者包含孩子、御宅族以及一般人，但他特別排斥「以御宅族爲對象」的畫風，認爲這樣的畫風相當平板，或許因此他的作品中幾乎沒有戰鬥美少女。他的愛好是電影、小說、搖滾樂，這些都是御宅族不擅長的領域。

圖54《以柔克剛》（電視動畫）

荒木飛呂彥的畫風就如同在《JOJO6045》（JOJO6045）這部作品中所呈現的，出色得令人陶醉，甚至足以作爲插畫作品欣賞。出於試圖將各種想法視覺化的慾望，他運用了就我所知漫畫史上最複雜的透視與視角轉換，凝聚成這一部刁鑽的主流漫畫。但只有如此還無法維持漫畫的現實。若如同下一章將提及的，戰鬥美少女的作品會將少女的性擺在眞實的核心，那麼荒木漫畫的核心又是什麼呢？

梶原一騎（1936-1987）是對荒木飛呂彥造成重大影響的作者之一。各位或許會覺得這是個意外的名字，但從台詞與情緒的表現，確實可以看到梶原作品的影子。沒錯，荒木飛呂彥有意識地擺在作品核心的，就是源自於梶原作品的情緒與情懷（pathos）表現。這部作品乍看之下也像怪誕的傳奇，但因爲荒木的作者意識，算是正統的少年漫畫了。他的作品明確否定了《新世紀福音戰士》，避開動畫式的自我意識的糾葛，大量運用將情緒描寫盡量前景化的古典技法。

但我們也不能遺漏荒木飛呂彥的小品《神奇的艾琳》（ゴージャス☆アイリン）（一九八五）。故事是身世不幸的純潔少女（喪失記憶！）爲了保護對她展現出友情的男性，化妝變身成爲性感女戰士，在唸出經典台詞的同時展開戰鬥，並利用「死亡妝容」打敗敵人（這些怪物通常是成年女性），屬於經典的「變身少女類型」。她在變身場景發出的聲音，非常精確地命中了變身在這個類型中的意義。沒錯，「少女的變身」——經常以裸體的剪影呈現——終究必須作爲性的恍惚來表現，雖然其非動畫的畫風可算是令人感到新鮮的佳作，但荒木卻透過這部作品領悟到「自己不會畫女孩子」。他的這份覺悟有非常重大的意義。我們在此必須將「動畫表現不單是畫風問題，也可能基於作家的表現品味而成立」這個念頭放在腦海裡。

就算不是優秀的觀影人或小說讀者，或許也能創作出優秀的電影或小說。譬如電影導演北

【原註6】：荒木飛呂彥、齋藤環〈繼續寫下去的勇氣（對談）〉《Eureka》二九四卷四號，青土社，一九九七年。

野武（1947-），或小說家中原昌也（1970-）的創造性，看起來甚至是因爲他們對電影或小說的歷史乃至於脈絡的無知才得以成立，但非御宅族的創作者，若不清楚動畫的傳統，絕對無法創作出優質的動畫作品吧？身爲動畫創作者，需要擁有忍受，甚至是偏愛這個平面世界的才能，而培養這個才能的契機，就是將動畫作爲「萌」的對象。就如同前面提到宮崎駿時所指出的，愛慕動畫就是愛慕（萌）動畫的美少女。「萌」作爲創傷體驗，動畫創作者因此爲契機而誕生，他們創造的女主角成爲次世代粉絲「萌」的對象。我幾乎可以確信，這種作爲創傷的「萌」的連鎖，就隱藏在今日動畫文化的深處。

到此爲止多次提到的GAINAX製作的OVA《勇往直前》（一九八八）（圖55），雖然很難說是熱門大作，但這部作品中蘊含了當時「御宅族」的自我意識，以及九〇年代作品的徵兆，就這點而言相當重要。粗心又脫線的宇宙高中生「高屋法子」，被發現具有操作巨大機器人「鋼巴斯塔」的天分，於是忍受嚴格教練的磨練，最後成爲獨當一面的駕駛員。基本故事是一點紅類型，也就是將「巨大機器人作品」的設定，與體育競技系的故事線結合在一起，可定位爲在九〇年代達到巔峰的「混合類型」的先驅。女主角是討人喜歡的少女，也充分承襲了喜劇的脈絡，缺乏一般意義上的攻擊性。相較之下，她的搭檔就被賦予了成熟穩重的母性，至於對手則配置了

圖55《勇往直前》（OVA）

優秀、好戰的女性。沒錯，她們都是不折不扣的「陽具母親」。總而言之，她們都駕駛「鋼巴斯塔」打倒巨大的宇宙怪獸，拯救地球免於被破壞。

前面已經提過，GAINAX之所以會製作這部《勇往直前》，是因爲前一部作品《歐尼亞米斯之翼》在票房上的失敗。《歐尼亞米斯之翼》過度禁慾地追求電影的眞實感，排除了巨大機器人與在動畫中表現亮眼的美少女主角，成爲導致失敗的部分原因。他們在這樣的絕望中突然改變作風，反而催生了這部相當「濃烈」的名作，彷彿將動畫的脈絡加速、濃縮到極致。他們在這部作品中發揮了御宅族創造性的眞本事。換句話說，就是將御宅族的虛無主義，反轉成爲創造性狂熱的典型案例。

在企畫階段，也許確實是「美少女」、「巨大機器人」、「宇宙怪獸」的三題故事，或許他們原本覺得「接下來只要隨便塞進一些御宅族可能會喜歡的戲仿或細節，就能賣得馬馬虎虎吧？」但是接下來的發展不就已經超越企畫階段的意圖了嗎？由此可以窺見戰鬥美少女這個符號已經超越了單純的慾望對象，彷彿繆思般觸發了創造的那一瞬間。

其實這部作品還有另一個重要的意義：動畫中的戰鬥美少女體系，在這部作品登場之後就幾乎建立完成。到此爲止，介紹了隸屬於這個體系的十三種類型，但自這部作品至今，全新的作品類型依然尚未出現。在本章末，我將本章提到的作品，根據類型製成分類一覽表以茲參考。稍微瀏覽就能知道，九〇年代之後，主要的作品都屬於混合類型，透過對過去類型的引用、戲仿以及致敬而成立。過去GAINAX的成員至今依然撐起了業界的第一線，這或許也是來自對於這種狀況的先見之明。

八〇年代後期的其他主要作品，還有大友克洋原著、執導，成爲在美國掀起日本動畫熱潮先驅的動畫電影《AKIRA／阿基拉》（圖56），以及結城正美原著、押井守執導的動畫電影《機動警察》（機動警察パトレイバー）（一九八九）（圖57）等一點紅類型，但在戰鬥美少女體系中的重要度很低。此外，宮崎駿的動畫電影《魔女宅急便》（魔女の宅急便）（一九八九）描繪的雖然不是戰鬥美少女，卻依然是重要的作品。因爲本作所描寫的，並非女主角「琪琪」行使魔法，而是學習魔法的成長過程。這些都是傳統的魔法美少女作品容易排除的描寫。沒錯，原本的魔法美少女都不斷地透過變身，重複地成熟與退行，最後並沒有達成本質上的成長。就這層意義而言，本作可定位爲「魔法少女類型」的異端。

一九九〇年代

一九九〇年代或許會作爲動畫復興的時代而被記住吧？如果說代表九〇年代前半的是不僅在國內，就連在國際上都大獲成功的作品《美少女戰士》，那麼要說代表其後半的作品是《新世紀福音

圖56《AKIRA／阿基拉》（動畫電影）

圖57《機動警察》（動畫電影）

戰士》，想必也不會有什麼異議。除了這兩部作品之外也誕生了許多佳作，可以看到動畫業界找回了八〇年代前半的活力。這與在泡沫化後的低迷及不景氣下的復興，或許擁有某種關聯性。總而言之，這段時期製作的動畫幾乎可以說達到氾濫的程度，其中也包括了許多戰鬥美少女作品，多到在此無法一網打盡。

至於御宅族史上的重要事件，首先就是動畫《福星小子》發行了全集數的LD-BOX（一九九〇年）。這個LD-BOX是收錄了其電視系列（共二一八集）的五十片影碟套組，儘管一點也不便宜，依然創下銷售佳績，自此之後就確立了全集數LD-BOX的商品形態。據說御宅族占據了影碟片使用者的大半，而這個事件確實爲御宅族購買影碟的習慣起了推波助瀾之效。媒體進化的第一線與戰鬥美少女有關的情況並不少見，但這個事件作爲最具象徵性的案例故特此記上一筆。

圖58《天地無用！魎皇鬼》（OVA）

媒體多樣化不僅止於這個案例，多樣化也帶來更進一步推進媒體組合的結果。其中還出現如《天地無用》系列（一九九二年）（圖58）一般，改編成小說、遊戲、廣播劇等，幾乎稱霸所有領域的作品。尤其於一九九四年發行的「SEGA土星」與「PlayStation」，更是爲動畫作品的媒體戰略開創了新紀元。自此之後，遊戲作品也開始大幅起用動畫角色。遊戲機的機能提升當然也是原因之一，但更加決定性的因素是聲音處理能力因CD-ROM的使用而顯著提高。如此一來遊戲

軟體就更容易收錄聲優的聲音，受到聲優熱潮的影響，表現體裁一口氣擴大。《新世紀福音戰士》、《機動戰艦》、《秀逗魔導士》、《爆走獵人》（爆れつハンター）等人氣作品，早已迅速地改編成遊戲。此外像《櫻花大戰》（サクラ大戦）（一九九六）（圖59）與OVA《大運動會》（バトルアスリーテス大運動会）（一九九六）等作品這般，反過來將人氣遊戲作品改編成動畫的案例也不少見。

關於媒體組合還有另一點特別值得提出，那就是開發出了「動畫改編音樂劇」這種體裁。最早是從《美少女戰士》開始，接著也擴及《小紅帽恰恰》、《守護天使莉莉佳》，甚至連爲人氣遊戲《櫻花大戰》配音的聲優，也展開演出音樂劇的活動。

至於海外接受狀況的變化，從《AKIRA》（一九八八）在美國如邪教般的人氣已經可見端倪，到了九〇年代更是誕生了許多堪與主流作品比肩的大熱門作品。譬如一九九四年的電視影集《金剛戰士》（Power Rangers），在美國的人氣就一口氣升高。這部作品改編自在日本以《恐龍戰隊獸連者》（恐竜戦隊ジュウレンジャー）之名發表的影集，並起用美國演員重新製作。戰隊中包含兩名女性士兵，屬於一點紅類型的作品。由青少年、女性、少數族群擔綱主角大顯身手的影集非常少見。而士郎正宗原著、押井守

圖59《櫻花大戰》（遊戲）

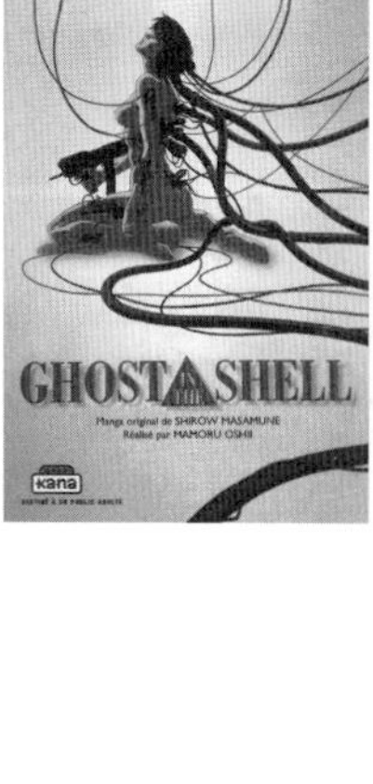

圖60《攻殼機動隊》（電影動畫）

執導的動畫電影《攻殼機動隊》（GHOST IN THE SHELL 攻殼機動隊）（圖60）（一九九五），在一九九六年於美國《billboard》雜誌的銷售錄影帶組獲得第一名，讓其在日本國內成爲標誌性的作品。一九九七年刷新日本影史票房紀錄的宮崎駿動畫《魔法公主》，於一九九九年十月全美上映。儘管因爲部分描寫被認爲過於殘酷，在電影分級中被列爲PG-13（可能含有不適合十三歲以下孩子觀看的內容，家長必須注意），因此未能熱賣，但許多電影評論家都讚不絕口。而與《魔法公主》同時上映並奪得全美票房排名第一的是動畫電影《寶可夢劇場版：超夢的逆襲》（ポケットモンスター　ミュウツーの逆襲），成爲在美國上映的日本電影中最熱門的作品。

前面已經提過，一九九〇年代的戰鬥美少女作品並未誕生新的類型，而是以既有類型的擴大或是混合，也就是以類型之間的交叉（crossover）與混製（remix）爲主。GAINAX製作、庵野秀明腳本的電視動畫《海底兩萬哩》（ふしぎの海のナディア）（一九九〇）（圖61）也是其中之一。少女「娜汀亞」與少年「約翰」一起展開找尋自我的旅程，旅途中也必須對抗覬覦娜汀亞所持有的「水藍寶石」的邪惡組織。這部冒險故事在企畫階段雖然參考了宮崎駿的《天空之城》，最後卻成爲風格迥異的作品。娜汀亞不一定是戰鬥美少女，但若思考少女在動畫中的定位，卻是重要的女性角色。無論是魔法少女類型還是巫女類型，動畫中的「少女」，經常被擺在類似催化

圖61《海底兩萬哩》（電視動畫）

劑的位置，觸發某種生成變化。少女娜汀亞「尋找自己身世之謎」的設定，因爲其存在的空虛性而帶動整個故事，同時也爲在其中孕育悖論性現實的過程帶來貢獻。這樣的結構，在許多其他的戰鬥美少女作品中也能夠普及吧？

提到變身少女類型的代表作，這裡所舉的例子是電視劇《美少女假面》（美少女仮面ポワトリン）（一九九〇）（圖62），這部浦澤義雄（1951-）腳本的特攝喜劇擁有部分狂熱粉絲，而同屬這個系列的還有東映特攝系列的眞人作品《言出必行三姊妹》（有言実行三姉妹シュシュトリアン）（一九九三）。高中二年級的「村上優子」接受神明委託，爲了保護小鎮的和平而利用咒語變身，與敵人戰鬥。這部作品無論在御宅族界還是在業界都擁有最高的人氣，女演員花島優子（1972-）化身的「美少女假面」甚至經常出現在其他電視台的綜藝節目與寫眞集等處。我在介紹《超人七號》的安娜時也曾指出，因爲演出特攝作品而獲得高人氣的女主角，或許已經不再被允許恢復女演員的面貌，飾演美少女假面的花島優子，也隨著節目的結束而被遺忘。許多知名女演員將過去演出的特攝作品從經歷中抹去，不就是無意識中想要避免被與角色畫上等號嗎？

圖62《美少女假面》（真人電視劇）

圖63《空手女神龍》OVA

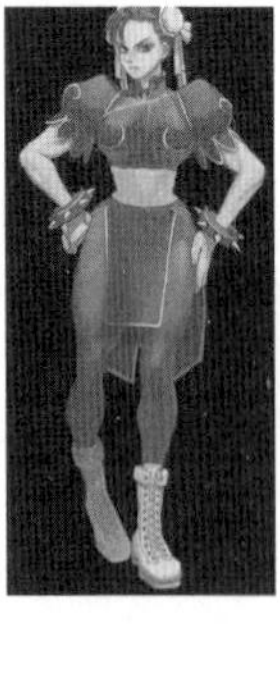
圖64《快打旋風II》（遊戲）

體育競技類型的作品自《以柔克剛》（一九八六）之後，就變成以格鬥技爲中心。譬如漫畫《空手女神龍》（なつきクライシス）（一九九〇）（圖63）畫的是剛柔流空手道，動畫《美少女戰鬥隊》（メタルファイターMIKU）（一九九四）則以近未來的女子摔角爲主題。然而這個類型擴大最多的，還是格鬥技遊戲中的戰鬥美少女這種表現形式吧？熱門作品《快打旋風II》（ストリートファイターII）（一九九一）中就出現了戰鬥的女性角色「春麗」（圖64）。此外遊戲《VR快打》（バーチャファイター）（一九九二）中，也出現戰鬥少女「陳佩」與「莎拉．布萊恩特」。除此之外的格鬥技美少女多到不勝枚舉，而這也可視爲媒體發展所催生的具像化表現。

一九九二年三月，戰鬥美少女史上最重要的作品之一開始播放，那就是《美少女戰士》系列（圖65）。首先必須從這部作品製作與發表的原委開始介紹起。這部作品在東映與講談社的合作之下，同時展開在月刊雜誌《Nakayoshi》（なかよし）的連載與動畫的播放，以變身小物爲首的紀念商品也大量流通。由此可知，《美少女戰士》被視爲混合類型的作品企畫與製作都具有明確的媒體組合戰略意圖。這部作品受到從兒童到御宅族等廣泛客群的支持，接連推出《美少女戰士R》、《美少女戰士S》、《美少女戰士Sailor Stars》等系列作，截至一九九七年三月播放結束爲止，播放期間持續長達五年。這部作品也賣到歐美及亞洲各國，獲得高度人氣，成爲國際級的熱門大作，我想各位對此也記憶猶新。這部作品與後述的《新世紀福音戰士》化爲雙璧，甚至

圖65《美少女戰士》（電視動畫）

超越了動畫作品的框架，變成一種社會現象。

在此先簡單介紹《美少女戰士》的故事。國中二年級的少女「月野兔」，某天偶然幫助了黑貓「露娜」，結果黑貓宣告她是被選中的戰士。月野兔利用露娜交給她的胸針與咒語變身，獲得打倒妖魔的力量。後來發現月野兔的四名同學也是戰士，五名少女齊心協力與妖魔戰鬥。危急的時候，神祕青年「燕尾服蒙面俠（眞面目是月野兔的情人「地場衛」）」就會出現，在戰鬥時助她們一臂之力。

《美少女戰士》系列的前世故事也具有相當複雜的結構。故事到了後面會揭露各個角色在前世，也就是在月球與地球曾分屬於兩個敵對勢力的超古代，分別有著什麼樣的關係。加上這些複雜的設定，本作也成爲一部「作家性」（編按：與作者個人的關連度）極高的作品。舉例來說，美少女戰士就讀的國中與其周邊的地理，就引用了原作者武內直子居住的麻布十番的地名。武內有收集礦物的興趣，而於故事中登場的敵人就使用「佐賽特」（Zoisite，黝簾石）與「昆扎特」（Kunzite，紫鋰輝石）等礦物來命名。這部作品中的「作家性」當然還不只這些。這部作品改編成動畫而紅極一時，同時也匯聚了許多人的才華。譬如消化原作的構圖、改編成適合動畫的風格、在設計角色時添加「萌」要素的只野和子（1959-），發揮特殊的導演風格、拓展故事廣度的幾原邦彥（1964-），以及精湛地演出月野兔這個角色，確定其形象的聲優三石琴乃（1967-）等人。如果沒有他們，這部作品就不可能擁有如此之高的人氣。這部作品作爲社會現象的意義不用多說，在這種多層次的作家性方面，也爲後續作品帶來莫大的影響。譬如後述的

《新世紀福音戰士》，根說導演庵野秀明是《美少女戰士》的粉絲，因此直接或間接地受到影響。兩部作品不僅聲優陣容重複，青色頭髮的孤獨天才少女「水野亞美」（水手水星），也可視爲《新世紀福音戰士》中「綾波零」的原型。此外，《美少女戰士》的直系作品還有電視動畫《愛天使傳說》（一九九五）（圖66）。三名國中女生與惡魔戰鬥的故事，只要排除其中幾點，簡直就是《美少女戰士》的翻版。不過這部作品雖然完成度很高，人氣卻馬馬虎虎。

由五名女性（當時）組成的作家團體CLAMP原著改編的電視動畫《魔法騎士雷阿斯》（魔法騎士レイアース）（一九九四）（圖67），也是一部結構相當複雜的作品。在異世界迷失的三名國中女生「光」、「海」、「風」，爲了拯救被神官「查凱多」幽禁的「翡翠公主」而被賦予了魔法騎士的使命。她們必須出發尋找能夠打倒敵人的巨大機器人「魔神」，並使其復活。這部作品的複雜性與《美少女戰士》同樣來自盤根錯節的故事階層結構，就這層意義而言，也可形容爲類似RPG（角色扮演遊戲）的結構。此外這部作品也可定位爲在九〇年代發展完成的「異世界召喚類型」。

這是一種極爲普通的少女，因爲偶然掉入異世界而不得不戰鬥的故事類型，就奇幻故事而言，倒不如說是相當古典的形式。在戰

圖66《愛天使傳說》（電視動畫）

圖67《魔法騎士雷阿斯》（電視動畫）

鬥美少女的體系當中，繼承了先行作品《幻夢戰記蕾達》（一九八五）的設定，其他主要作品還有電視動畫《夢幻遊戲》（一九九五）、電視動畫《聖天空戰記》（一九九六）（圖68）等。

一九九七年在動畫史上，堪稱是足以與一九八四年匹敵的年份。首先是《魔法公主》（圖69）上映，這部作品可說是宮崎駿的集大成之作。故事的舞台是在中世的日本，蝦夷族的後代「阿席達卡」爲了解開施加在自己身上的邪魔神詛咒，出發往西邊旅行。他在旅途中遇到達達拉城的女首領「黑帽大人」，以及由狼神「莫娜」養大、憎恨人類的魔法公主「小桑」。他們之間包含了文明與自然的對立等無法還原爲善惡二分法的主題，是一部由宮崎駿導演多年來的思想，層層累積而成的作品。不過這部作品無論主題還是故事，基本上都屬於《風之谷》的發展形。小桑與娜烏西卡同樣都是巫女類型的主角，小桑與黑帽大人的對立，就是娜烏西卡與庫夏娜的對立的翻版。此外特別值得一提的是，幫豬神「乙事主」配音的森繁久彌（1913-2009），就是於本章開頭提到的，日本第一部長篇彩色動畫電影《白蛇傳》主角的聲優，因此這次分配到這個角色絕非偶然。宮崎駿終究無法完全否認《白蛇傳》這部作品的創傷性，這裡就展現出了他些微的致敬態度。這部結構與主題極爲複雜的作品，雖然遭到部分影評人的嚴厲批評，依然在日本影史上創下空前的票房紀錄。如同前述，本作於一九九九年十月在全美上映，獲得許多影評人最高級的盛讚。日本國內的低

圖68《聖天空戰記》（電視動畫）

評價與海外的讚譽有加，這樣的對比或許也顯示出，宮崎駿的定位逐漸接近電影導演巨匠黑澤明（1910-1998）。但無論如何，美國的高評價必定會使日本的影評人重新檢討他們那近乎嚴苛的批評。

動畫電影《新世紀福音戰士Air／眞心爲你》（新世紀エヴァンゲリオン Air／まごころを、君に）（圖70）也幾乎在同時期上映。二〇一五年，人類逐漸從西元二〇〇〇年近乎毀滅世界的第二次衝擊中復興，而故事的舞台就是建造於箱根的第三新東京市。十四歲的少年「碇眞嗣」在父親「碇源堂」的命令之下加入特務機關NERV，奉命駕駛泛用人型決戰兵器福音戰士。他的任務是在眞面目不明的敵人「使徒」來襲時保護東京市。然而只有十四歲的少年少女能夠操縱的兵器「福音戰士」，其眞面目也謎團重重，後來甚至發現其中一名駕駛員少女「綾波零」是複製人，而且直到最後都不清楚NERV的目的，所謂的「人類補完計畫」到底想是要透過什麼手段、達成什麼目標。本作雖然佈下了許多謎團，但前半段謹守痛快的機器人動畫形式，因此大受歡迎。不過系列的後半，隨著主角碇眞嗣內心糾葛的浮上檯面，故事也逐漸破綻百出。之所以會有這樣的狀況，主要的解釋都是認爲創作者庵野秀明與主角內心的糾

圖69《魔法公主》（動畫電影）

圖70《新世紀福音戰士Air／真心為你》（動畫電影）

葛「同步」了。

而《新世紀福音戰士》的劇場版，就是爲了補全在破綻中結束的電視系列而製作的作品。第三次衝擊發生，登場人物一個個變成液體，被巨大化的綾波零吸收而逐漸死去，卻只有碇少年一個人拒絕融合，但是以孤獨的風險作爲交換而免於死亡的碇少年，卻被另一位生還的少女「明日香」以「噁心」爲由拒絕。

前文已經花了龐大篇幅說明這部作品，我自己也曾以這部作品跟精神醫學中的「邊緣性人格案例」做對照，這裡就不再重複解釋。至於本作在戰鬥美少女史上的貢獻，首先就是擴大動畫粉絲層，以及喚回過去的粉絲。此外特別值得一提的是人工美少女「綾波零」的造形。她的存在，就是以《奈奈子SOS》爲首的畢馬龍主義更進一步徹底化的產物，她的空虛因爲複製人的身份而達到極致。就這層意義而言，綾波零是一種典型，自此之後各式各樣的「綾波」變形在許多重要作品中反覆出現。舉例來說，電視動畫《機動戰艦》（一九九六）(圖71)中，十二歲的女性角色「星野琉璃」就獲得絕佳的人氣。身爲作戰參謀的琉璃，負責操作戰艦上搭載的超級電腦，也是唯一熱衷於工作的駕駛員。她冷酷又面無表情，雖

圖71《機動戰艦》（電視動畫）

圖72《少女革命》（電視動畫）

然對於其他駕駛員把戰鬥拋在一邊，耽溺於娛樂的輕浮態度感到不耐，後來也逐漸敞開心房。這部作品也在電影院上映（一九九八），琉璃在一九九九年的《Animage》雜誌上，被選爲人氣最高的動畫女性角色。此外，幾原邦彥執導的寶塚類型爭議作品《少女革命》（少女革命ウテナ）（一九九七）（圖72）中登場的少女「姬宮安茜」，被當成賜給決鬥獲勝者的「獎品」；而電視動畫《玲音》（Serial experiment lain）（一九九八）（圖73）當中，不戰鬥的女性角色「岩倉玲音」，也像綾波零一樣，選擇了抹去自我存在的結局。

到了九〇年代後半，愈來愈多角色展現的，與其說是少女的活潑，不如說是虛空。這也是一種徵兆，過去的戰鬥美少女，雖然因爲其立場而承擔虛空，但卻不是那麼明顯的虛空。關於這種虛空的意義，會在最後一章再度探討吧！

至於其他九〇年代後半的主要作品，還有電視動畫《秋葉原電腦組》（一九九八）（圖74）、電視動畫《庫洛魔法使》（カードキャプターさくら）（一九九八）（圖75）。這些都被定位爲混合類型，並不具備足以創造出全新表現形式的衝擊。不過奇特的設定，以及將對整體體裁的批判性轉換成具有說服力的故事，充分活用了戰鬥美少

圖73《玲音》（電視動畫）

圖74《秋葉原電腦組》（電視動畫）

圖75《庫洛魔法使》（電視動畫）

女的特性。

再次強調，戰鬥美少女的作品在九〇年代明顯增加，大量作品問世，就算只有動畫也多到無法全部網羅。即使沒有誕生新的系列，各系列間的組合也編織出多樣化的故事，作品世界的設定也逐漸變得更加複雜。電視動畫、OVA、LD、DVD、劇場版、遊戲、廣播節目等，多種媒體之所以能相互跨境、彼此共存，只有仰賴戰鬥美少女這種跨平台的女性角色才可能辦到。「戰鬥美少女」這個基本設定，今後也暫時不會過時或厭煩吧！「戰鬥美少女」的存在，不會被當成刻板印象消費殆盡，反而會如同無止盡創發故事的核心般持續活躍。經過了將近三十年的歲月，這個功能一點也沒有衰退，這代表著什麼呢？我認爲可以從中看見「被描繪出來的性」的可能性，這點留到最後一章再詳述。

◈・海外主要的戰鬥美少女

前文中提到的海外戰鬥女性角色，與其說是戰鬥美少女，不如說都是「戰鬥女郎」。當然，試著將戰鬥與性穿插的作品，從很早以前就已經存在，甚至不需要舉出《上空英雄》作爲例子，《007》系列中登場的龐德女郎更不用說，許多女性互鬥類型、女囚類型的電影等，也可以歸類爲這樣的嘗試。不過，這些幾乎都是眞人拍攝作品，而且女性角色儘管年輕，都是難以稱之爲「少女」的成熟女性。就這層意義來看，無論她們多麼有魅力，都是繼《神力女超人》（Wonder Woman）（一九四一）之後的亞馬遜女戰士末裔。屬於這個體系的女性角色，除此之外還有《貓女》（Catwoman）、《女超人》（Supergirl）、《女浩克》（She-Hulk）、《死亡之女》（Lady Death）等，但她們已經脫離了本書的脈絡，在此只好割愛不提。

她們身上最顯著的特色，首先就是明顯承襲了女性主義的政治背景。相較於戰鬥美少女，她們的存在意義容易理解得多，她們直接反映了女性社會地位的提升。眞要說起來，她們只不過是一種「政治正確」（Political Correctness）的效果，即使從中可以看見性的魅力，至今仍不具備足以超越虛構框架的能力。

不過最近這種看似刻意展現「戰鬥少女的性」，乃至於「描繪出來的性」的作品，在歐美也在急速地增加。當然符合我所說的脈絡的案例仍不多，然而現在也出現了如《追逐戰》（Battle Chasers）這樣由九歲的戰鬥少女領銜、畫風亦深受日本動畫影響的高人氣作品，我推測這樣的傾向將會更進一步加速。接著就來看看屬於這個系列的代表作品（以下如果沒有特別說明，都是美國的作品）。不過，某些作品從多個面向來看都相當重要，所以也會介紹到部分亞馬遜女戰士類型的女性角色。

在日本也很受歡迎的法國導演盧・貝松（Luc Paul Maurice Besson, 1959-），在《霹靂煞》（一九九〇）與《終極追殺令》（一九九四）這兩部作品當中，嘗試了少女與槍的組合。前者描述在間諜組織接受訓練的前不良少女「妮姬塔」，以超一流間諜的身分大顯身手，同時也懷著無法對戀人坦白的內心糾葛。這部電影不久之後在美國翻拍成《雙面女蠍星》(The Assassin)(一九九三),後來又有電視劇《霹靂煞女郎》(La Femme Nikita)(一九九七),也很受歡迎。至於《終極追殺令》則是孤獨的殺手與他撿來的少女之間淡淡的愛情故事。至親都被殺害的少女,爲了復仇而拿起槍枝。而在盧·貝松的近作《第五元素》(Le Cinquième Élément)(一九九七)中,故事的中心也是來自宇宙、充滿野性的美少女。她是由DNA合成的、心理上空虛的存在,形象與戰鬥美少女極爲接近。如此看下來就能清楚地知道,一直到他最新作品《聖女貞德》(Jeanne d'Arc)(一九九九),盧·貝松這一路上都貫徹戰鬥美少女這項主題。這位導演在不久的將來,說不定也會著手將日本動畫作品翻拍成真人電影。

一九九五年上映,由聯藝電影公司(United Artists Releasing)出品的《坦克女郎》(瑞秋·塔拉蕾〔Rachel Talalay, 1958-〕執導)(圖76),是由英國漫畫家傑米·休萊特(Jamie Hewlett, 1968-)與阿蘭·馬丁(Alan Martin, 1966-)的原著改編而成的電影。原著從一九九八年起在雜誌《最後期限》(Deadline)上連載,廣受大眾的歡迎。電影背景是彷彿末日戰爭結束後的沙漠世界,描寫了一手掌

圖76《坦克女郎》(電影)

圖77《倩影刺客》(電視動畫)

握水資源的組織、情人遭組織殺害的「坦克妹」與「飛機妹」，以及爲她們提供幫助的袋鼠人三者之間的戰鬥。

「伊恩．芙拉斯」（圖77）是韓國出身的創作者彼得．鐘（Peter Chung, 1961-）創作的同名間諜動作動畫，《倩影刺客》（Æon Flux）（二〇〇五）的女主角。她身穿黑色戰鬥服、手拿機關槍，遇到敵人就毫不留情地射殺，是個性感的女性角色。這部動畫原本於一九九一年在MTV台播放，因爲非常受到歡迎而變成系列作品。現在這部作品也被製成錄影帶，甚至發行漫畫與遊戲等。這部動畫採用了日本製有限動畫【原註7】獨特的省略技法，帶來具速度感的動作描寫，在動畫迷之間成爲話題。除了技術層面，在媒體組合式的流通戰略等各方面，都能窺見來自日本的影響。

一九九二年由日本葛井夫婦【編註3】製作的同名電影改編而成的眞人電視劇，《魔法奇兵》（Buffy the Vampire Slayer）（圖78）從一九九七年起在美國的WBN系列播放。電影作品不太賣座，

圖78《魔法奇兵》（電視影集）

【原註7】：使用賽璐璐片繪製的動畫大致可分成迪士尼動畫那種完全動畫（full animation），以及如日本製動畫般的有限動畫（limited animation）。完全動畫指的是，除了角色之外，就連背景人物與風景等，所有會動的物體原則上全部都動起來的手法；至於有限動畫則是活動的物體只限定角色等該動的物體，至於背景與不重要的人物等，則使用靜止畫面。有限動畫雖然是爲了減少人手與成本所開發出來的手法，但日本製動畫反過來利用這個限制，開發出各式各樣獨特的表現技法。

【編註3】：指美國製作人、導演Fran Rubel Kuzui（1988-），與製作人葛井勝介，兩人爲夫婦。

但這個電視劇系列的人氣卻非常高，直到二〇〇〇年仍在播放。極爲普通的女高中生「巴菲」，某天遇到一名突然出現的陌生男子，男子宣布她被選爲吸血鬼剋星。她經歷了成爲剋星的訓練，爲了拯救地球而前往打擊吸血鬼。隨處可見的女高中生，突然被捲入異世界的紛爭而不得不戰鬥的故事骨幹，就類型來說屬於異世界召喚類型與獵人類型的混合體。女主角設定爲「Valley Girl」（家境富裕，喜歡玩樂，對流行知之甚詳的十幾歲少女），在描寫上與其強調她的強大，倒不如說更強調她的柔弱。

《齊娜武士公主》（Xena: Warrior Princess）（圖79）是自一九九五年起在MAC系列播放的熱門眞人電視劇。曾帶領流氓大鬧希臘各地的女戰士「齊娜」，在悔改之後與隨從「加布里埃爾」一起打擊邊境的怪物。這是一部在各種意義上都顯得特殊的作品，譬如將女主角設定爲女同性戀等。

聖戰娛樂（Crusade Comic）在一九九五年出版的威廉·達西（William Tucci, 1966-）原著漫畫《死》（Shi）（圖80）系列，是一部以日本戰國時代爲舞台的作品，描寫遭到延曆寺僧兵組織放逐的女主角「石川安娜」，爲了替遭到殺害的父兄報仇，而與敵對的武家組

圖79《齊娜武士公主》（真人電視劇）

織戰鬥。不只故事的背景設定在日本，畫風也能看出其受到日本動畫作品的強烈影響。《歌舞伎》（Kabuki）（圖81）則是在一九九七年由映像漫畫（Image Comics）出版、大衛・馬克（David Mack, 1972-）創作的漫畫作品。「Noh」（能？）是爲了維持日本權力結構而暗中活動的祕密組織，這部作品就是在描寫於組織中代號爲「歌舞伎」的女主角「宇喜子」（Ukiko）的戰鬥。作者在訪談中表示，他希望在這部作品中，以不同的文化描寫與自己不同性別的主角，並藉此探討普遍性的主題。不過，無論哪部作品都能一眼看出，爲了投影多態性倒錯的主題，而使用了日本式的脈絡。作品當中，作爲東方主義的「日本文化」，只被當成強調奇幻性的指標使用。

一九九七年，由頂牛製作（Top Cow Productions）出版、馬克・希爾維斯特（Marc Silvestri, 1958-）創作的作品《魔女之刃》（Witchblade）（圖82），描寫紐約市警殺人課刑警「莎拉・佩茲奇尼」在偵辦案件時，被古代流傳下來的神祕手套「魔女之刃」選爲擁有者，並使用其強大的力量與犯罪者戰鬥。懷著糾葛而戰鬥的性感女戰士獲得了高度人氣，莎拉現在已經是漫畫女主角人氣票選前十名的常客。

圖80《死》（漫畫）

圖81《歌舞伎》（漫畫）

圖82《魔女之刃》（漫畫）

英國藝奪公司（Eidos）於一九九七年發行了以古代遺跡爲舞台的3D冒險遊戲《古墓奇兵》（Tomb Raider），遊戲女主角「蘿拉·卡芙特」（圖83）成爲話題。美國的遊戲女主角人氣票選，過去總是由日本陣容獨占鰲頭，而蘿拉則是第一位在排行榜中拔得頭籌的美國創作女主角。不僅如此，她還登上時尚雜誌封面，並企畫翻拍成電影，粉絲甚至提供成人版的免費資源等，人氣高到近乎異常的地步【原註8】。雖然本作在性方面的表現較爲低調，但蘿拉想必會因爲成爲第一位歐美粉絲如此著迷的虛擬女主角而被記上一筆。

就我所知，一九九八年由驚險漫畫（Cliffhanger imprint）所發行的《追逐戰》（圖84），是歐美圈首度出現的正統戰鬥美少女作品。繪製這部作品的喬·馬雷拉（Joe Madureira, 1974-），也是「X戰警」（X-Men）系列的創作者之一。年僅九歲的戰鬥美少女在這部作品中登場。描述在「龍與地下城」（Dungeons & Dragons）風格的奇幻世界中，偶然相識的五名主角團結起來對抗邪惡的故事。團體的關鍵人物是使用父親留下的魔法手套（與《魔女之刃》共通的道具）的九歲少女「珈莉」。她與另一名女戰士「莫妮卡」（圖85）、劍士、魔法師，以及妖術機器人組成五人團隊，與敵人作戰。

圖83《古墓奇兵》（遊戲）

圖84、圖85《追逐戰》（漫畫）

就如同大家的第一印象，可以看出其畫風深受日本動畫作品的影響，與一般美漫相比，瞳孔畫得較大，表情也較爲明顯。尤其頭髮的表現，與傳統美漫有著顯著的差異，如實地承襲了日本動畫的風格。因爲她們的頭髮不是畫成塊狀，而是硬質且柔韌的纖維束，這明顯就是屬於漫畫家藤島康介（1964-）所開發出來的技法。此外，在顴骨上畫斜線的表現——應該是代表臉頰潮紅的意思——也大概是不會出現在傳統美漫中的漫畫線條。當然，這部作品也充分考慮女主角的性表現，美少女與機械的組合也加上了美漫獨特的詮釋，成爲一部非常迷人的作品，在粉絲之間的人氣也很高，甚至有粉絲所架設的好幾個非官方網站。或許一方面也是因爲RPG式的故事發展吧？粉絲使用角色發表各式各樣的故事（稱爲FanFic），這點似乎與日本的SS（參考六十二頁）文化相通。

圖86《危險女孩》（漫畫）

驚險漫畫也出版了其他的戰鬥美少女作品，似乎是在該體裁擁有一定品牌性的出版社。安迪・哈奈爾（Andy Hartnell, 1900-）與史考特・坎貝爾（Scott Campbell, 1973-）於一九九八年創作的作品，《危險女孩》（Danger Girl）（圖86）是一部由三名神祕的祕密探員對抗邪惡的故事，雖然較不明顯，但依然可以看到受日本漫畫影響的畫風。

透過以上的介紹也能清楚知道，海外接近「戰鬥美少女」的作品，在進入九〇年代後半急

【原註8】：阿部廣樹〈外國人爲外國人創作的『萌』角。那就是她〉《別冊寶島421空想美少女大百科》寶島社，一九九九年。

速增加。需要再次強調，在主流作品中出現像《追逐戰》這樣的作品，就象徵此一動向的意義來看，也是屬於劃時代的事件。推測這類作品今後也會更進一步地增加吧！

來自日本的直接影響當然不能忽視，這樣的傾向也半是必然。換句話說，這當中或許存在著某種作用，使媒體環境發展與性的表現愈發普及。若眞如此，戰鬥美少女的存在想必具有普遍性，而非只侷限於作爲日本特殊符號的價值。在下一章，我將嘗試以這樣的觀點來討論她們。

◈・戰鬥美少女的系列一覽表

年代／類型	一九六〇年代	一九七〇年代
一點紅類型	漫畫《無敵金剛 009》1964 電視動畫《彩虹戰隊羅賓》1966 電視劇《超人七號》1967	電視動畫《科學小飛俠》1972 電視動畫《宇宙戰艦大和號》1974 電視動畫《救難小英雄》1975 眞人電視劇《祕密戰隊五連者》1975 電視動畫《機動戰士鋼彈》1979 電視動畫《未來少年柯南》1978 電影動畫《銀河鐵道 999》1979

類型＼年代	一九六〇年代	一九七〇年代
魔法少女類型	電視動畫《魔法使莎莉》1966 電視動畫《甜蜜小天使》1969	
變身少女類型	電視動畫《小超人帕門》1967	電視動畫《神奇糖》1971 電視劇《喜歡！喜歡！！魔女老師》1971 電視動畫《甜心戰士》1973 漫畫《穴光假面》1974
團隊類型	漫畫《009-1》1967	
體育競技類型	漫畫《青春火花》1968 漫畫《排球甜心》1968	電視動畫《網球甜心》1973 電視動畫《野球狂之詩》1977
寶塚類型（包含服裝倒錯類型）	電視動畫《寶馬王子》1983	電視動畫《月光女俠》1975 電視動畫《凡爾賽玫瑰》1979
服裝倒錯類型	漫畫《破廉恥學員》1968	女子摔角遊戲 1977

類型／年代	一九六〇年代	一九七〇年代
獵人類型	漫畫《上空英雄》1967 漫畫《魯邦三世》1967	漫畫《魔女黑井美沙》1975 電影《異形》1979
同居類型		漫畫《福星小子》1978
畢馬龍類型		
巫女類型	電影動畫《太陽王子霍爾斯的大冒險》1968	
異世界類型		
混合類型		

類型＼年代	一九八〇年代	一九九〇年代
一點紅類型	電視動畫《傳說巨神伊甸王》1980 電視動畫《超時空要塞》1982 漫畫《AKIRA》1982 電影動畫《幻魔大戰》1983 眞人電視劇《宇宙刑事Shaider》1984 OV《地球防衛少女》1987 電影動畫《機動警察》1989	描寫戰隊、巨大機器人等的作品極多。
魔法少女類型	電視動畫《甜甜仙子明琪桃子》1982 電視動畫《魔法小天使》1983 電視動畫《超能力魔美》1987 電影動畫《魔女宅急便》1989	電視動畫《小紅帽恰恰》1994 電視動畫《守護天使莉莉佳》1995 電視動畫《魔法少女　可愛莎美》1996 OVA《魔法使俱樂部》1996 電視動畫《庫洛魔法使》1998
變身少女類型		電視劇《美少女假面》1990 電視劇《言出必行三姊妹》1993

類型／年代	一九八〇年代	一九九〇年代
團隊類型	漫畫《貓眼》1981 電視劇《宇宙再生人》1984 電視劇《棘手拍檔》1985 OVA《無限地帶 23》1985 OVA《A子計劃》1996 漫畫《逮捕令》1986 OVA《Gall Force》1986 OVA《泡泡糖危機》1987 漫畫《魔法陣都市》1988	漫畫《貓眼女槍手》1991
體育競技類型	漫畫《以柔克剛》1986	漫畫《空手女神龍》1990 遊戲《快打旋風II》1991 遊戲《VR快打2》1995 OVA《大運動會》1996 電視劇《魔球美少女》1998
寶塚類型（包含服裝倒錯類型）		電視動畫《少女革命》1997

類型／年代	一九八〇年代	一九九〇年代
服裝倒錯類型	電影《水手服與機關槍》1981 漫畫《平行女孩》1982 漫畫《變男變女變變變》1983 電視劇《飛女刑警》1985 漫畫《花之飛鳥組》1985 電影《Go for Break》1985 漫畫《亂馬1／2》1987 電視動畫《亂馬1／2》1989	電視動畫《伊沙米大冒險》1995 OVA《鐵腕女警》1996
獵人類型	OVA《夢獵人麗夢》1985 漫畫《蘋果核戰》1985 漫畫《BASTARD!!暗黑的破壞神》1987 OVA《吸血姬美夕》1988	漫畫《BASARA》1990 OV《傑拉姆》1991 OVA《魔物獵人妖子》1991 電視動畫《GS美神》1993 電視動畫《秀逗魔導士》1995 電影動畫《攻殼機動隊》1995 遊戲《古墓奇兵》1997

類型＼年代	一九八〇年代	一九九〇年代
		OVA《海底嬌娃藍華》1997 電視動畫《貓狐警探》1997
同居類型	漫畫《三隻眼》1987	漫畫《電影少女》1990 OVA《天地無用！·魎皇鬼》1992 電視動畫《機械女神J》1996 電視動畫《守護月天》1998
畢馬龍類型	漫畫《怪博士與機器娃娃》1980 電視動畫《奈奈子SOS》1983	漫畫《銃夢》1991 OVA《萬能文化貓娘》1992 漫畫《鐵甲無敵瑪利亞》1993 漫畫《少女殺手阿墨》1994 電視動畫《serial experiments lain》1998
巫女類型	漫畫《童夢》1980 電影動畫《風之谷》1984	對戰格鬥遊戲《侍魂》1993 漫畫《聖女貞德》1995 電影動畫《魔法公主》1997 電影《聖女貞德》1999

類型／年代	一九八〇年代	一九九〇年代
異世界類型	OVA《幻夢戰記蕾達》1985	電視動畫《魔法騎士雷阿斯》1994 電視動畫《夢幻遊戲》1995 電視動畫《聖天空戰記》1996
混合類型	OVA《勇往直前》1988	電視動畫《美少女戰士》1992 電視動畫《愛天使傳說》1995 電視動畫《新世紀福音戰士》1995 遊戲《櫻花大戰》1996 電視動畫《機動戰艦》1996

◈【參考文獻】

『アニメLD大全集』メタモル出版、一九九七年。
『映画秘宝8号セクシー・ダイナマイト猛爆撃』洋泉社、一九九七年。
岡田斗司夫『オタク学入門』太田出版、一九九六年。
岡田斗司夫編『国際おたく大学』光文社、一九九八年。
『好奇心ブック23号八〇年代アニメ大全』双葉社、一九九八年。
斎藤環『文脈病――ラカン／ベイトソン／マトゥラーナ』青土社、一九九八年。
『スーパーヒロイン画報』竹書房、一九九八年。
『超人画報』竹書房、一九九五年。
『動画王二巻、スーパー魔女っ子大戦』キネマ旬報社、一九九七年。
『日本漫画が世界ですごい』たちばな出版、一九九八年。
『別冊宝島293このアニメがすごい』宝島社、一九九八年。
『別冊宝島316日本一のマンガを探せ』宝島社、一九九七年。
『別冊宝島330アニメの見方が変わる本』宝島社、一九九七年。
『別冊宝島347一九八〇年大百科』宝島社、一九九七年。
『別冊宝島349空想美少女読本』宝島社、一九九七年。
『別冊宝島421 空想美少女大百科』宝島社、一九九九年。
『ポップ・カルチャー・クリティーク2少女たちの戦歴』青弓社、一九九八年。
「ロリータの時代」『宝島30』、第二巻九号、宝島社、一九九四年。

VI

陽具女孩的生成

◈・生成空間的特異性

戰鬥美少女到底是如何「生成」的呢？本章終於要將焦點鎖定在其過程。「她們」到底從何而來？這個問題大概等同於探討那孕育出她們的「場域」環境之特性，而所謂的環境，就是指漫畫、動畫之類的「媒體空間」。

同時也不能忘記，就如同前面已經多次指出的，孕育出她們最大的群體就是「御宅族」。特殊的媒體空間，果然還是得靠著御宅族這個特殊群體的需求才能成立。正因爲有這樣的需求，戰鬥美少女才得以成爲無可動搖的存在。首先，我們就從探討這個「場域」的特別性開始。

在此必須先澄清幾項基本假設：第一，「想像空間基本上與『倒錯』有著高度的親和性」，從精神分析的立場來看，這點非常地顯而易見，雖然有好幾個流派皆指出了這點【原註1】，但我在此極爲單純地採用「只要想像界繼續受到自戀的原則支配，就會自然而然地發展出多態性倒錯」這個解釋。

此外也必須先確認一件事，大衆化的虛構表現，也就是電影、電視，或者漫畫／動畫，都是靠著相對單純的慾望原則支撐。慾望原則，換句話說就是性&暴力——亦是浪漫&冒險——的原則。接下來的兩個引用應該足以作爲佐證。舉例來說，尚盧・高達（Jean-Luc Godard, 1930-2022）曾有點諷刺地斷言「只要有女人與槍就能拍電影」。此外，我非常欣賞的一位影評人寶琳・凱爾（Pauline Kael, 1919-2001），也認爲「Kiss Kiss Bang Bang」一句即「包含了電影的一切」，並且爲自己的著作冠上這個標題。

特別澄清這些基本假設是有原因的，是爲了要阻止「戰鬥美少女這種表徵就像是『性&暴力』的縮影，恰好對上了日本這種具有『壓抑傾向』民族的胃口」這類過於簡化的解釋。這類解釋看似妥當，卻很粗糙。雖然所解釋的是大衆文化，但不必連解釋方法都非大衆化不可。再次強調，此處所講的，僅是「解釋」之前的前提事項。

那麼，「漫畫／動畫空間的特殊性」到底是什麼意思呢？我在這裡打算用幾個關鍵字來描述，這幾個關鍵字就是「無時間性」、「高度脈絡性」與「多重人格空間」。

◈・漫畫／動畫的「無時間性」

這類視覺媒體會根據各自特有的「時間性」來運作。如果這樣的「時間性」多數屬於大衆

【原註1】：就如松浦壽輝所指出的，對於「影像」（image）來說，「眞實的」（real）、「偶發的」、「倒錯的」爲必要條件。（〈電子的寫實主義〉《Inter Communication》10三卷四號，一九九四）他認爲只要「影像」繼續延遲、攪亂慾望的消費，就會帶來必然的倒錯。不過，我對於他接下來提出的主張，也就是電子的寫實主義是透過「直接性」而與這種倒錯背道而馳的概念——而且以《侏儸紀公園》爲例——抱持著極大的懷疑。CG的描寫已經逐漸讓人感到厭煩，其表現力甚至遠不及漫畫所具備的「直接性」。

化表現，就幾乎與「動態性」一致【原註2】。

各式各樣的視覺表現都被刻印上其媒體特有的運動性。漫畫、動畫、電影都各自擁有表現「動態」的特有語法。舉例來說，就算把人物照片排列得像漫畫分鏡，也絕對無法獲得等同於漫畫的效果，反而只能帶來缺乏眞實性與俗媚的感覺吧！這是因爲照片媒體特有的動態性，與漫畫的表現形式互相齟齬的緣故。

這些動態表現的技法，包含了像電影蒙太奇的宏觀表現技法，到像漫畫的速度線這種微觀的表現技法，只要充分運用這些方式，就能帶來「動態的眞實感」。動畫的眞實性並非源自於寫實的背景或模仿電影的手法，而是依靠這些動畫特有的動態性表現。這時，就算是只用一根線條描繪出來的人物，也能獲得等同於或是超越眞人拍攝的眞實感【原註3】。接下來，讓我們在探討漫畫與動畫「時間性」的同時，也把注意力擺在這種動態表現的技法上。

探討漫畫的時間性時，舉例來說，拿石森章太郎與永井豪進行比較就具有一定的意義。因爲兩者對時間的描寫看起來具有極大的對比。一言以蔽之，就是「電影的時間」與「劇畫的時間」兩者的對比。

電影評論家加藤幹郎（1957-2020）也曾指出【原註4】，石森對漫畫時間的描寫更爲細緻，塑造一種漫畫特有的語法，之後更慢慢去蕪存菁，被大友克洋等人的作品繼承。這裡確實能看見來自電影的影響（石森實際上也是西洋電影的重度影迷），他恐怕比手塚治蟲更加刻意地採取電影般的表現。相較之下，永井就較偏重漫畫特有的立場，甚至可說是站在反電影的立場描繪。

這點也與戰鬥美少女的生成過程密切相關，因此下文將詳細探討。

時間在石森的作品當中，大致以一定的速度——雖然是特別的說法——流動。其作品中常見對話「節奏」的描寫——譬如對話框內部的台詞，與對話框外以手寫文字加上的台詞，兩者間對比的時間性（圖1）——就維持了他作品中流逝的時間的「客觀性」，或者該說是「節奏主觀性」吧？這是更接近連續流動的時間（Chronus），也就是被測量的時間，是屬於一種順暢、線性且平滑流逝的時間性。

至於在永井的作品當中，時間根本不流動。時間隨著讀者的主觀伸縮。他將大面積的畫格或是大量的頁數，分配給濃密且有魄力的瞬間（圖2）。這種石森不太採用的時間描寫，幾乎就是

【原註2】：雖然這會讓人立刻聯想到德勒茲《劇場》(Gilles Deleuze，*Cinema*. The Athlone Press, 1986-1989) 中，image movement與image temps的區別，但我在這裡處理的問題，幾乎只侷限在image movement的領域。

【原註3】：腦科學家養老孟司（1937-）認爲，大腦的功能分成「視覺系」與「聽覺—運動系」兩種（養老孟司《唯腦論》青土社，一九八九年）。這可以理解成辨識現實的兩種系統。如果視覺系的現實屬於無時間性的認知方式，那麼聽覺—運動系的現實，就是透過在其認知中加入時間性要素而成立。用具體的例子說明，請想像只有點隨機散佈的畫面，只要點是靜止的，我們就無法透過畫面判斷任何事情，但如果一群點開始移動呢？即使只有短短幾秒，我們也能理解到這些點（舉例來說）在模仿人類的動作。就影像資訊而言，我們可以從這個只需要極小容量的動畫當中，接收到遠超過精密的靜止圖像的眞實性。換句話說，當「運動」被表現出來的時候，我們就除了接受別無他法。

【原註4】：加藤幹郎《愛與偶然的修辭學》勁草書房，一九九〇年。

圖1石森章太郎《無敵金剛009》

圖2永井豪《惡魔人》

日本漫畫技法的特徵。舉例來說，石森的作品（譬如《假面騎士》（仮面ライダー）或是其他戰隊作品）經常被翻拍成眞人影集而非動畫，而永井的作品被改編成動畫的就壓倒性地多，兩者之間的差異成爲耐人尋味的對比。這樣的差異當然也與業界內部的諸多情況有關，但理由不太可能只因如此。沒錯，永井的作品明顯較適合改編成動畫。說得更直接一點，動畫從漫畫繼承的特色之一，就是由永井的作品所代表的「無時間性」。

我以前在討論宮崎駿的作品時，曾就批判性的角度論述這樣的無時間性【原註5】。以下將根據當時的敍述，針對漫畫與動畫的無時間性進行探討。

如同宮崎駿自己所指出的，「動畫」追根究柢就是漫畫的繼承者。舉例來說，「動畫」經常直接轉用漫畫的手法，「漫符」（©竹熊健太郎〔1960-〕）的使用（圖3）就是典型的例子，而動畫的無時間性也來自於漫畫。宮崎駿將這種動畫的無時間性比擬爲說書的時間。在說書的時候，時間與空間會爲了表現主角的情緒與魄力而明顯地扭曲與誇大。譬如在「寬永三馬術」的段子中，就無止盡地描述曲垣平九郎騎馬奔上石階的段落。將這樣的重點瞬間無限延伸，就是所謂說書的無時間性。宮崎駿嚴格避免這種類型的描寫。

這樣的技法主要用於像是梶原一騎（1936-1987）的劇畫作品當中。最知名的極端例子就是中島德博（1950-2014）的漫畫《超能野球紅不讓》（アストロ球団）（圖4）。在這部作品的高潮，即超人球團對上勝利球團時，一場比賽就花了約三年描寫，單行本的篇幅多達兩千多頁，而且這還不是小衆的前衛作品。作者在《少年JUMP》這份極爲主流的媒體上進行這種破天荒的嘗試，讀者也只能苦笑著接受。

漫畫／動畫的媒體空間，明顯地傾向於無時間性。許多運動類漫畫不可避免地必須用這樣的描寫方式。譬如球從被投手投出到被捕手收進手套的時間、長距離跑者在抵達終點前的衝刺時間、拳擊手對打一回合的時間等，作者嘗試的就是如何將這些極短的時間延長、如何囉嗦地播報「實況」。場面的魄力與描寫所花的時間及描述的密度成正比，能夠無止盡地提升。長期以

【原註5】：齋藤環〈『運度』的倫理〉，收錄於《文脈病》，青土社，一九九八年。

圖3漫符在動畫中的使用範例（《小魔女DoReMi》）

圖4中島德博《超能野球紅不讓》

來，將這樣的技法使用於漫畫與動畫都是效果最好的表現方式，不用說電影，除了小說之外，也沒有其他表現方式能夠如此自然地引進無時間性。這或許可視爲後面提到的「日本式空間」的特殊性之一吧？

當然，想像的（imaginal）事物，也就是想像或幻想的領域，原本就不具備時間性。舉例來說，死者在幻想中絕對不會變老。不過，這與佛洛伊德假設的「潛意識的無時間性」明顯不同，因爲潛意識在本質上就是無時間的，但想像界正確來說頂多只是傾向於無時間性。是的，想像經常傾向於「經驗的無限性」，因此貪圖重點的瞬間。

精神科醫師中井久夫（1934-2022）在關於思覺失調症的論文當中，提到科羅諾斯（Chronus）與卡伊洛斯（Kairos）的區別【原註6】。科羅諾斯（Chronus）是希臘神話中登場的「時間之神」，也是宙斯的父親，而這裡的時間指的就是能夠以時鐘測量的物理上的時間。至於卡伊洛斯（Kairos）這個希臘單詞則通常被譯為「時機」，指的是人為的時間。譬如無聊的課堂給人永無止盡的感覺，與戀人共度的時光則稍縱即逝，這是因為我們根據時機的「相」在經歷時間。中井久夫認為，精神分裂症（譯按：思覺失調症的舊譯名）在某段時期會經歷「卡伊洛斯時機瓦解，科羅諾斯得以被保留下來」的相。那麼，有沒有可能發生相反的狀況呢？也就是「科羅諾斯時間往後退，卻無止盡地沉浸在卡伊洛斯時機當中」的狀況。譬如邊緣型案例或歇斯底里症就明顯變得以卡伊洛斯時機為優先，這時他們所體驗的時間，經常帶有「此時此地」的自戀性。

動畫與漫畫有好幾種形式去追求無時間性，其中一種就是壓抑科羅諾斯時間的做法。譬如就像永遠不會變老的《海螺小姐》（サザエさん）或《哆啦A夢》（ドラえもん）等那樣，無時間性的故事在某個設定當中不斷地循環，又或者像是先在《少年Jump》等出現，後來被動畫採用的「淘汰制形式」技法也屬於無限音階般的無時間性，這是一種敵人無止盡變強的類型，

【原註6】：中井久夫〈精神分裂病的緩解過程中非言語的接近法與適應決定〉《中井久夫著作集第一卷分裂病》岩崎學術出版社，一九八四年。

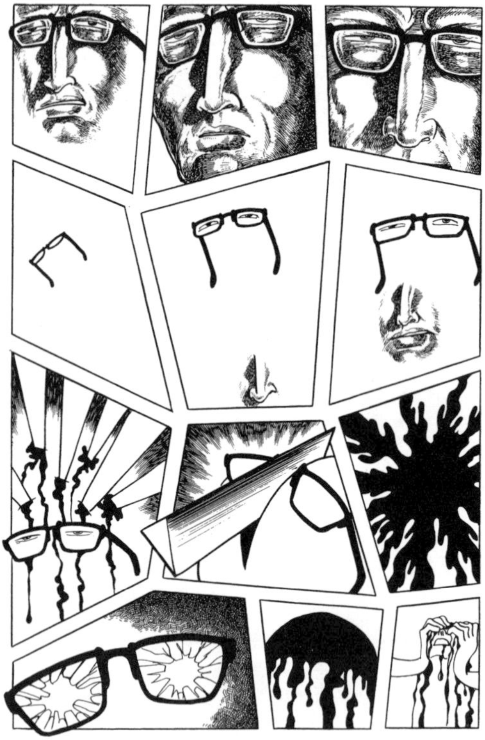

圖5手塚治蟲《桐人傳奇》（きりひと讃歌）

這個手法僞裝時間的流逝，並引進循環的無時間性。除此之外，動畫也有「聲優」的問題。舉例來說，聲優是不老不死的存在，因爲他們總是年齡不詳，擅長飾演少年角色的聲優，應該無論過了多少年都能持續飾演少年的角色吧？又或者在飾演魯邦的聲優山田康雄（1932-1995）去世之後，由栗田貫一（1958-）複製了他的聲音、繼承其衣缽。這正是因爲聲優必須是不死之身。

就前述的意義而言，漫畫與動畫所描繪的時間，更偏向於卡伊洛斯時機吧？這項技法的開發，還是得「歸功」於手塚治蟲。若要分爲手塚之前與手塚之後，爲漫畫帶來最關鍵性的質變的，不正是卡伊洛斯時機的引進嗎？舉例來說，在沒有台詞說明的情況下，只靠畫格表現主角的內心糾葛時（圖5），卡伊洛斯時機就開始在其中流動。

卡伊洛斯時機這一項技術，在日本大衆文化中成爲特異的基本文法，從過去的說書傳承到漫畫，再從漫畫傳承到動畫，若將這項技法拿掉，就難以理解日本漫畫或動畫的突出及繁盛。舉例來說，如果與日本漫畫相比，就連最先進的美國漫畫都有著決定性的「緩慢」，而這種「緩慢」正是美漫的極限，這也是美漫無論如何都無法超越電影的因素之一。那麼美漫爲什麼會「緩慢」呢？

因爲畫風過於緻密嗎？我們確實無法否定像《重金屬》（Heavy Metal）之類的、畫風如寫實般細膩的漫畫作品，會令人難以快速翻閱，但日本也有不少像荒木飛呂彥或原哲夫（1961-）那樣以厚重的描繪爲主的作者。儘管如此，他們的漫畫依然遠比美漫「快速」，這是爲什麼呢？

美漫基本上忠於電影的手法。換句話說，美漫全面採用連續性的科羅諾斯時。每個畫格流逝的時間皆相當均質，將情緒的延長與誇張皆控制在最小的限度。人物的主觀總是以獨白的形式記載，不過度要求讀者沉浸其中。相較之下，日本漫畫，尤其在手塚治蟲之後，由於卡伊洛斯時機的導入，高密度並極爲自然地描繪瞬間所發生的事情，這種手法非常常見，而這樣的表現技法在日後也持續發展並繼承，強烈吸引讀者主觀式地沉浸其中，且爲了能夠被迅速解讀，而逐漸變得精熟。這恐怕是在表徵文化史上獨一無二的技法。這與《卡拉馬助夫兄弟們》（*The Brothers Karamazov*）將四天，或者《尤利西斯》（*Ulysses*）將一天描寫成長篇的狀況截然不同。這些文學作品中高密度的時間，來自於索引式的複調敘述結構，而這些「文學」所缺乏的關鍵性要素正是「速度」。「高密度」與「高速度」並存，這般悖論似的表現技法，在漫畫與動畫的媒體空間中反而是與生俱來的性質。

漫畫的無時間性，指的正是「因爲極度高速所以看起來彷彿靜止」的畫面效果，而這種「極爲過度地描繪某個瞬間」的技術所帶來的效果，並不侷限於「無時間性」。我現在指出的點是，這項技法能夠讓我們「速讀」。「囉嗦地描繪某個瞬間」爲什麼與「速讀」有關呢？我在此想要指出漫畫與動畫最顯著的，某種如「符碼」（code）般的特性。

◈・齊唱的同步空間

漫畫的符碼極爲獨特。就如各位所知，漫畫符碼傳達的手段，有圖像、語言以及輔助性的擬音、擬態表現等多種途徑，而且其圖像的表現也不簡單，背景雖然能夠畫得緻密，但人物頂多只能透過符號般省略的手法進行描繪。爲了保持人物圖像在各個畫格的一致性，這也是必要手段。此外，人物的情緒表現也必須「符號化」。這就是所謂的「漫符」。動作等也以各式各樣不同的速度線表現，因此也會「符號化」。我在此所謂的「符號化」，是指這樣的表現彷彿是作爲單純的符碼直接傳達意義，幾乎沒有其他詮釋空間。

請拿起隨便一本漫畫，仔細觀察其中一個畫格，應該很容易就能看出許多不同的符碼系統同時存在於一個畫面當中。首先我們會想閱讀「台詞」，對吧？而容納這些台詞的「對話框」，也透過形狀來表現情緒與狀況；此外還有「人物的表情」、「漫符」、「擬音／擬態」、「速度線／集中線」等，這些「符碼」系統如果全部列出來會是一張龐大清單，這樣的系統撐起了漫畫的表現。不如說，漫畫的表現當中，幾乎不可能存在「無意義」的描寫。無論是描線、畫格分割，甚至連留白與省略都有助於傳達某種意義【原註7】。一旦注意到這點，必定會對於我們長久以來閱讀大量漫畫時，幾乎沒有意識到這些「符碼」感到驚訝。如此複雜的符碼系統，為何會成為人們長期以來對其無自覺卻又能正確共同理解的文法呢？即使僅僅探討這點，也能夠寫出一部耐人尋味的表徵文化史。不過現在我們就先盡快往下進行吧！

前面介紹了漫畫表現中的多重符碼系統，但或許也有人會指出，如果只是採用複數、乃至於多重的符碼，電影與戲劇不也是如此嗎？沒錯，漫畫的特殊之處，不一定在於其「符碼的多重性與複數性」，重點在於，如此多重的符碼卻完全沒有帶來複調的效果，反而發揮如同齊唱（unison）般的作用。

這是怎麼一回事呢？換句話說，即使存在多重符碼，這些符碼的目的依然是表現單一的意義、單一種情緒。多元的符碼系統都僅僅為了傳達一種狀況的意義而同步，而這樣的同步愈正確、節奏愈完整，我們閱讀漫畫的速度就不由自主地變得愈快。速讀雖然也是「齊唱」的效果

【原註7】：《別冊寶島EX：漫畫的讀法》（寶島社，一九九五年）就是注意到這些龐大的符碼表現，試圖將其作為一個體系，徹底整理後的成果之一。

之一，但符碼的傳達也透過速讀而變得更容易同步。

此外還有另一個關鍵，那就是這裡所說的「符碼」，若將其分別來看都是極爲不完整的系統。漫畫表現的任何一組符碼，都無法獨立地傳達意義。無論是只讀台詞，或是只看畫面，接收到的意義都不夠充分，因此各符碼系統必須彼此補充。當這樣的互補性充分發揮時，符碼才能開始同步，創造出齊唱的效果。

於是，漫畫空間成爲被賦予過度意義、冗長性高的表現，並發揮其作用。而近年來急速普及的那項令人不舒服的技術——電視節目頻繁被加上的醜惡「字卡」，就是與之相關的現象。來賓在綜藝節目上的發言，透過字卡被反覆強調，並與應該是合成的「工作人員笑聲」重疊。這也是以齊唱方式賦予其複數的符碼，並藉此壓制觀眾「大笑」之外的反應。也有人指出，這一連串的變化，代表「電視逐漸接近漫畫」，但我反而想以這種高度冗長性的表現來思考我們自身的文化性偏好。

根據研究日本漫畫的美國翻譯家傅萊德里．修特（Frederik L. Schodt, 1950-）【原註8】表示，對於透過文字與圖畫雙重管道表現的偏好，或許源自於江戶時代的黃皮書【譯註1】。當然這個論點是否妥當，還須反覆謹慎驗證，但至少在現階段，似乎只有日本將「由複數符碼齊唱般的同步所形成的冗長表現」當成大眾文化的基本文法，雖然海外也不是沒有這類表現的例子，但普遍性與精熟程度皆遠遠不及日本。

如果分開來就會沒有意義，但若如互補般地同步，又會將意義過度傳達，這樣的「媒體特性」似乎含有某種更大規模的聯想——沒錯，這會讓人聯想到日語的「假名、漢字雙重表記」。就如同動畫導演高畑勳所指出的，動畫與日語被擺在關係密切的位置【原註9】。簡而言之，他想要表達的是「動畫就是日語」。當然，過去也有人提出類似的論點，譬如「漫畫與書法很相似」，這樣的論點源自於漢字的特異性，尤其是來自於對「象形文字」的誤解，在面對這種「視覺上洗鍊的文字」魅力時，就連拉岡都曾不小心脫口而出「日本人無法進行精神分析」之類的說法【原註10】。然而一旦理解象徵性事物與想像性事物的區別，就會知道這樣的理解絕對是錯的。如果漢字是特別的，那絕對不是因爲漢字更接近符號而非文字。因爲無論對象是漢字還是字母，都可能發生對文字抱持著視覺性的依戀，並將其當成某種崇拜物的現象。因此不應該輕易地將動畫與漫畫的想像性機能，與日本語記述體系的象徵性機能混爲一談。

既然假名、漢字雙重表記的特異性屬於視覺上的特性，那麼其「讀音」不就高度仰賴脈絡嗎？這樣的特性不正是象徵性的作用調整後出現在想像界的形式嗎？現階段能夠說的是，在這樣的表記體系當中，無論是「漢字」還是「讀音」，都不可能存在獨立的意義。因此理所當然地，

【原註8】：傅萊德里．修特《日本漫畫論》樋口彩子譯，Maar社，一九九八年。
【譯註1】：黃皮書（kibyoshi）指的是江戶時代流行，用圖文插畫表現的諷刺性書籍。
【原註9】：高畑勳《十二世紀的動畫》德間書店，一九九九年。
【原註10】：拉岡〈貼近日本讀者〉《ECRIT I》宮本忠雄等人譯，弘文堂，一九七二年。

只有在加上片假名或羅馬字等，使其達到齊唱般的同步時，才得以獲得充分的意義。動畫與漫畫的符碼系統與之類似恐怕並非偶然。

從我們能夠輕易地沉浸在動畫與漫畫當中，並以極快的速度消費這點來看，可以做出如下的推論——我們不正是如閱讀文字般地「閱讀」動畫與漫畫嗎？倘若眞是如此，我們想必能得到一個關於日本語表記的假說。我們已經不能說日語表記具備將象徵界與想像界的區分模糊化的特性。這樣的表記應是爲以象徵性的運作形式處理想像性的客體提供了洗鍊的技術。

我們能夠根據這樣的假說說明幾個奇妙的現象。首先，就是在評論日本的漫畫家或動畫師時，作畫技巧並非最優先的事項。事實上，我們對於他們的作畫技巧，寬容到近乎匪夷所思。作畫能力頂多只是「如果有最好」的附加價值，以西歐的水準來看，畫技拙劣到不值得一提的「大師」也多如牛毛。舉例來說，就連大友克洋在歐美獲得好評的原因也不一定在於畫技。他的作品在國際上獲得好評，倒不如說是源自於其卓越的故事性。這種「輕視作畫能力」的傾向，從傳統的漫畫評論或動畫評論，幾乎都只分析故事與角色這點也可見一斑。

關於以象徵性的方式處理想像性的事物，我們或許處在於一個正在發展的特殊文化圈中。這個假說涉及的範圍可能不限於漫畫或動畫評論，但這已經大幅脫離本書的主題，驗證的機會就留待後日，讓我們先將以上的假說留在腦海裡，再度回歸主題。

◈・多重人格空間

我認爲漫畫與動畫的多重符碼系統，以及其齊唱般的同步性觀點能夠進一步擴張其普遍性。舉例來說，漫畫的「角色」不也可以作爲一種符碼來看待嗎？就我的個人觀點，漫畫作品當中具有某種多重人格結構，而且愈是優秀的作品就蘊含了愈多種多重人格化的契機。換句話說，在完成度愈高的漫畫或動畫作品當中，各個角色就愈是部分人格化，並透過互補以成功整合。

臨床上也能淸楚看到多重人格患者的「交替人格」極度不完整。交替人格經常是能夠用一句話就能表現其個性的單純類型（審閱按：例如小女孩人格、保護者人格等等）。就這層意義來看，與其說是「性格」，或許還不如說是「屬性」（spec）更爲恰當。而許多漫畫作品或許也符合這樣的不完整性。

我認爲多重人格空間如果有反義詞，那絕對是巴赫汀（M. M. Bakhtin, 1895-1975）的複調空間。以下試著引用關於複調空間的段落。

各自獨立互不融合的衆多聲音與意識、各自具有列舉價値的聲音所形成的眞正複調，才

是杜斯妥也夫斯基（Fyodor Dostoevsky, 1821-1881）小說本質上的特徵。……擁有各自世界的複數對等意識，在保有各自獨立性的情況下，被交織進某項作爲一個整體的事件當中……不單純只是作者語言的客體，也是具備直接意義作用的自我語言的主體……主角的意識，被當成另一個他者的意識提出……換句話說，作者的意識不單只是客體……杜斯妥也夫斯基的主角形象，與傳統小說中一般作爲客體的主角形象不同……他創造出了本質上的全新小說體裁【原註11】。

漫畫與動畫大約是與這些特性無緣的空間。更好的說法是，漫畫與動畫的空間，將巴赫汀所描述的「杜斯妥也夫斯基之前的小說」的特性，展現得更加極端化。其特性是「籠罩在作者意識下的單一客觀世界中，上演著多位角色與多種命運」，「主角的所說的台詞，具有一般意義下的塑造性格與推動故事情節的語用學功能」，同時也「代爲表達作者自身的意識形態與立場」【原註12】。

雖然經常容易被誤解，其實漫畫這項體裁也和許多次文化一樣，表現的自由度非常低。其樣式性、故事的篇幅、記述的觀點等的規定，都遠較小說嚴格，但相對地，漫畫擁有遠比小說更多樣的「文體」，這也是次文化的普遍特性。如果換成符號學的說法，那就是漫畫在毗鄰軸（水平結構）方面貧乏，在系譜軸（垂直的分支）方面的表現卻極爲豐富。

因此漫畫在某種程度上無法描繪過於複雜的故事。登場人物的性格必須單純得讓人能夠一目了然，而無法描繪複雜的個性也代表無法描寫複雜的故事。因此在漫畫之中，各個人格單位成爲必然的典型。如果多數的漫畫只能描繪典型人物，那是因爲角色必須當成負責單一意義的符碼配置，但不應該感嘆漫畫人物的造型缺乏複雜性與深度，因爲在漫畫表現中，經常連人物都是舞台布景。簡而言之，漫畫靠著整部作品整合性地表現一種人格，譬如所謂的「作者人格」。

若說我的表達看似貶低了漫畫與動畫，這絕對是誤解，但爲了保險起見，在此也要充分嘗試對漫畫與動畫的擁護：如同上述，漫畫的特性在表現「文藝性」時成爲弱點，但如今文藝性的地位已經大幅衰退，標榜「高尚文化」的聲音已逐漸撤退到更加狹窄的封閉領域了，不是嗎？

如果以漫畫爲首的「次文化」的弱點，在於方才提過的「毗鄰軸貧乏」，那麼其強項就必定是「系譜軸的多樣性」了。打個比方，這就像流行音樂透過多樣的音色與編曲，爲其單純的結構帶來變化，藉此無限地反覆與更新。而如今取樣與混音的技法已經不限於音樂表現了吧？《新世紀福音戰士》這部幾乎只由這種技術性的精熟所成立的動畫作品，如何被當成新鮮且強力的表現而大受歡迎，我們至今依然記憶猶新。「次文化」想必將因其表淺的特性而持續吸引我們。雖然無法描繪「複雜的人格」，卻經常能夠產出「魅力的典型」。「戰鬥美少女」當然也是其典型之一。她們能夠棲息的場域只可能是次文化的領域，大致就基於上述的理由。

【原註11】：巴赫汀《杜斯妥也夫斯基的詩學》望月哲男、鈴木淳一譯，筑摩學藝文庫，一九九五年。

【原註12】：同前書。

◈・高度脈絡性

表現當中存在著各式各樣的形式。本書將「媒體」這個詞彙解釋得稍微廣義了一些，並將這樣的表現形式也當成獨立的媒體。那麼漫畫、動畫、電影等多種媒體的存在有什麼意義呢？是聯繫現實的複數種形式嗎？不是的，複數媒體的存在是爲了承擔複數的虛構性。我們在接收表現內容的同時，明顯地也接收了表現形式。換句話說，媒體作爲一種脈絡，就是作爲一種賦予內容意義、透明且連續的整體性在發揮作用。這時媒體本身就獲得了各自特有的脈絡性。舉例來說，電視劇當中放聲大哭的女主角，即使在插入的廣告畫面中露出微笑，我們也完全不覺得錯亂。因爲脈絡在電視劇與廣告之間，能夠很容易地快速切換。

我以前爲了能更限定地去使用這種媒體特有的脈絡性，改以「表徵脈絡」稱之【原註13】。因爲媒體形式能夠直接作爲我們的表徵形式使用。根據我的用法，所謂的脈絡，主要是將雷格里・貝特森【原註14】與愛德華・霍爾【原註15】的用法折衷，再鑄造而成的概念，其詳情已在其他地方討論過了【原註16】。這裡參與表現的脈絡，姑且可根據階層性來理解。以漫畫爲例，首先有賦予人物行爲意義的故事脈絡，接著其上有故事體裁的脈絡，也就是決定故事是嚴肅還是搞笑的表現，而表徵脈絡則位於更上層。反過來說，漫畫作品「內容」可根據「表徵脈絡（漫畫）」↓「表現脈絡（體裁）」↓「故事脈絡」↓「內容理解」的順序來分層理解，但也請注意，這樣的階層分離基本上是無效的。因為理所當然地，內容與脈絡會同時地依據彼此相互核對。因此我必須強調，表徵脈絡的概念只是為了記述上的便宜行事，其在任何意義上都不是能夠分離的實體。

舉例來說，視覺媒體能夠根據表徵脈絡性的程度排序。這裡的脈絡性指的是表現形式本身所規範的表現內容的程度。這麼一來，脈絡性由高而低，就依序是動畫—漫畫—電視—電影—照片。舉例來說，單單只有一句「我看了『照片』」的描述不具備任何意義，但「我看了『動畫』」這樣的描述，就容易喚起較具體的印象。這是因為動畫這種形式的表現內容，比起照片更加限縮。換句話說，動畫的脈絡性最高，照片則最低。我仿效愛德華．霍爾，將其稱之為「動畫的高度脈絡性」。一般來說，愈接近所謂的大眾化表現，就愈容易變成高度脈絡性（古典與流行的對比）。以視覺媒體的情況為例，每張畫面的資訊量愈少，脈絡性就愈高（電視與電影的對比）。換句話說，愈是流行（精細度愈低）的媒體，就愈有高度脈絡性的傾向。

接著就來具體探討動畫與漫畫的高度脈絡性吧！如同前述，兩者的形式與內容都密切結合。即使面對未知的作品，我們也很容易根據這些表現形式推測內容與作者。換句話說，一張

【原註13】：齋藤環〈「運動」的倫理〉，收錄於《文脈病》。
【原註14】：參考第一章原註8。
【原註15】：參考第一章原註9。
【原註16】：齋藤環〈脈絡的自我再生〉，收錄於《文脈病》。

畫面就能瞬間傳達作品的體裁、內容的傾向性，甚至是作者的名字。又或者如果沒有這樣的高度脈絡性，就不可能在瞬間做到「搞笑↕嚴肅」的相互轉換，這是漫畫的文法（換言之就是「默契」）之一，基本上不會出現在電影當中。

我認爲，高度脈絡性是一種透過消弭傳達者與接收者之間的距離感，才得以成立的感覺。一旦沉浸在這種「高度脈絡性空間」，就能瞬間了解各種刺激的意義。在這個空間當中，情緒性的符碼比起意識性的、言語性的符碼更容易傳達。這種高密度的傳達性，極度容易讓人專注與沉浸。

◈・互爲主體性中介或是媒體論

首先我們知道，電影與動畫、漫畫之間的差異點，就在於前面說明的脈絡性。

那麼，在此我們必須將焦點轉向媒體論嗎？對於戰鬥美少女的慾望，難道是一種因現代媒體環境「內爆」而擴張的、使我們內在變質的徵兆嗎？這恐怕可以說是，但也可以斷定爲不是。媒體環境的發達，的確使得社會結構逐漸變質，儘管只是部分。大眾媒體產業的發達，本身已經展現了這樣的變質。理所當然地，除此之外也對經濟與教育等領域帶來極大的影響。然而這樣的變質，到底能夠影響我們的內在到什麼樣的程度呢？

就臨床來思考，我們的內在從來沒有發生過結構性的變質。我們精神官能症般的主體結構，從被佛洛伊德發現的一百年前至今，一直被完好無缺地保留下來。如果要求精神分析學家證明，他們想必會回答「證明這種普世皆然的事不是我們的工作」吧？這也和一百年前一樣，精神分析學家能夠描述眞理，但或許正因爲如此，他們無法證明眞理。主體結構被保留下來，也就精確地表示慾望的結構也被維持下來吧？這裡必須注意一個事實，那就是爲了維持慾望的結構，慾望的客體必須不斷地變化。如果我們的慾望客體看似與一百年前不同，那是因爲我們得持續維持自身的主體結構，而帶來的外觀變化。沒錯，因爲媒體的發達，我們「外觀上」有所改變，也確實造成了慾望客體外表上的變化。

從這個「事實」來看，至少可以推導出兩種精神分析上的推測。如果引用拉岡的區分，這種主體結構的穩定，主要代表「象徵界」與「實在界」之間關係穩定。又或者，麥克魯漢（Herbert Marshall McLuhan, 1911-1980）所謂「內爆」的變化【原註17】，可視作「想像界」形式變化的產物。媒體論的困難性之一就在於這點。既然「聲音」，或者「文字」已經是自古以來就有的媒體，那麼近代的媒體還能添加什麼呢？我們總是不去看想像界的正在發生的主體變化，而期待媒體論能給出答案，但又遲遲得不到「結論」。

不過，現在再度探討媒體環境與想像界的交互作用，未必沒有價值。

【原註17】：麥克魯漢《媒體論：人類擴張的諸相》栗原裕、河本仲聖譯，Misuzu書房，一九八七年。

媒體的發展，顯然在視覺領域最爲明顯。在原理上我們已經能夠看到各種影像，只要我們想，也能在電腦的硬碟中保有大量的影像資訊。沒錯，正如同電腦在功能上的突出，將各種體驗作爲影像資訊保存，而且複製、加工、傳達也變得非常容易——這具有很大的意義，我們的想像界透過媒體而顯著增幅、加速，換句話說也就是藉由「內爆」而擴張。

媒體手段的多樣化，也帶來各式各樣的反作用。說得更直接一點，手段的多樣化可能導致內容與形式的貧乏化【原註18】。正如同在戰鬥美少女史中顯而易見的，在多樣的媒體空間中所描述的故事都有著驚人的相似性。就如同第五章中所提及，儘管戰鬥美少女這個體裁存在於多達數百部的作品之中，故事設定卻只需要十三種類型就能分類完畢。尤其在九〇年代之後就沒有再誕生新的類型，只是反覆地將既有的類型重新排列組合。至少在此必須懷疑，雖然媒體的多樣化帶來作品表面上的多樣化，卻反而可能導致整個體裁變得更加限制。

大量資訊愈是往來交錯，重複的部分也愈多、愈朝著單調化發展。舉例來說，現在電腦通訊成爲日常，許多人幾乎每天閱讀大量文件，或者撰寫大量文章。其結果是那些被稱之爲電腦文體的體裁逐漸變得普及，這些體裁雖然傳達性優異，描寫性與記述性卻明顯單調許多。而影像資訊的貧乏化，在「動畫畫風」的變得普及這點上最爲明顯。

這是爲什麼呢？因爲如果想要提高圖像的緻密性、讓動作更細緻，製作費與製作天數就會差一個檔次，理所當然地並不是所有製作公司都有這樣的餘裕。話雖如此，若是徹底省略精細度就會眞的成爲符號，變得極爲慘不忍睹（譬如美國的「週六早晨動畫」那樣只有眨眼與嘴部動作）。而這時引進的，不就是日本漫畫及動畫的傳統風格「大眼睛與小嘴巴」嗎？

據說在漫畫表現當中，主要人物的「臉」，尤其是「眼睛」，無法交由助理全權負責。臉部，乃至於眼睛的表現，濃縮了所有的作家性。在此誕生的省略技術是，首先將背景完全佈景化、人物符號化，以便分工製作。接著，爲了防止人物過度符號化，表情，尤其是眼部及「手部」則仔細描繪。因爲這些部位在人類的各個器官當中，占據了最「主詞性」的位置。仔細地描繪眼部及手部，具有和添加台詞同等的價值。因此反過來說，只要眼部與手部的描寫得夠仔細，剩下的部分卽使採取省略化的表現也無所謂。最後再加上增加表情的模式，並將漫符複雜化。經過以上的手續，卽使簡略製作工程，也足以傳達多樣且細緻的情緒符碼，以方便接收者投射感情。歐美人經常表示日本製漫畫或動畫裡面的人物都「眼睛太大」與「嘴巴太小」，或許就是因爲上述因素。這項能夠以最少的描線、傳達最多資訊的技法，在更加精練之後不就是所謂的「動畫畫風」嗎？

也許主要是受到製作費的限制，近年的畫風最顯著的傾向就是，儘管每一個畫面從線稿到色彩都更加精緻，卻變得更加「不動」。雖然大量使用畫面的抖動、閃光等效果，以及兼用卡【原註19】等，巧妙地呈現了動作，但仔細觀察就能發現畫面本身不太移動。「動畫畫風」的效果，或

【原註18】：日本的建築雖然多樣且繁雜，社會卻被妥善管理；美國的社會充滿混亂，都市設計卻經過徹底計算，相當井然有序。

許就來自將畫風極度精練，使得這般呈現完全不會讓人感到不自然。而且因為這樣的畫風不需要太過細密，即使製成檔案也不會太大，所以也很容易在不改變畫風的情況下移植到遊戲當中。排除紋理，只以細緻的線條與色塊構成的作畫形式，或許就讓「媒體組合」，也就是從漫畫↓動畫↓電影↓遊戲↓公仔乃至於玩具的移植，變得更加順暢。

漫畫及動畫的空間，將很容易就能夠共享的符碼系統引進我們的想像界。這種共享的可能性，正是將多態性倒錯的要素引進這個空間內的因素。我們恐怕到了八〇年代，才會發現某項重大的事實，那就是我們居然能夠以漫畫及動畫作為媒介來共享性客體。這項發現正使得在這個空間中，性方面的描寫爆炸性地加速。當然，「漫畫及動畫原本應該是給孩子看的作品」這種健全的認知至今依然存在。然而這樣的限制，也能立刻進行有效的轉換。因為在「給孩子看」的脈絡下描繪「性」的時候，反而不可避免地帶來未分化、多態性倒錯的效果。

在漫畫與動畫的虛構空間中建立自主的欲望客體，這不正是御宅族的終極夢想嗎？這些欲望客體，不只是替代「現實」性欲客體的「虛構」，而是不需要「現實」作為擔保所創造出來的「虛構」。但無論建構出多麼縝密的虛構世界，僅只有這樣是不夠的。虛構本身必須被渴望，才能獲得自主的真實。如果這種虛構存在，此時「現實」才終於屈從於「虛構」。

◈・「虛構」VS「現實」

上文提到了「虛構」與「現實」的對比。當然現在的我並非原封不動地接受這樣的對比。日常的現實不如說是虛構（幻想）的一部分，我認爲兩者之間基本上不可能劃出一條嚴格的界線。但我依然提出這樣的區分，原因之一是爲了重新討論「日本」這個地方。舉例來說，椹木野衣（1962-）指出，日本發揮了「不良場域」的功能，試圖逃脫這個場域的各種表現行爲都反而會更強化這個場域，被困在這惡性循環當中【原註20】。假設有這樣的場域，那就會如前所言，或許可以將漫畫／動畫的場域也包含在內。我姑且將這樣的空間稱爲「日本式空間」，至於另一種相對的特異表徵空間，則稱爲「西歐式空間」。

如前言所指出的，在日本式的空間當中，虛構與現實的對比並未充分發揮作用。話說回來，這樣的對比本身，不就源自於「西歐式」的想法嗎？就如各位所知，柏拉圖在其理型論中提倡「理型─現實─藝術」的區別，並將藝術擺在較低的位階，認爲藝術只不過是現實的模仿。理型的複製是現實，而再複製就是藝術。藝術不得不忍受複製的再複製、模仿的再模仿這種低劣

【原註19】：指的是如女主角的變身場景或招牌動作等，能夠反覆使用的場面。

【原註20】：椹木野衣《日本・現代・美術》新潮社，一九九八年。

的地位。再加上排斥偶像的猶太／基督宗教文化影響。在「西歐式空間」中，「現實」至今也依然對應到這樣的位階。「虛構的現實」在這個空間裡事先就被套上各種限制，從而弱化。

舉例來說，在美國的大衆文化當中，位階最高的虛構形式是「電影」。無論是小說還是舞台劇，翻拍成電影都被視爲是成功的證明。當然其中可能有各種原因，但「眞人電影能夠最忠實地模仿、重現現實」的信仰不正是其一嗎？「眞人拍攝」所描繪的事物，彷彿能夠將現實忠實重現，這樣的信仰或許就撐起了其效果。我認爲眞人拍攝的虛構性與動畫完全沒有差別，動畫只不過因爲其表現受人工描繪的「限制」，就被認爲虛構性更高。所以動畫不可能被提名奧斯卡獎，或許永遠都只能是電影的副體裁。

如果考慮到「審查」，這點會更加清晰。日本式空間的審查者，對於表現的象徵性價值似乎不太關心。只要沒有將性器官完整描繪出來，無論多麼褻瀆的圖像都能公開。然而在西歐式空間當中，圖像卻因爲其象徵性價值而被審查。這並非是否出現性器官這種顯而易見的問題，而是圖像中的褻瀆性，或者倒錯性要素都被嚴格地關注。比方說瑪麗蓮．曼森（Marilyn Manson, 1969-）《機械化動物》（Mechanical Animals）的專輯封面，就是一個最近的例子（圖6）。曼森赤身裸體地瞪著我們，身體是用影像合成技術整形爲胯下光滑、胸部豐滿的少女肉體。這種程度的倒錯性在日本完全不成問題，但在他的母國美國，專輯一發行就被好幾家大型唱片行拒絕販賣，甚至發展成一種醜聞。雙方之間關於圖像褻瀆性價值的落差，在此之外還能舉出無數例子。當然在日本與「天皇家」有關的圖像，也殘存了部分這種禁忌，但這些禁忌沒有過去的影子。反倒不如說，這些禁忌已經逐漸稀薄化，連曾攻擊天皇的奧崎謙三（1920-2005）【譯註2】的影響都逐漸減弱了。如今連雅子妃對祝賀遊行投擲炸彈的漫畫都能公開發行，紀子妃與秋篠宮的愛情故事都能製成動畫放映。換句話說，我們至今其實連所謂「褻瀆」的表現究竟是什麼，都一無所知。

從這樣的對比首先能夠指出以下這點：西歐式空間的圖像表現，被「象徵性的去勢」，而日本式空間頂多只存在「想像性去勢」。舉例來說，象徵陰莖的圖像在西歐式空間會受到審查，但在日本式空間中只要不把陰莖畫出來，不管畫什麼、怎麼畫都無所謂。我認為在諷刺的意義上，日本媒體對於表現的自由最為開放，但問題反而就在於這種「自由」不是嗎？

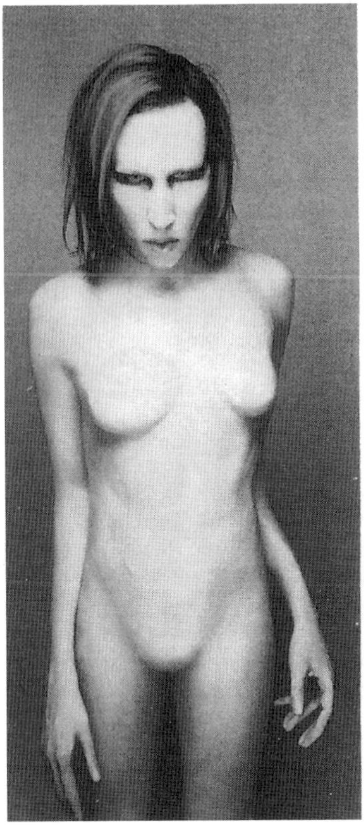

圖6瑪麗蓮・曼森《機械化動物》專輯封面

在日本式的空間當中，能夠接受虛構本身有

【譯註2】：作家、演員、無政府主義者，因曾襲擊裕仁天皇未遂而聞名。

個自主的眞實。就如同前面也提到，在西歐式空間當中，現實必定處於優勢地位，虛構空間不得侵害其優位性。各式各樣的禁忌被帶進這個空間裡，是爲了確保並維持其優位性。舉例來說，不允許將性倒錯作爲圖像描繪，因爲虛構不能比現實更加眞實。因此爲了避免虛構變得太過有魅力，必須先愼重地去勢。這就是剛才提到的「象徵性去勢」。

總而言之，雖然經常有人提到歐美漫畫或動畫中的女性角色大致上都不太可愛。儘管他們也大量地描繪美女與裸體，但幾乎不會直接表現出性的魅力。這似乎無法只以兩方的技術落差、美醜判斷的差異來說明。舉例來說，如果是眞實存在的好萊塢女星，無論是日本還是美國的粉絲，都同樣能夠說出她在性方面的魅力；但如果是畫出來的女性角色，就很難發生同樣的狀況。比如雖然「貝蒂娃娃」是身穿性感服裝（吊襪帶！）的女性角色，但她更像是性感女星的戲仿。粉絲並不會直接著迷於貝蒂的性魅力。

此外在探討西歐式空間時，也避不開出版準則的問題。動漫迷應該都知道，美國在一九五七年制定了漫畫的自我管制準則，稱爲「漫畫準則」，據說動漫的黃金時代就到此結束【原註21】。當時少年的不良行爲增加並成爲社會問題，而漫畫被視爲元凶之一成爲衆矢之的。粉絲將這部準則稱爲「完全的災難」，內容讓人覺得簡直是日本校規，詳細得如此荒謬。稍微瀏覽就會看見譬如「不能描寫犯罪與離婚」、「必須賞善罰惡」、「不能輕視警察」等條目。關於性的描寫，則有「不能描繪裸體」、「女性必須畫得符合現實，不得將肉體誇張化」、「不能暗示性關係」、「不能描繪綁架或倒錯」等規範。甚至連《海螺小姐》或《哆啦A夢》都可能在管制範圍內——

小學女孩的入浴場景之類的根本沒有討論的餘地！——如果在日本實施這種嚴格的管制，恐怕現在發行的所有漫畫與雜誌都必須被迫停刊【原註22】。

因此思考雙方的差異時，從這些管制的面向切入也是充分可行的，不過在此我想要特別提醒，這些管制無論如何看起來都像「過度防衛」。畢竟漫畫再怎麼受歡迎，在五〇年代時的規模都不可能凌駕於電影之上。儘管如此，管制卻遠比電影的準則更加嚴格，破壞了一種表現體裁。這一看就知道他們「對於圖像的禁忌」過頭了吧！尤其是對於性表現詳細且具體的限制事項，這特別值得我們注意。明顯地可以由此窺見圖像本身不應該帶有性魅力的強迫觀念。

爲了探討「性」的圖像表現，在此試著以色情圖片作爲例子。不用說，這個領域的表現偏重於卽物性與高度的實用性。從浪漫色情衰退，成人影片興盛的發展中，也能看見對於簡便性與實用性的追求。色情圖像更加包廂化，複製與普及變得容易，表現也愈來愈朝著露骨的方向發展。然而這在日本式空間裡也帶來了悖論吧？這個悖論就是「色情漫畫」的存在。再次強調，

【原註21】：*Les Daniels, Comix：a History of Comic Books in America. Outerbridge and Deinstfrey, 1971.*

【原註22】：日本於一九九八年度所提出的兒童色情管制法案，也就是「關於兒童買春、兒童色情行爲等的處罰及有關兒童保護等的法案綱要（案）」倘若通過，可能就會和「漫畫準則」一樣，對於漫畫與動畫的表現帶來毀滅性的影響，因此出現許多要求法案修正的意見。於一九九九年度第一四五屆國會所制定的法案，達成將「圖畫」排除於管制之外的修正，日本也暫時避免了「完全的災難」。

我闡述的歸根究底是色情圖片的普遍現象，不是「情慾的表現」。這種體裁選擇漫畫作爲表現形式，而且擁有一定的人氣，幾乎可說是日本特有的現象。雖然西歐也不是不存在以實用性爲目的的色情漫畫，但其流通規模與日本不可同日而語。

在這個「露毛照」氾濫、就連AV也逐漸令人煩膩的場域中，存在「色情漫畫」的巨大市場實在不合理。如前所言，動畫畫風在色情漫畫體裁當中也擁有非比尋常的勢力。從與日常現實之間的對應關係來看，沒有比這更不現實的畫風了，但它卻被選進「色情」這般實用的空間裡流通。這在歐美是完全無法想像的事。如此的對比或許隱含了重大意義。

這當然是有歷史背景的。倫敦大學汶萊藝廊的提蒙．史克里奇（Timon Screech, 1961-）就表示，江戶時代大量描繪並流通的「春畫」，被庶民拿來作爲自慰之用【原註23】。

若眞如此，我們便能夠在江戶時代看見漫畫／動畫的源流。日本存在著透過描繪出來的事物喚起並處理性慾的「文化」。沒錯，這裡的問題當然不是「情慾的象徵性表現」。我們在面對「**描繪之物的直接性**」這個問題上遇到了瓶頸。

就如同前面數度提過的，歐美也存在著大量的動畫迷，但他們幾乎都厭惡「觸手色情作品」，他們深信動畫當中不需要性。那麼日本的「御宅族」呢？他們即使看到這樣的色情作品，頂多也只是苦笑，又或者舉出《奶霜檸檬》或《超神傳說》等作品，滔滔不絕地說起成人動畫的歷史吧？我發現兩種御宅族的樣貌有著極大的差異。

先不論是否能夠從中窺見「禁忌」與「壓抑」的痕跡，我們姑且先確認最低限度的事實。

在大衆文化的西歐式空間中，無論是「可愛的少女」還是「情慾的裸體」，都很少被畫爲圖像。西歐式空間下意識地檢閱「描繪出來的事物」，將其眞實性限制在一定的限度內。迪士尼動畫的Q版化也充分地被視爲「爲了抑制而誇張化」的技術。在這個空間當中，爲了全方面地妨礙「描繪出來的事物」獲得自主的眞實，這種考量隨時都在運作。換句話說，描繪出來的事物將永遠停留在代替現實對象的假象位置。

那麼日本式空間呢？這個空間中被允許擁有各式各樣虛構的自主的眞實。換句話說，眞實的虛構不一定需要「現實作爲擔保」。虛構在這當中完全不需要模仿現實。虛構能夠靠自己的力量，將獨自的眞實空間往周圍拓展。舉例來說，描繪出少女的可愛感，就是帶來這種眞實的重要因素之一。在這當中，虛構必須以虛構的方式確保性表現的邏輯。因爲在日式空間當中，支撐眞實的最重要因素就是性。這當然不只限於動畫，舉例來說（我認爲）在過去的「文藝」傳統中，爲何如此強調「描繪女性」的特殊價值呢？爲何女道樂【譯註3】在落語的世界裡如此被推崇呢？還有，爲什麼在學習類漫畫中，一定會將男孩與女孩成對描繪呢？這些日本特有的情況，全部都暗示著在這個空間當中，支撐虛構眞實的事物就是性。

假設接受虛構的自主性就是戰鬥美少女誕生的必要條件。這麼一來，我們在各種意義上都

◈

【原註23】：提蒙・史克里奇《春畫：信手閱讀江戶的畫》高山宏譯，講談社，一九九八年。

【譯註3】：日本傳統大衆演藝中，由女性彈奏三味線、演奏和太鼓，或是唱歌等的表演形式。

不應該將她們解讀爲「日常的現實」。舉例來說，我們不能夠從「戰鬥美少女很受歡迎」的現象中，捏造出「現在的女孩很有朝氣」的「現實」。這種誤解的根源在於，我們很難擺脫「虛構＝模仿現實」的想法。如若，這樣的誤解在邏輯上是一貫的，且正因爲其一貫所以無效。

我們再繼續探討圖像的日本式空間。就如剛才所指出的，在其中任何的表徵物都不會被象徵性去勢。雖然看似存在著關於性準則的想像性去勢，但這幾乎等於沒有作用，反而導致產生「否認去勢」的驅動力。不用說，否認去勢是性倒錯的初始條件，而正是因爲如此，這個空間對於倒錯性對象才會極具親和性。各種圖像在這個自主性眞實的生態系中獲得各自的位置，透過以性表現爲首的諸種符碼，賦予空間過多的意義。在這因冗長而帶有高度意義的場所中，比起分節化的符碼，高度脈絡性更加重要。意義在此瞬間被傳達，但意義不會只來自單一符碼。

這種高度脈絡性的表徵空間，往往會因爲「過度傳遞」與「過度理解」而遭遇眞實效果削弱的危機。那麼該如何組織對於這種削弱的抵抗呢？其中一種抵抗正是「性」。正如同我反覆提到的，「性」本身作爲眞實故事成分，是一種不該欠缺的前提。不用說，關於性的各種矛盾乃至於操作，也就是「羅曼史」，或許爲故事導入了眞實的核心。

性邊界的跨越在日本的表徵文化中是如此普遍，也可以用日本式空間的高度脈絡性來解釋。高度脈絡性的表現空間就性質而言，無法充分利用結構與形式的眞實。在這個空間中，脈絡之間的切換或瞬間移動的強度才可能有眞實的效果。在動漫這種極具脈絡性的空間中，如何克服異性戀的慾望脈絡，最重要的是人物的姿態舉止。戰鬥美少女之雙性兼具、變身（快速成熟）、主動性（戰鬥能力）與被動性（可愛）等各種特性奇妙混合，或許讓這種「超越的眞實」更容易發生。卽使各種倒錯的形式在這當中看似被引用，也是極爲自然的發展。

◈・歇斯底里的陽具女孩

先將到此爲止的討論依序梳理一遍。動畫與漫畫這類的表現形態，建立在日本表徵文化框架內，基本上以高度脈絡性爲特質，並因爲無時間性、齊唱性、多重人格性等重要因素而更加純化，形成傳達性極高的表徵空間。而這種想像上的空間爲了維持自主的眞實，半是必然地不得不引進「性」（sexuality）的表現。所謂「自主的」也代表這個表徵空間不再是接收者慾望的單純投射，而在內部建立起「自主」的慾望經濟。這時接收者的慾望愈接近異性戀，想像中「表現出來的性」就愈是有必要克服、脫離這樣的慾望。漫畫及動畫的多態性倒錯，與接收者慾望的健全性之間的落差，大致上可透過這樣的觀念去梳理。

戰鬥美少女這個符號，就是能夠讓這種多態性倒錯的「性」穩定潛伏的稀有發明。這項發明讓「性」在戀童癖、同性戀、戀物癖、施虐狂、受虐狂等任何倒錯的方向都潛伏著可能性，但本人卻在毫無自覺的狀況下行動。她們或許被視爲與「少年英雄故事」相對的存在，並在女性主義的脈絡下被充分保護。指出其倒錯性是如此不解風情，只會被嘲笑是符合現代心理學家與精神科醫師趕流行的評論。她們受接納的狀況，完美地象徵著現代社會的——尤其是女性的——現實狀態。實際上，這樣的分析就某部分而言也行得通，以這種觀點撰寫的書籍【原註24】在某些情況下也容易受到歡迎，但是這種分析無法讓我產生太大興趣，因爲時至今日，「在虛構中看見現實的直接反映」這種單純的分析才是「虛實混淆」的典型案例。只要思考仍停留在這種程度，就絕對不可能解讀御宅族被解離的性。如同第一章所強調的，本書論點的大前提是「包含日常現實在內的『作爲虛構的現實』可能存在多個」。無論是虛構的眞實，還是我們的日常，在這裡都被視爲現實的一部分。再次提醒大家注意，這既不是唯心論、也不是可能世界意義論（Possible world）。將「實在界」作爲不可能之「物」的領域去設想時，或許正因爲此「不可能」才觸發了象徵界乃至於想像界，並在意義層級中顯現爲複數的想像的現實。所謂的多重人格，正是這種「複數多元的現實」（交替性人格）最極端的表現型。正因此處唯一的潛在性現實，也就是「創傷性現實」，才將想像上的現實複數化。我所謂的「（想像上的）現實的多元性」是，除非假設「實在界」爲其起源乃至於潛在狀態，否則只不過是「唯幻論」的變種。

話說回來，精神分析經常提到「陽具母親」這個關鍵概念。顧名思義，這個概念的意思是「擁有陰莖的母親」，有時也用來形容「行爲舉止具有權威的女性」。無論如何，陽具母親都象徵著一種萬能感與完整性。舉例來說，幾乎歐美圈強大的戰鬥女郎都可稱爲陽具母親，而我根據與這些亞馬遜女戰士的對比，將戰鬥美少女稱爲「陽具女孩」。

小谷眞理（1958-）曾極富啟發性地指出，陽具母親是否都背負著某種傷痕——譬如「強暴」——呢【原註25】？我從她的言談中得到一個啟發：陽具女孩難道沒有創傷嗎？我們再度把目光轉向《風之谷》，尤其在看多爾梅吉亞的女王庫夏娜，與風之谷的娜烏西卡的對比時，我們對誰較有「共鳴」呢？沒錯，當然是庫夏娜了。而庫夏娜就是忠實符合西歐脈絡下的陽具母親。她已經因爲兄弟的背叛等經歷了許多創傷，甚至連她的身體也因爲王蟲而承受了名符其實的創傷。庫夏娜正是遭到王蟲「強暴」的存在，我們能夠理所當然地接受她因此而戰鬥。如果我們迷上庫夏娜，我們慾望其實就指向她的「創傷」吧？這幅構圖能夠直接套用我們因日常的歇斯底里而著迷時的慾望圖像。

至於娜烏西卡呢？她的行動當中則有許多難以理解的部分。譬如她爲什麼會如此愛護王蟲，甚至不惜付出生命也要拯救王蟲的孩子呢？這點雖然令人感動，但這時讓我們感動的或許是倒錯性的自我犧牲。娜烏西卡的行動，沒有個人的動機背書，因此看起來也相當空虛。這是爲什麼呢？

娜烏西卡不存在「創傷」。所以她在故事剛開始不久，就因爲父王遭到多爾梅吉亞士兵殺害而一時激動，瞬間殺死了好幾名士兵。而這一連串的殺害，最終因爲猶巴挺身制止而停下來。「父王遭到殺害」不就是娜烏西卡所受的「強暴」與「創傷」嗎？我想這樣的解釋也是可行的，

◈

【原註24】：譬如齋藤美奈子的《一點紅論》（Village Center出版局，一九九八年）等。

【原註25】：在展演場地LOFT/PLUS ONE的講座活動中提到（一九九八年四月十二日）。

但是請回想一下娜烏西卡殺敵的場景，是否能發現什麼呢？沒錯，那就是她的戰鬥能力在技術上已經十分純熟，甚至看出她可能因歷經多場實戰，早已將戰技鍛鍊純熟了。若眞如此，娜烏西卡在唯一的「創傷經歷」之前，就已經是陽具女孩了。

娜烏西卡在故事的後半爲了保護王蟲而戰。這時她身上已經沒有任何創傷的痕跡了。她恐怕是絕對不會遭到強暴的存在，換句話說也是不具備任何實體性的「存在」。我們不會在娜烏西卡身上看到「重複創傷以及復原」等一般意義上的故事，也就是精神官能症型的故事。這是爲什麼呢？

相較於因「強暴」創傷而戰鬥的陽具母親，陽具女孩的戰鬥缺乏充分的動機。就如同第五章中的詳細檢證，有陽具女孩登場的作品都能被歸類進十三種類型當中，而在這所有類型中，幾乎沒有任何一部以少女的創傷與復仇爲主題，這只要參考第五章的表格就能明瞭。當然，基本上只做單集的動畫／漫畫作品要談創傷、復原乃至於復仇的主題，恐怕有困難。不過當然不僅如此，恐怕所有的陽具女孩都是徹底空虛的存在。她們某天突然掉進「異世界」，在沒有任何必然性的情況下被賦予戰鬥能力。她們的戰鬥能力——就如同娜烏西卡一樣——成爲缺乏說明且明顯易見的前提，又或者「突兀地—毫無理由地—從外部地」被賦予。無論如何，如果說她們被定位爲巫女般的存在，應該很少人會有異議。巫女就像是中介異世界的媒體。沒錯，她們所發揮的破壞力，並非她們主動操作的力量，而是體現在異世界間運作的，一種如反彈力量般的作用，不是嗎？所以不如說她們作爲一種媒體（media），空虛是理所當然的。像這樣透過「空虛」中介慾望與能量的女性，想必包含我在內的部分動力精神醫學者【原註26】會稱之爲「歇斯底里」。

如果陽具母親是「擁有陰莖的女性」，那麼歇斯底里的陽具女孩，就是「與陰莖同化的少女」，然而那是空洞的陰莖，是已經絕對無法發揮功能的、空蕩蕩的陰莖。前文提過數次的動畫《新世紀福音戰士》，當中的女性角色「綾波零」就清楚地證明了這點。她的空虛，不就象徵著所有戰鬥少女共通的空虛嗎？存在毫無根據、缺乏創傷、缺乏動機……。正因爲空虛，所以她們能夠永遠安住在虛構的世界裡。在漫畫／動畫等徹底虛構的空間中，能夠發生悖論性眞實正是因爲「毫無根據」。換句話說，她們就是因爲被放置於極度空虛的位置，所以才能夠獲得理想陽具的功能，使故事運作。而我們的慾望也因爲她們的空虛而被喚醒，不是嗎？

接下來先稍微詳加探討陽具女孩的歇斯底里身分。所謂的「歇斯底里」到底是什麼呢？那是用來指稱我們的慾望（因此是眞實的）的一種結構式名稱。當我們發現歇斯底里時，就已經完全被歇斯底里吸引，早已無法懷疑其眞實性。

歇斯底里一直與精神分析並存。佛洛伊德將歇斯底里定位爲精神分析的起源，而被認爲是徹底佛洛伊德主義者的拉岡，則認爲我們所有人的內在都有歇斯底里結構。舉例來說，我們渴

【原註26】：即精神分析式精神醫學。嚴格來說，除非接受過教育分析，否則不能自稱爲「精神分析家」。雖然就這層意義而言，筆者不可能是精神分析家，但就總是將臨床分析作爲參考架構使用這點，可以說筆者也是站在動力精神醫學的立場上。

望女性的時候，就是這種結構最明顯的時候。

當我們以「戀愛」之名對女性產生慾望時，可以說我們總是將女性歇斯底里化。當我們被女性的表面吸引時，總是試圖相信吸引自己的，是這位女性身上眼睛看不見的本質。所謂的「歇斯底里化」，首先代表的是對這對象進行其「可視化表層」與「不可視化本質」之間毫無根據的分離與對立化的過程。同時，這裡所說的「女性的本質」，其實與「創傷性」相等。換句話說，我們被女性的創傷吸引。在大衆文化當中，我們能夠看見無數展現這點的跡象【原註27】：「受傷的女性」正因爲其創傷性而被喜愛。

我們可以說，當我們能被具攻擊性的成人女性吸引，就能開始進行「陽具母親的歇斯底里化」過程。不過理所當然地，這並不直接表示「具攻擊性的女性變得歇斯底里」。如果要描述得更嚴謹一點，應該說我們對自身與女性客體之間的關係變化，是著重於其象徵性。當我們對女性客體懷有攻擊性的印象時，就是在象徵性的層面看見了陽具母親；而當我們在她們的攻擊性「深處」觸及到某種創傷，並因此而愛上她們時，就能夠說是我們在象徵性的層面將陽具母親歇斯底里化。而這些變化領域的發生，不僅限於我們的主觀。只要是屬於關係性的變化，必然就會在日常現實中透過轉置與投射過程，將女性客體捲入其中。這就是「歇斯底里化」的過程，經常也等同於愛的過程。

陽具女孩也如同陽具母親一般，因慾望的眼光而遭到歇斯底里化。我們當然很清楚，她們是被畫出來的角色，與更進一步的背景及本質無緣。但這一點也不會妨礙我們慾望，爲什麼呢？

或許是因爲「缺乏完美的實在性」吧？「戰鬥美少女」存在的重點，就是在誕生時就具備的虛構性。「戰鬥的美貌少女」和「獨角獸」一樣，問題不在於是否能夠實際在日常世界看到【原註28】。這個世界的我們，一直以來就已接納並喜愛著陽具女孩，將她們視爲從頭到腳都完美的虛構存在。而這樣的慾望之所以可行，幾乎可以確定完全是來自於她們的非—實在性。

這時終於能夠知道「日本式空間」在陽具女孩生成時所貢獻的意義。相較於爲了確保眞實而保留了與現實的接觸點，也就是「現實的尾巴」的「西歐式空間」，日本式空間對於這樣的接觸點並不執著。反而經常積極解離，試著從「日常的現實」抽身。我們之所以能夠享受虛構，並非因爲虛構是「虛擬現實」，而是因爲虛構就是彷彿要求主體轉換位置的「另一種現實」。

不過，爲了維持「日常的現實」與解離後的「另一種現實」的空間，經常需要「性的磁場」。因爲在我們的各種慾望當中，最能抵擋虛構化的就是性慾。性慾不會因爲虛構化而被破壞，因此容易移植到虛構空間。這或許也是因爲人類的性原本就不需要生物學的根據，具有與虛構極爲相似的特質吧？畫出來的金錢、權力等物無法喚起我們的慾望，但如果是畫出來的裸體，就

【原註27】：舉例來說，在演歌這項體裁中，女性的創傷就是爲了投射聽者自戀的，極爲重要的元素。此外就近年的傾向來看，創傷在小說，尤其是在推理小說中的比重也逐漸升高。天童荒太（1960-）的《永遠的仔》（永遠の仔，幻冬社）（繁體中文版於二〇〇二年由麥田出版）或許就是最明顯的例子。在這部小說中，女主角身爲虐待的犧牲者，而具有莫大的魅力。

【原註28】：索爾·阿倫·克里普基《命名與必然性》八木澤敬、野家啟一譯，產業圖書，一九八五年。

另當別論了。儘管知道這是畫出來的東西，我們依然能十足反應，有時連身體也是如此，這個反應令我們無法嘲笑撲向逗貓棒的貓。雖然這絕不可能是我們的「本能」，但「性」正是這種一眼望去彷彿本能一般、最根本的東西。

爲了讓世界維持眞實，必須透過慾望使其充分帶電。缺乏慾望賦予深度的世界，無論描繪得再怎麼精細，看起來都會彷彿平面且充滿解離感的佈景。然而只要是帶有性表現的世界，無論畫得再怎麼稚拙，都能確保一定的眞實感。看看成人漫畫的興盛，就能對這點一目了然。

陽具女孩就是爲虛構的日本式空間帶來眞實感的慾望節點。將她們視慾望客體，正是維持世界眞實感的基本動力。就這層意義而言，她們的存在就像擬餌或誘餌。更進一步來說，就「回收性慾的表層存在」這層意義而言，她們也是歇斯底里的。她們與「歇斯底里」之間，除此之外還有極多的共通點。

陽具女孩對於自己的性魅力沒有自覺，也不關心。換句話說，即使她們不關心，依然在不知不覺間發揮性方面的魅力。這種不關心的態度，與背離這種態度的充滿誘惑的外在，兩者之間的落差就是歇斯底里最大的特徵。換句話說，不關心的態度，譬如純潔天眞又浪漫的行爲舉止，將可能成爲最大的誘惑。這種態度經常等同於歇斯底里患者所展現的「良性不關心」。此外，阿根廷心理學家納西歐（Juan-David Nasio, 1942-）所指出的「歇斯底里者的性器官被去性化，身體被慾望化」【原註29】，也符合她們的特異性。這不是她們在故事中是否發生性行爲的問題，身爲接收者的我們本身，無法與她們發生性關係的事實才是重點。正因爲她們是絕對無法得到的慾望客體，其地位的特殊性才得以成立。然而在此之前，我們長久以來應該都已經十分習慣女性的表徵物中「性器官的抹除與身體的慾望化」。沒錯，終究屬於想像的倫理規定（想像性去勢）滲透到大眾媒體中，使得只有性器官被抹除的奇妙裸體照片大量傳播。我們就在習慣並熟悉這些表徵物的情況下，充分學習將女性在想像中歇斯底里化的手段不是嗎？

再回到正題。陽具女孩為何而戰呢？她們的戰鬥能力，最能夠清楚展現她們與陽具同化這點。納西歐表示「（歇斯底里）藉由凝視被去勢的他者，並與之同化來陽具化」。陽具女孩不也經常為了愛慕的少年（無力、懦弱、被去勢的存在）而戰嗎？歇斯底里者透過表現身體症狀來把自己陽具化。既然如此，陽具女孩的戰鬥也可視為她們的「症狀」。她們並非「能夠戰鬥的存在」，而是「透過戰鬥才使存在成為可能」。她們不單是因為嬌弱可愛而受到喜愛，而是因為有戰鬥能力才受到喜愛。就如同歇斯底里者的存在證明被寫成其「症狀」一樣，陽具女孩的存在也寫在名為戰鬥的症狀中。

在此她們的「歇斯底里性」開始微妙地動搖了吧？沒錯，她們不是沒有「創傷」的存在嗎？對於連幻想中的創傷都不可能背負的存在，又能有什麼樣的「症狀」呢？更進一步來說，歇斯底里者也「將享樂視為危險的事物而拒絕」。再度回到納西歐的說法，他認為「歇斯底里的攻擊是性高潮的等價物」。然而這麼一來，陽具女孩為什麼會戰鬥呢？說得更明確一點，她們為什

【原註29】：胡安—大衛．納西歐《歇斯底里》，姊齒一彥譯，青土社，一九九八年。以下關於納西歐的引用全部來自本書。

麼不會因爲害怕「戰鬥（性高潮）」而試圖迴避呢？

比較現實中的歇斯底里患者與戰鬥女孩時，差異最大的部分就是創傷性的有無，又或者是「症狀」與「戰鬥行爲」的對比。我想關於後者有必要稍微解說一下，因此先針對歇斯底里的「症狀」進行更詳細一點的探討。

拉岡將歇斯底里症狀視爲對於女性的「性的謎團」之質問【原註30】。這是什麼意思呢？對於性別的質問，就是對於存在本身的質問。這個問題的對象是象徵界，也就是「大寫他者」。我們的存在、我們的慾望，要在這種與象徵界的關係當中才能成立。歇斯底里也因爲其症狀而維持與象徵界之間的關係，因此症狀具有與存在本身同等的價值。這就如同剛才所說的，這與「歇斯底里透過症狀而陽具化」擁有幾乎相同的意義。「陽具」（陰莖的象徵＝陰莖的缺乏）就是存在本身的象徵，而存在會用各式各樣的隱喻爲仲介，回到陽具這個象徵上。換句話說，爲了主張在與象徵界的關係中存在，有必要確保隱喻性的陽具。

歇斯底里看似呈現出極爲變化多端的症狀，這樣的變化多端與寓居於「女性」這種表層存在表現中的多樣性是平行的。兩者都無法收斂爲某種形式與法則，因此看起來就像缺乏本質性事物的存在。不過歇斯底里的多樣性是基於「性」（sexuality）這個不可動搖的前提而展開，因此能夠進行精神分析式的論述。但探討女性本身的問題，就是在探討性的根源，或是探討象徵界的形成本身。那是在「男性的性」這個封閉集合的外側無邊無際開展的領域，因此本質性的論述被視爲不可能。只要象徵界仍是陽具優勢的領域，這就無可避免。要說這種論述的不可行性，例如拉岡就以「女性不存在」、「對女性而言，女性也是一團謎」等說法明確表達過。

對於歇斯底里患者性別的質問，無論男女都是對於女性之謎的質問（因此男性的歇斯底里案例也被視爲「女性的」），然而同時，他們又完全依賴性別差異這種象徵性的價值。如果換個觀點，他們的症狀或許也可解釋爲對於象徵界（大寫他者）既依賴又抗拒的態度吧？然而理所當然地，「抗拒」導致的結果將是加深依賴。接著依賴的行爲，將因其創傷性而達到極致。這是因創傷才成爲現實嗎？當然不是。

治療歇斯底里時所述說的創傷經驗的事實性幾乎不成問題。嚴格來說，所謂的「創傷」被視爲從歇斯底里症狀回溯時所看見的幻想。歇斯底里的眞實，或者歇斯底里的崇高，都被定位在這種幻想的次元。

整理以上的論述，將可得到如下的等式：

「歇斯底里症狀」＝「對女性的性之提問」＝「（幻想的）創傷」＝「陽具」＝「存在」

歇斯底里在這個等式中的創傷幻想性，一點也不代表歇斯底里屬於詐病。歇斯底里患者賭上他們全部的存在「說謊」，且除非曾在治療關係中分享症狀的眞實性，治療就無法成立。但同

【原註30】：拉岡〈關於轉移之我見〉《ECRIT I》宮本忠雄等人譯，弘文堂，一九七二年。

時，關於他們所描述的創傷體驗，又必須在既非假也非眞的次元中極爲謹愼地處理。既然他們的症狀是極其嚴肅的問題，治療者至少必需誠摯地解釋問題的內涵，同時也必須充分地意識到問題中隱含的誘惑。此時治療者不得已的「態度分裂」，幾乎就等同於治療者本身的歇斯底里化表現。差不多在同樣意義上，當我們把女性當作女性來愛的時候，換句話說就是將女性歇斯底里化的時候，我們也置身於歇斯底里的領域當中。我們正是在這樣的瞬間接觸到歇斯底里的眞實。

陽具女孩的戰鬥行爲，正是這些歇斯底里症狀極端的反面。舉例來說，現實中的女性具有好戰的態度會被視爲一種症狀，我們想必能在其深處發現創傷的痕跡，但就虛構中的戰鬥行爲本身，動機等同於其行動化，無法從中進行任何深層的解讀。陽具女孩缺乏創傷性，就代表缺乏這種行動的深度層次。臨床上的歇斯底里患者懷著創傷，卻不試圖戰鬥，只是一個勁地透過症狀質問自己的性別，這就與「陽具女孩缺乏創傷卻依然戰鬥」等值。就此看來，「歇斯底里」或許已然**反轉**。

我們之所以能夠在愛上女性時將女性「歇斯底里化」，就是因爲眼前存在的女性的實在性。正因爲有這樣的實在性，我們能夠眞實理解「女性不存在」的悖論。像這樣將實在的個人作爲女性顯現，並且試圖在其背後看見女性崇高的本質——經常是「創傷性的」——時，我們不就相當於試圖花兩道手續證明「女性的缺席」嗎？納西歐是這麼說的：「歇斯底里生產『知』，但是回答將會永遠延宕不至。」沒錯，永遠得不到回答的「知」，不就是「女性的缺席」的證明嗎？

【原註31】源自於歇斯底里的「身爲女性代表著什麼」的質問，就這層意義而言就是賭上本身存在的問題。其存在的眞實，或許正因爲回答此質問的不可能性而得到悖論般的保證吧？因爲對於不可能回答的謎題，並不能說「這個謎題不存在」。

歇斯底里的症狀在藉著視覺作爲媒介的虛構空間中鏡像反轉，就是陽具女孩的戰鬥行爲。眞實的歇斯底里藉由源自於症狀的隱蔽，提高本身陽具般的價值，相較之下，陽具女孩顯然在體現陽具的同時，藉由徹底的缺席來獲得象徵性的價值。倘若如我所說的，「日本式空間」爲背離日常現實的「虛構的自主空間」打下基礎，理所當然地，在這種空間中生成的戰鬥美少女，原先就是「缺陷的存在」。她們與任何的「實在性」乃至於「實體性」無緣。御宅族的慾望揭露了她們的製造過程，透過戲仿與模仿將她們更加虛構化等，想必使她們的缺席變得更加赤裸。這爲何不會減少眞實性呢？或許就如斯洛維尼亞哲學家、精神分析學者齊澤克（Slavoj Zizek, 1949-）所說的，了解幻想的機制便會更加沉浸在幻想之中吧？【原註32】然而原因當然不只如此。

所以陽具女孩本身是種「創傷性排除」，是其存在的虛構性（亦即純化作爲前提的「缺席」時）所不可或缺的設定。爲什麼呢？因爲如果設定了她們的「創傷」，「日常的眞實」就會由此入侵。純粹的虛構空間想必就會立刻被日常現實的滲透壓汙染，成爲寓言般不上不下且缺乏眞

【原註31】：納西歐，同前書。

【原註32】：斯拉維．齊澤克〈賽博空間，或者受不了存在的閉塞〉《批評空間》第II期第十五號，太田出版，一九九七年。

實性的事物。然而如此一來，純粹的（眞實的）奇幻就不成立。她們的戰鬥在任何意義上都必須像「復仇」，然而少女的戰鬥倒不如說必須是「被描繪出來的享樂」。不過精神分析中的「享樂」，不一定僅代表一般的快感或快樂。這可以說成是實在界的快樂，其效果爲我們帶來眞實感。從對象看見眞實時，我們正觸碰到享樂的痕跡。換句話說，享樂必須被放在不可能到達的場域，才能夠喚起眞實的慾望。

再回到拉岡，據拉岡表示，陽具可視爲享樂的符徵（signifiant）【原註33】。陽具女孩在戰鬥時，她們與陽具同化並享受戰鬥的樂趣，而其享樂在虛構空間內變得更加純化。那麼我們是透過什麼樣的方式被她們吸引呢？如同前面已經看過的，她們是反轉的歇斯底里。我們在被現實的歇斯底里吸引時，從作爲被慾望化實體的身體形象（性）出發，並將在其深層看見的創傷（眞實）當成慾望對象。至於面對陽具女孩時，我們首先被她們的戰鬥，也就是享樂的形象（眞實）所吸引，而「萌」就透過將享樂的形象以及描繪的慾望魅力（性）這兩者的混淆而成立。換句話說，無論是現實的歇斯底里，還是虛構中的陽具女孩，「性」與「眞實」在密不可分的情況下歇斯底里化這點是等價的。這麼一來，她們都作爲異性戀的慾望媒介，引導我們進入歇斯底里的領域。

◈・回歸達格

我經常思考達格的狀況。他最強烈的願望，或許就是對自己的作品施加「自主性眞實」的魔法吧？他爲此耗費了龐大的時間，並且運用了所有他能夠使用的技術。而吸引著他，並持續鼓勵他進行創作的，正是他自己描繪的陽具女孩。如果說歇斯底里透過其症狀吸引我們，那麼吸引達格的，正是那些在他主動開關的幻想空間中被反轉的歇斯底里少女。「反轉」的徵兆，透過少女們被描繪的陰莖而達到極致。在擺脫現實制約的虛構空間，也就是中介空間中描繪出來的反轉歇斯底里，比歇斯底里本身更容易成爲慾望的對象。發明陽具女孩的功績，仍然該由達格獨攬。

身爲精神官能症者的達格，因爲永遠的青春期而煩惱。他縮減了社會性關係，徹底蘊居在家。沒錯，或許他確實曾嘗試就業並「參與社會」，但我由衷認爲，達格的「就業」是爲了主動將自己完全隔離於社會之外。若他不曾就業，就只能爲了生活而利用福利機構，或者投身於流浪漢群體中。無論選擇何者，反而都不得不面對麻煩的人際交涉。放棄社會性的上進心，維持最低限度的不起眼的工作，想必能讓他的存在變得更加透明吧？達格透過這種「擬態的就業」，

◈

【原註33】：拉岡〈陽具的意義作用〉《ECRIT III》宮本忠雄等人譯，弘文堂，一九七二年。

成功地將自己的聖域完全封印。於是這讓他的青春期維持了長達六十年之久。

不過這仍留下一個疑問：沒有罹患精神疾病的人，眞的能夠做到這個地步嗎？根據我自己的臨床經驗，我認爲這是十分有可能的。因爲雖然沒有到達格那樣的程度，但近年來長期繭居在家的青少年持續增加【原註34】，他們多數從拒絕上學開始「發病」，接著期間逐漸拉長，最後就在足不出戶的情況下長大成人，有些甚至就這樣直到三、四十歲。儘管沒有罹患精神疾病，但長期維持這種狀態的事實，至今仍未被充分了解。我相信從他們的存在，能夠在某種程度上推測達格的心靈狀態。當然，並非每位繭居的青少年都能發揮如達格般的創造性。達格這點反而是明顯的例外。那麼，達格到底是基於什麼樣的資質，才擁有這樣的創造性呢？

我認爲那正是達格的全現心像資質。就如同先前也大致提過的，雖然相對多數的孩子都具備全現心像資質，但這樣的資質將隨著成長而衰退。雖然不清楚衰退爲什麼會發生，但我認爲主因之一可能與各式各樣的社會性訓練有關。達格在未接受充分教育的情況下走入獨居生活，而後也幾乎完全與社會斷絕關係。如果眞是如此，那麼推測達格的全現心像資質在這樣的成長及生活環境中，能夠不被磨損地保留下來，也不是毫無道理。

如同各位所知，全現心像與一般的想像不同，而是能夠彷彿見到眼前展開的風景似的仔細觀察並研究細節，因此比起想像中的影像，更接近實質的圖像。如果以柏格森（Henri Bergson, 1859-1941）的風格來說，這樣的圖像確實在正確的意義上具有該稱爲「image【譯註4】」的實體性【原註35】。就這層意義而言，全現心像反而可稱得上是存在於表徵外部的、超越想像的事物。我們試著假設達格的創造性核心中，存在著這種全現心像的「image」。

達格的自戀在此成爲問題。他的畫之所以能夠打動我們，不就是因爲那是近乎完美的自戀產物嗎？感動我們的正是他沒有觀衆的這種表現行爲的純粹性。巴林特（Michael Balint, 1893-1970）若將「客體關係與移情皆不存在的謎之領域」的心靈領域【原註36】，寫成讓人覺得能夠直接觸碰到「創造領域」的活動的話，也許會帶有太多的個人的想像。

然而這麼一來，達格自戀的客體又是什麼呢？從他自傳般的記述中也能夠推測（「現在的我已經是個腿不方便的老傢伙了」），達格的自我形象並未過於誇大或理想化。換句話說，他的自戀並沒有直接以自我形象做爲客體。他自戀的客體反而是在內面發生的「image」，也就是透過全現心像供給的「image」。達格的自戀，對表徵外部的全現心像產生回歸作用，此時「image」就會發揮其生成無限幻想的觸媒功能。他的王國不斷地接受自戀的性衝動補給，彷彿維持恆定【原註37】的幻想生態系。他描繪擁有陰莖的少女取代創傷、在抵抗成熟中持續編織著無窮盡的戰

【原註34】：齋藤環《繭居青春：從拒學到社會退縮的探討與治療》心靈工坊，二〇一六年。

【譯註4】：此處的片假名使用法文發音，是柏格森在《物質與記憶》一書中的主要概念，雖有不少人將其翻譯爲影像，但法文的「image」與英文的「image」使用相同的詞，且中文並無法感受出兩者的差異，因此在此保留原本的法文單字。

【原註35】：亨利．柏格森《物質與記憶》田島節夫譯，白水社，一九九九年。

【原註36】：麥可．巴林特《從治療論來看退化》中井久夫譯，金剛出版，一九七八年。

爭故事，都爲這個生態系帶來全新生成的驅動力。這樣的「生成」也因爲他的媒體操作而更加完整，也因爲這樣讓我們有意料之外的視野。

當然在論述一部作品的創作過程時，這般模式或許過於單純，但有其必要性。我們現在必須轉換成更一般的語言。假設在他的小房間裡發生的事情，以遠大於這個房間的規模不斷地重複（例如最早發生於日本）。至此，在與達格的邂逅中看見陽具女孩問題系統的歷程，才終於擁有積極的意義。沒錯，我們現在必須賦予達格唯一的、獨有的始祖地位。近代媒體環境與青春期心智狀態之間的交互作用，帶來了什麼樣的創造性呢？達格提供了一種徵兆性的模式，而我們就將這樣的模式重複。這種重複總是存在於潛意識中，因此更加具有純粹的精神分析價值吧！

我們假設達格擁有的全現心像已經不再是必須，因爲我們已經擁有了極度發達的媒體環境。在這樣的環境當中，我們的視覺與記憶尤其顯著地擴張，任何視覺影像，我們都能夠立刻參照、複製、傳達。至少我們能夠充分地相信這樣的可能性吧？當青春期心智狀態與這樣的空間接續並進行交互作用時，即使召喚出陽具女孩的符號也不足爲奇，何況她們在如達格或是我們本身的想像空間中這樣尚未被想像性去勢的場域，行動才更能揮灑自如。正因爲她們徹底背離「日常的現實」且與之無緣，才能夠輕而易舉地棲息在各種可能的媒體空間當中。

◈・媒體與性

「直接的現實」這個分類的有效性早已被廢除。現實與虛構的對立，對於實際（actual）的論述也已經沒有任何貢獻。這樣的對立是否眞實另當別論，但將這樣的對立視爲顯而易見的前提來討論經常極爲無趣，其過程也能對應到純粹的虛構的不可行性，或是純粹的媒體（media）的不可行性吧？這樣的認知屬於不可逆的發展，無論我們再怎麼努力，都無法找回從前純眞的認知。現在我們共有的幻想幾乎只有一種，那就是「我們活在大量的資訊消費當中」。這種幻想性已經在前著《文脈病》中詳細探討過，在此就不再重複。

我們生活在「資訊化日常」的幻想當中，對於這樣的我們而言，存在著「超越現實的眞實虛構」完全不値得訝異。至於「虛構的自主性」也相同，將此空間與慾望連結，並啟動這些戰鬥少女們，也是極爲自然的行爲。在此我試圖解讀這種非刻意的慾望反轉。我們爲什麼會受到絕對不可能存在的陽具女孩吸引呢？這不就是爲了對抗世界的資訊化，亦卽對抗整個世界變得

【原註37】：組織與細胞爲了維持內部環境的穩定性，具有調節生理過程的傾向，這就稱爲「恆定」。達格的幻想世界也是一邊與來自外界的刺激抗衡，一邊爲了維持的恆常性而接受調整。例如達格放棄與社會溝通，維持繭居的狀態，這或許也能夠歸功於這樣的恆定功能。

平板虛構的戰略嗎？

更好的說法是，我們對於前所未有的虛構狀態感到過敏。我們的認知總是受到限制，那只不過是遵循神經系統，乃至於心靈組織的邏輯所構成的想像。我們相信所有的認知都能夠被資訊化，因此能夠一次又一次地斷定「所有的一切都只不過是虛構」。然而請注意，這也只不過是單純的虛無主義的徵兆。舉例來說，雖然拉岡的理論至今仍足以作爲強力的參考架構，但「天眞的唯幻論」、「天眞的形上學」不也是該理論帶來的副作用嗎？這種「認知論的轉向」頂多只能爲自我參照的方式導入了虛僞的複雜性。

「性」就是與資訊化幻想所帶來的虛構化／相對化抗衡到最後一刻的東西。性至今從未被描繪成「完全的虛構」，日後想必也不會吧。我在亨利・達格的作品中，或者在日本式空間中所看見的是，置身於媒體空間的人們卽將被封閉在「資訊化幻想」中時，陽具女孩爲了開闢眞實的道路而展現的身影。無論她們被設定成什麼角色，或者被描述成什麼樣的「規格」，當我們對她們產生慾望的那一瞬間，「現實」就已經介入。然而那並非我一直以來謹慎說明的「日常的現實」，這裡所說的「現實」指的是以「日常的現實」的邏輯爲基底所支撐的現實事物的運作。我們透過自己的慾望方式，觸碰到「不存在的女性之謎」這樣的現實。舉例來說，此時動畫這個媒體空間就變成爲了確認「性」這項「現實」的待避場域。我們在這個場域中充分體驗慾望的經濟，而後就會回歸日常生活吧？虛構與現實的對比以實在界這個不可能的領域爲基底，而只有以這點爲依據，才有可能理解兩者的對比只不過是想像。我們只有基於自己的「性」這項現實的功能，才能夠理解這件事情。

我們在陽具女孩的存在中看見「現實」。因爲不了解「性的現實」的人無法愛上她們。當然，「性的現實」多半與性經驗的多寡無關，反倒與我們「儘管不合理，卻依然只是性的存在」的這項「現實」有關，然而人們容易忘記這點。似乎因爲媒體的發達，「資訊化幻想」助長了我們的心靈只根據「想像界」的原理就開始運作的錯覺。其典型的案例可以在雪莉・特克（Sherry Turkle, 1948-）等人的討論中看見【原註38】。她預言精神分析將隨著象徵界的消滅而衰退，「心靈」將變得如同麥金塔電腦的桌機一般能夠透過視覺介面操作。這種預言的有效性，只有刻意地不去看「性的現實」時才會成爲可能吧？

爲了避免陷入這樣的錯覺，我全面肯定御宅族「生」的形式。我絕對不會試圖說服他們「回歸現實」，因爲他們比任何人都更「了解現實」。關於這點，無論是愛好者群體、御宅族群體，或是精神分析的群體都一樣。這時更應該告發的，倒是儘管熱愛動畫，卻將性排除的那種欺瞞態度。因爲如果「自覺地活於『解離的生』」這件事與某種誠實或倫理性有關的話，那麼虛僞的生的一貫性才寄宿著僞善與欺瞞。

該如何在過度資訊化的幻想共同體中展開「生的戰略」呢？無論那看起來多麼像是「不適應」，愛著陽具女孩都依然是爲了適應而生的戰略。作爲道理（logos）的結構物的心靈組織，該

【原註38】：雪莉・特克《虛擬化身：網路世代的身分認同》譚天、吳佳眞譯，遠流，一九九八。

如何對抗那些透過媒體進行的資訊化呢？愈是生在「象徵界沒有作用」的誤解中就愈是變質，而「精神官能症者的生」又該如何根據稀薄化的群體理論而存活下去？解答之一就是「利用自己的性」。即便有點過度，愛著陽具女孩依然是對於自己的性這項「現實」的自覺，因此這種行為是我們所選擇的姿態。

◈・後記

我在一九九三年的秋天收到一封邀請函，裡面寫著世田谷美術館將舉辦以「非主流藝術家」爲主題的展覽。至今仍不清楚爲何我這般的一介民間醫師會收邀參觀這場以「平行視角」爲號召的展覽。或許是因爲我碰巧是精神科醫師，也是日本病誌學（pathography）學會的一員吧？根據日記，我實際前往參觀的日期是十月十七日，我記得那是個非常晴朗的週日。

我很期待在病誌學領域早已相當出名的普林佐倫收藏品，然而等著我的卻是完全意料之外的創作者，這次的邂逅完全像是一場意外。亨利・達格這名聽都沒聽過的創作者所描繪的畫作，從與「藝術」不同的面向突然出現，意外地打動了我。我實際接觸達格的眞跡只有兩次，除了這次之外，另一次是大約三年後，一九九七年一月於銀座的藝術空間舉辦的個展。儘管如此，我至今依然對達格懷抱著不合理的憧憬。我對這名連一本完整的畫冊都沒有的畫家一直都懷著某種既像是愛慕也像是鄉愁的情緒。或許是一種對正統敬而遠之，卻容易受擺在邊緣角落的作品吸引的脆弱感性，迫使我做出選擇。這的確是部份原因，但也不只如此，若要說我爲了親自證明這點而開始撰寫本書也不爲過。

就如同本文中多次提到的，因爲某人指出了達格的作品與《美少女戰士》的相似，讓我想到了「戰鬥美少女」這個符號的特異性。於是在一九九四年九月，我由此開始構思本書的主題。

編給一般讀者看的精神醫學雜誌《La Luna》（現已停刊）的創刊號，邀請我寫一篇「主題不限的評論」，我當時所寫的就是〈亨利・達格與陽具女孩〉這篇短文。後來也在現在同樣已經停刊的青土社雜誌《Imago》寫了一篇稍長的評論〈陽具女孩跨越國境〉。這篇文章收錄於前著《文脈病——拉岡／貝特森／馬圖拉納》（青土社，一九九八年），但其結論與本書完全相反，調性反倒是呼籲大家對於幼齡化的媒體空間有所警覺。雖然有些部份現在讀起來使我不禁苦笑，但總之我也只能安慰自己：「畢竟過了這麼長的時間。」

這是我執筆的常態，又或者另一方面也是因爲文章需要較長的時間才能完成，因此「邊寫邊想」便無可避免。我原本也打算對「御宅族」採取略爲批判的筆調，但最後本書卻大幅轉向「擁護御宅族」。我在執筆的過程中遇到了好幾名御宅族，隨著採訪的進行我發現了自己的誤解。尤其是具體得知御宅族的慾望狀態，以及在幻想與日常模式兩者之間的切換，這成爲對我而言非常有意義的體驗。如果我堅持對御宅族採取批判的態度，或許最後就寫不出這本書吧？

我最大的誤解就是毫無根據地深信「即使我沒有自稱爲御宅族，依然能夠對他們產生十二分的共鳴」。就算缺乏完整地看完動畫系列的經驗，但只要有從書本或網路上取得的資訊，我也能像個御宅族一樣談論動畫吧？這當然只是錯覺。這樣的共鳴能力，在最重要的部分完全沒有發揮作用。舉例來說，我至今仍無論如何都抓不到「萌」的感覺，也不由自主地對動畫畫風與聲優的演出感到不對勁。當然，我只要彷彿刻意採取從外部觀察「御宅族共同體」的角度，除了保持距離之外，缺乏共鳴的部分也非常有利，但我這種資質上的缺乏卻需要靠著許多友人來彌補。我很感謝我的年輕友人，卽花咲貴志等人，他們告訴我包含自己性生活在內的寶貴見證，以及給我許多有益的建議，並提供許多幫助。

我也來多少寫些帶點祕辛的內容吧！本書說起來是個流浪的企劃。《Imago》的評論刊出來之後，某位編輯建議我不妨寫成單行本，我接受了他的提議，這成爲一切的開端。我接受這個提議時雖然興致勃勃，但當時我除了臨床的工作之外，手上還有兩本書的企劃。三本書同時進行這樣的拙劣安排，果然是文筆素人才會做的事情，稿子也一拖再拖。或許因爲實在拖太久了，導致那位編輯覺得我應該寫不出來了吧？於是他逐漸失去了音訊。不過此刻回想起來，企劃在當時被暫時束之高閣或許是一種幸運。

後來，太田出版的編輯杉浦直行先生，對我這個帶著遺憾丟到一旁的點子表示興趣。他也是我寫第一本書《文脈病》時深入參與的好夥伴，因此是我個人最信任的編輯。我受到他的鼓勵，終於開始修改寫了約一半的原稿。但杉浦也在編輯作業途中因個人因素而辭去工作。基於杉浦的考量，這個企劃由太田出版的內藤裕治編輯接手，這是本書第二次交棒。內藤一邊進行《批評空間》這項辛苦的編輯工作，一邊仔細地幫我確認原稿。動畫與漫畫似乎不是他的守備範圍，因此他或許被逼得相當痛苦。他有時會在我寫到快要不知所云時提醒我，或者訂正我的誤解，對於缺乏說服力的解釋也會確實提出反駁。如果沒有他的參與，本書想必會變得相當單方面的自我滿足吧。儘管本書延宕許久而難產，但內藤編輯直到最後都以接生者的身分從旁協助，從未放棄，因此我要向他獻上最大的感謝。

撰稿長期化其實還有其他好處，其一就是有機會認識爲本書裝幀的藝術家村上隆先生。他爲了將御宅族文化移植入現代美術的脈絡，極爲戰略性地不斷推出許多精彩的作品。村上先生的製作概念之一「超扁平」，正是我在本書試著以「日本式空間」描述的表徵空間。不過我直到最近才得知這個概念，因此無法在本書中引用。除此之外，村上先生時時重視著「脈絡」也是令人開心的共同點（畢竟我的前著是《脈絡病》）。所以我完全沒有猶豫地，將裝幀全權委託給村上先生。我從以前就一直希望本書除了論述之外，也能散發出少女的誘惑，但遺憾的是，我的文筆尚未到達充滿性魅力的程度，所以我就將本書性感的部分全權託付給了村上先生。結果誠如各位所見，本書成了一部很棒的「作品」。此外本書也是藝術家村上隆第一本全面裝幀的作品，就這層意義而言也是一個里程碑。卽使內容比不上裝幀，身爲村上迷的我依然甘之如飴。非常感謝村上隆先生的厚意。

二〇〇〇年二月八日寫於市川市行德

齋藤環

◈・文庫版後記

本書引起了連作者都意料不到的迴響，就這點而言眞的是一本幸福的書籍。關於出版後的迴響，以及之後的發展，就如同東浩紀（1971-）編著的《網狀言論F改》中所述，在此就不再重複，但我依然覺得本書中所提及的「御宅族的性」等一系列的問題，確實有交棒給下一個世代之感。東浩紀也爲本書寫了充實的解說，我想在此銘謝。

現在回想起來，本書如果出版得再晚一點就會不合時宜。尤其二〇〇〇之後，御宅族文化的動向因爲急速發展的「萌泡沫化」，無論是質的擴散還是量的擴散都達到極致，已經逐漸變成個人無法描述其全貌的對象。尤其我缺乏關於美少女遊戲方面的知識，完全沒有自信能夠確實跟上近年來瞬息萬變的動向。就這層意義而言，本書也是幸運的。

除了《網狀言論F改》之外，有幾份參考文獻希望對本書感興趣的讀者務必拿起來看看，以下爲各位介紹：

・東浩紀著，褚炫初譯《動物化的後現代：御宅族如何影響日本社會》大藝出版（如果要我列出一本最近的正統御宅族論，我會推薦本書）

・野火雄大《大人不願意理解——野火雄大評論集》日本評論社（野火ノビタ『大人は

判ってくれない——野火ノビタ批評集成』）（就我所知，本書是評論「YAOI」的最高傑作。裡面也收錄了與我的對談）

・約翰・M・麥葛瑞戈著，小出由紀子譯《亨利・達格——在非現實的王國》作品社（日本第一本正統的畫集。在海外也看不到如此充實的作品）

・國際交流基金《御宅族：人格＝空間＝都市威尼斯雙年展第9屆國際建築展—日本館附贈展出模型的目錄》幻冬社（おたく：人格＝空間＝都市ヴェネチア・ビエンナーレ第9回国際建築展—日本館　出展フィギュア付カタログ）（裡面刊登了我的作品「御宅族的房間」）

・森川嘉一郎《趣都的誕生萌之都市秋葉原》幻冬社（趣都の誕生　萌える都市アキハバラ）（雙年展日本館的策展人森川嘉一郎的處女作）

・東清彥《笑園漫畫大王⑴～⑷》東立（這是缺乏御宅族基因的我對「萌」開竅的第一部漫畫。單就漫畫作品而言也非常出色）

・木尾士目《現視研⑴～⑺》東立（最真實描寫現代「御宅族」生態的漫畫作品）

此外，負責編輯本書的內藤裕治先生，於二〇〇二年五月十九日，因爲癌性腹膜炎，僅僅三十八歲就英年早逝。在此除了要再次感謝他之外，也希望能將本書供奉於內藤先生的墓前。

二〇〇六年四月

齋藤環

◈・年表

媒體相關事項

漫畫／動畫／遊戲及其他相關事項

風俗／文化相關事項

所有電影／音樂等次文化

	1959	1960	1961
「戰鬥美少女」相關作品	兒童漫畫改編成電視節目盛行 電視節目《七色假面》 《少年傑特》 《夢幻偵探》 劇畫工坊成立 週刊少年漫畫雜誌創刊 電影《斷了氣》 週刊雜誌創刊潮 皇太子成婚↓電視普及台數爆炸性增加 第一條日本產的立體聲唱片 雷公族、導護媽媽 小說《裸體午餐》威廉・布洛斯	戰記漫畫全盛期 電視節目《國立少年》 《少年偵探團》 電影《陽光普照》 電影《空氣人第1號》 電視普及台數增加 正式開始播放彩色電視訊號 特佳麗「抱抱玩偶」熱潮	動作作品於出租漫畫達到全盛期 月刊兒童雜誌陸續休刊 蟲製作公司動畫部成立 「佐助」、「伊賀的影丸」等忍者作品熱潮 百科事典熱潮 風流夢譚事件 電影《摩斯拉》 電影《西城故事》 安眠藥濫用流行 傅柯《瘋癲與文明》 安妮衛生棉發售 電視節目《泡泡假期》 《Gesture》 《斯答啦小調》 《昂首向前走》
社會事件	古巴革命	非洲各國獨立 安保鬥爭・全學連 淺沼黨主席遇刺	第一枚載人火箭發射成功 柏林危機 韓國政變 第一次不結盟運動首腦會議 岩戶景氣 四日市哮喘

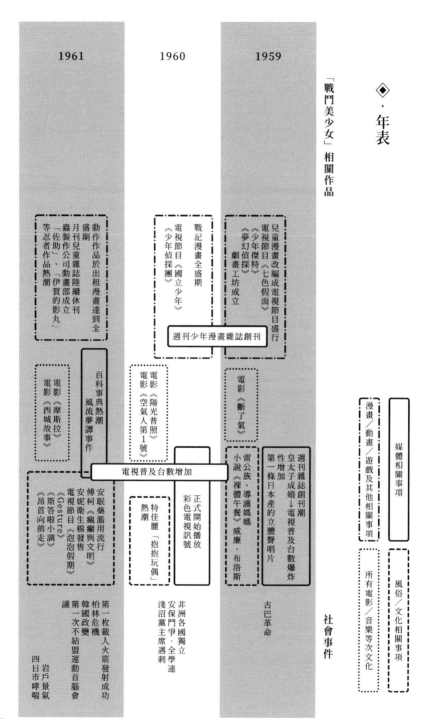

1962

第一屆日本SF大會

平田弘史《血達摩劍法》筆禍抗議事件

手塚治蟲／常盤莊全盛期～66年

電影《金剛大戰哥吉拉》
電影《阿拉伯的勞倫斯》

租書店隨著電視數量增加而減少

麥克魯漢《古騰堡星系》

芭比娃娃
安迪·沃荷
湯瑪斯·孔恩《科學革命的結構》

古巴危機
沙利度胺藥害
原田政彥獲得世界冠軍
瑪麗蓮夢露去世

1963

電視動畫《原子小金剛》開始播放

圓谷製作成立
電視動畫《鐵人28號》、《狼少年肯》、《原子超空人》
漫畫《原子超空人》桑田次郎
《週刊少年KING》、《週刊瑪格麗特》、《週刊少女Friend》創刊

電影《海底軍艦》
《瑪坦戈》
《奇愛博士》

日美電視衛星連線

李奇登斯坦
雙薪家庭增加「鑰匙兒童」
坂本久《仰望星空》

甘迺迪遇刺

大鵬全盛期

1964

漫畫《無敵金剛009》石森章太郎

少年漫畫週刊興盛
《月刊漫畫GARO》創刊
電視節目《突然出現的葫蘆島》開始播放
日本漫畫家協會成立

電影《三大怪獸地球最大決戰》

電視普及台數突破一千四百萬台
穆格合成器

吹風機、洗髮精發售
銀座出現「御幸族」
嬉皮文化影響擴大
《平凡之拳》創刊

東京奧運

1965

漫畫《巨人之星》
電視動畫《小獅王》、《Super Jetter》、《W3》、《小鬼Q太郎》
電視節目《雷鳥》
「大學生看漫畫」成為問題
漫畫《小松君》、「シェー」大流行

電影《狂人皮埃洛》
電影《怪獸大戰爭》
電影《大怪獸卡美拉》上映

JALPAK
《11PM》
午間秀
《茶子你好》

美軍開始轟炸北越
「給越南和平！市民聯合」成立
中國文化大革命
蘇聯第一次將人類送入宇宙
名神高速公路開通
大學錄取率超過70％
大學生人數突破十萬人

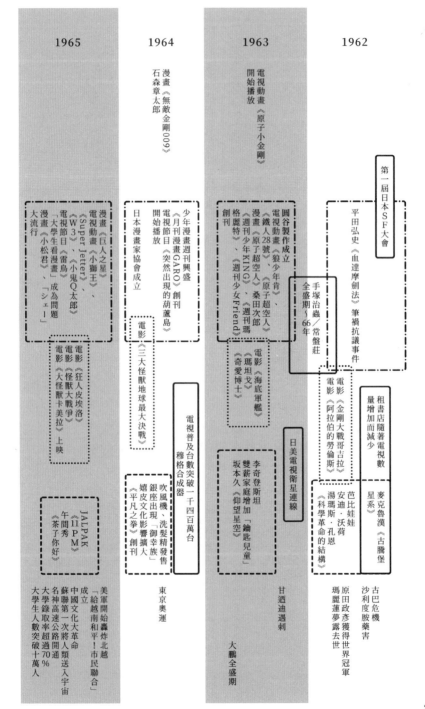

1966

電視動畫《魔法使莎莉》
電視動畫《彩虹戰隊羅賓》

電視節目《超人力霸王》系列第一部開始播放
《超異象之謎》、《熔岩大使》
《少年Magazine》銷售突破一百萬部
漫畫新書版單行本開始發行

披頭四訪日

卡帶式錄音機

日產SUNNY、豐田Corolla發售
拉岡《文集》
傅柯《詞與物》
《漂流武士》大受歡迎

越戰白熱化
丙午年出生率下降

1967

電視動畫《緞帶騎士》
電視動畫《小超人帕門》
電影《上空英雄》
漫畫《魯邦三世》加藤一彥
漫畫《009-1》石森章太郎
電視劇《彗星公主》
電視動畫《冒險無人島》久松文雄

電視劇《超人七號》開始播放
《太空歷奇》
《機械巨神》、《假面忍者赤影》
劇畫熱潮、青年劇畫雜誌興盛
《COM》創刊漫畫《火鳥》手塚治蟲
電視節目《雷鳥》大受歡迎
莉卡娃娃發售
漫畫《天才妙老爹》赤塚不二夫
漫畫《螺旋式》柘植義春

電影《卡美拉對卡歐斯》
GS迷幻搖滾樂團熱潮

電視普及率83.1%

深夜廣播節目《All Night Nippon》開始播放

德希達《論文字學》

美濃部革新都政開始
第三次中東戰爭
奈及利亞內戰
羽田鬥爭
EC（歐洲共同體）成立

1968

漫畫《青春火花》望月明
漫畫《排球甜心》浦野千賀子
漫畫《破廉恥學園》永井豪
動畫電影《太陽王子霍爾斯的大冒險》

漫畫《骷髏13》齊藤隆夫
漫畫《七金剛》望月三起也
電視動畫《巨人之星》開始播放
《少年JUMP》創刊
電視節目《MJ萬能號》
《怪奇大作戰》
漫畫《男人孩子王》本宮廣志

艾倫．凱開發個人電腦
郵遞區號制度
東京都內開始提供呼叫器服務

電影《2001太空漫遊》上映
電影《浩劫餘生》

菲利普狄克《銀翼殺手》
《八點了！全員集合》
吉本隆明《共同幻想論》

美萊村屠殺
馬丁．路德．金恩遇刺
巴黎五月革命
校園紛爭擴大至全國規模
墨西哥奧運
公害問題嚴重化
停止轟炸北越
日本GNP世界第二
三億日圓強盜事件
伊邪那岐景氣

1969

電視動畫《排球甜心》
電視動畫《甜蜜小天使》
動畫電影《空中的幽靈船》

漫畫《小拳王》大受歡迎
《少年Champion》創刊
無厘頭漫畫、黑道漫畫流行
電視動畫《虎面人》、《海底小遊俠》、《嚕嚕米》
電視節目《柔道一直線》
《密諜》

電影《逍遙騎士》
胡士托音樂節達到五十萬人
反戰鄉村歌曲全盛期

艾瑞克森《自我認同》
流行語「猛烈工作狂」「破廉恥」

「右手朝日報導，左手漫畫雜誌」

東大安田講堂事件
阿波羅11號登陸月球

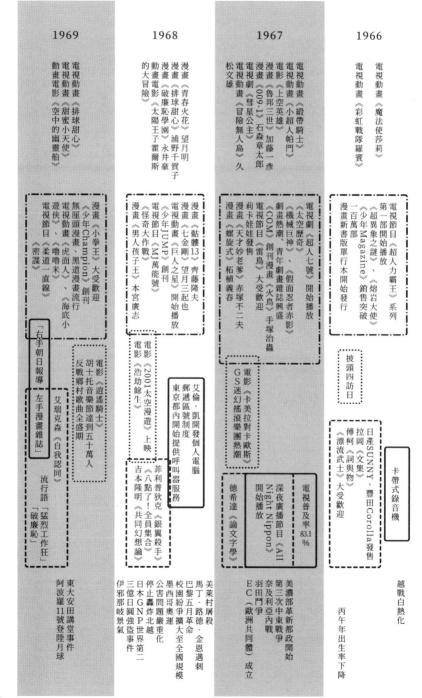

1970

四月電視動畫《小拳王》
漫畫《阿修羅》／喬治秋山
被列為有害圖書
漫畫《赤色輓歌》林靜一
圓谷英二去世

寺山修司等人舉辦「力石徹追悼會」
電影《草莓白書》日活浪漫情色片

廣告「從猛烈到美麗」
T恤搭配牛仔褲流行
引進西式炸雞

《anna》創刊

舉辦大阪萬國博覽會
淀號劫機事件的實行犯聲明
「我們是小拳王」
三島由紀夫切腹自殺

1971

電視動畫《神奇糖》
電視動畫《猿飛小悅子》
電視動畫《魯邦三世》
電視劇《喜歡！喜歡！魔女老師》

電視劇《假面騎士》第一部開始放映
《歸來的超人》、《銀假面》
少年雜誌整體數量減少
逐漸與青年雜誌分眾化

因角色未經許可被使用，長谷川町子提告

電影《發條橘子》

杯麵發售
麥當勞
Mister Donut引進日本
微笑徽章流行
美國碰碰球
土居健郎《依寵的結構》

反越戰行動白熱化
尼克森衝擊
日圓開始升值，一美元兌換三〇八日圓

1972

電視動畫《科學小飛俠》
電視動畫《無敵鐵金剛》

電視劇《機械人超金剛》播放
《鋼王》
漫畫《魔太郎來了！》藤子不二雄A
漫畫《惡魔人》永井豪
電視動畫《海王子》

《Pia》創刊
磁碟片

電影《教父》
《飛向太空》
《ROCKIN'ON》創刊
格雷戈里・貝特森《邁向心智生態學之路》

假面騎士食玩
德勒茲與伽塔利《反俄狄浦斯》
熱褲爆炸性流行
《暮光之年》、《天地一沙鷗》

連合赤軍淺間山莊事件
中日恢復建交、中國送熊貓給日本
田中角榮《日本列島改造論》
關島發現前日本兵・橫井庄一
先鋒10號離開太陽系計畫
沖繩回歸
New Family
反禁止墮胎法及要求避孕藥解禁女性聯盟

1973

電視動畫《甜心戰士》
電視動畫《網球甜心》
電視動畫《玲瓏三勇士》

電視劇《流星人間》
《風雲獅子丸》
漫畫《怪醫黑傑克》手塚治蟲
漫畫《鬥魔王傑克》永井豪
SAGA 蟲製作破產
電視動畫《哆啦A夢》開始播放
電視動畫《魔投手》
《再造人卡辛》

太空實驗1號
電腦斷層掃描儀
《寶島》創刊
《現代思想》創刊

電影《龍爭虎鬥》
電影《夜間門房》
電影《大法師》
《美國風情畫》

澀谷PARCO

美軍從越南撤退
石油危機
囤積衛生紙／缺紙
金大中綁架事件
第四次中東戰爭爆發
巨人九連勝

1974

電視動畫《小天使》
漫畫《穴光假面》永井豪
電視動畫《宇宙戰艦大和號》

電視動畫《電人查勃卡》
漫畫《男組》池上遼一
漫畫《小鬼刑警》山上達彥
漫畫《漂流教室》楳圖一雄
神祕學漫畫熱潮
動畫電影《無敵鐵金剛對怪獸隊長》

電影《教父II》

News Center 9點

魔術師尤里・蓋勒訪日
小學生的超能力熱潮
裸奔
五島勉
「諾斯特拉達姆斯預言」

尼克森卸任
田中首相辭職
長島茂雄退役
北之湖成為史上最年輕橫綱

1975

電視劇《祕密戰隊五連者》
電視動畫《救難小英雄》
《月光女俠》
《凡爾賽玫瑰》熱潮
漫畫《魔女黑井美沙》古賀新一
電視劇《神力女超人》

舉辦第1屆COMIKE

電視動畫《勇者萊汀》
「超合金」熱潮
《少年Champion》、《少年JUMP》躍進
漫畫《1、2號笨蛋》光太郎

54家銀行共通的ATM完成
微軟成立
《奇妙屋》雜誌創刊
就業資訊週刊
卡西歐計算機

電影《大白鯊》
蒙提・派森

《萩本欽一即興秀》
康普茶
《游吧！鯛魚燒君》

柬埔寨解放
西貢淪陷
大學入學考競爭白熱化
不景氣更加嚴重
失業者突破百萬人

1976

漫畫《飛女刑事》和田慎二
電視動畫《小甜甜》

《OUT》創刊

「消磚塊」遊戲流行
漫畫《我的天空》本宮宏志
第一波漫畫文庫熱潮

蘋果II 第1台日本國產單晶片微電腦「TK-80」
家用VHS錄放影機發售

電影《天魔》
性手槍
老鷹合唱團《加州旅館》
塚公平《熱海殺人事件》

「Hokka Hokka亭便當」
東急手創館
「黑貓宅急便」
《接近無限透明的藍》

洛克希德事件
波布政權
越南統一宣言
蒙特婁奧運
毛澤東去世、四人幫被捕
維京號登陸火星

1977

女子職業摔角
動畫電影《宇宙戰艦大和號》
電視動畫《野球狂之詩》
電視動畫《無敵超人桑波特3》

《快樂快樂月刊》創刊
漫畫《野望的王國》
漫畫《前進吧！海盜》江口壽史
《通心粉菠菜莊》鴨川燕
美國組成《日本動畫》粉絲俱樂部

電腦市場達到一兆日圓
單晶片微電腦研發熱潮
ASCII公司成立

電影《星際大戰》
電影《第三類接觸》
電影《魔女嘉莉》
電影《洛基》

《卜派》創刊
超跑熱潮

卡特就任總統
日本航空四七二號班機劫機事件
沙達特訪問以色列
不景氣更加嚴重
戰後破產最多的年份
王貞治以七百六十五支全壘打打破世界紀錄

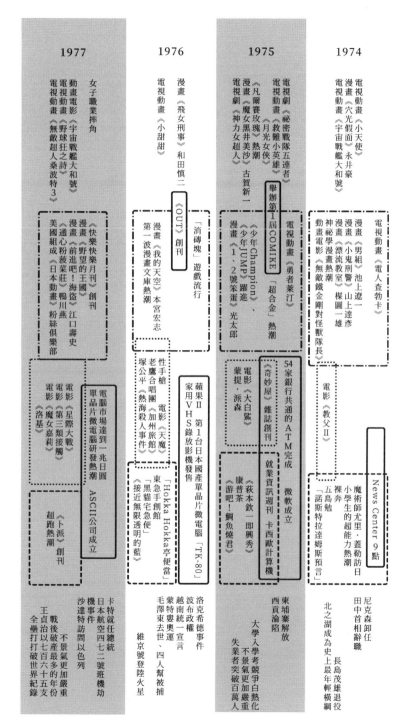

1978

電視動畫《未來少年柯南》
動畫電影《再見，宇宙戰艦大和號》
漫畫《福星小子》高橋留美子

漫畫《綿之國星》大島弓子
漫畫《1・2三四郎》小林誠
漫畫《飛翔情侶》柳澤公夫
漫畫《小麻煩千惠》春木悅巳
成人電影院大受歡迎、出版社揭發
《Animage》創刊
動畫《金剛戰神》在法國大受歡迎

電影《越戰獵鹿人》
電影《橡皮頭》

日語文書處理系統
八重洲book center
裂嘴女傳說

「電線音頭」　糖果合唱團解散
南方之星
粉紅淑女大受歡迎
《蓋普眼中的世界》
柄谷行人《馬克斯可能性的中心》

中東和平會議
大平內閣
美國發現愛滋病患者
試管嬰兒誕生
「人民聖殿教」集體自殺

1979

電視動畫《機動戰士鋼彈》
電影《異形》上映
動畫電影《銀河鐵道999》
電視動畫《凡爾賽玫瑰》
電視動畫《網球甜心》
動畫電影《魯邦三世：卡里奧斯特羅之城》
動畫電影《挪吒鬧海》
電視動畫《哆啦A夢》

「小蜜蜂遊戲」大流行
《YOUNG JUMP》創刊

光纖實用化　個人電腦「PC-8001」發表

電影《現代啟示錄》、《瘋狂麥斯》、《生人勿近》、
北村想《壽歌》　夢遊眠社《狩獵少年》

蓮實重彥《表層批判宣言》
《廣告批判》創刊
竹筍族　YNO／Techno Cut／隨身聽流行
流行語「NOW」、「好土」
山口百惠全盛期

波布政權垮台
伊朗革命
第二次石油危機
柴契爾夫人就任首相
東京高峰會
三里島核電廠事件
全斗煥發動政變掌握實權
蘇聯侵略阿富汗
首度實施大學共通第一階段試驗

1980

漫畫《NORA》御廚哲美
漫畫《怪博士與機器娃娃》鳥山明
漫畫《童夢》大友克洋
漫畫《相聚一刻》高橋留美子
電視動畫《傳說巨神伊甸王》

蘿莉控漫畫熱潮開始

少年／青年漫畫雜誌的愛情喜劇熱潮
《Big Comic Spirits》
《Young Magazine》創刊

任天堂《GAME & WATCH》、「小精靈」發售
CNN開台
Minitel商用試驗開始
富士通在日本國內的營收超越日本IBM
研發光碟

約翰・藍儂去世
電影《星艦迷航記》
《星際大戰：帝國大反擊》
凱斯・哈林在地鐵塗鴉

「魔術方塊」流行
溫貝托・馬圖拉納
《自生系統論》
Tanokin熱潮
漫才熱潮

索馬利亞難民一百三十萬人
光州事件
莫斯科奧運
雷根當選總統
兩伊戰爭爆發
半導體出口、日本汽車生產量世界第一
金屬球棒殺人事件
「耶穌的方舟」事件

1981

電視動畫《福星小子》～86年
漫畫《貓眼》北條司
電影《水手服與機關槍》
第二十屆日本科幻大會「DAICONⅢ開場動畫」
電視動畫《小麻煩千惠》

RPG《巫術》系列大受歡迎
漫畫《鄰家女孩》安達充
四格漫畫熱潮
《Comic BomBom》創刊

傳真服務開始

MTV開台
Snakeman show
電影《火戰車》

《FOCUS》創刊、科學雜誌創刊熱潮
《不良貓》熱潮
高級成衣品牌熱潮
小說《再見了，壞傢伙們》
高橋源一郎
小說《水晶世代》田中康夫

雷根經濟學
密特朗就任總統
PORTOPIA'81
沙達特被暗殺
巴黎人肉事件
太空梭「哥倫比亞號」發射

1982

漫畫《風之谷》宮崎駿
電視動畫《超時空要塞》
漫畫《AKIRA》大友克洋
漫畫《平行女孩》TORI MIKI
電視動畫《甜甜仙子明琪桃子》
電視動畫《阿波羅之女》

愛情喜劇全盛期
模型熱潮
漫畫《絕對安全剃刀》
高野文子
《GENERAL PRODUCTS》成立

電影《銀翼殺手》
電影《E.T.》

CD播放器發售
電影《電子世界爭霸戰》

中井久夫《分裂病與人類》
東京迪士尼樂園開幕
日比野克彥
《笑笑也無妨》
《All Night Fuji》開始播放
電視節目《我們是白爛族》
糸井重里等文案創作者全盛期

日本航空三五〇號班機空難
新日本大飯店火災
福克蘭戰爭
黎巴嫩內戰
中曾根內閣
發現普恩蛋白（prion）

1983

電視動畫《貓眼》
電視動畫《奈奈子SOS》
電視動畫《魔法小天使》
漫畫《變男變女變變變》
動畫電影《幻魔大戰》
《DAICONⅢ開場動畫》

遊戲《鐵板陣》
GAINAX成立
中森明夫提出「御宅族」一詞
梶原一騎因暴力傷害罪被逮補
漫畫《北斗神拳》原哲夫
漫畫《爆炎轉校生》島本和彥

卡式公共電話
任天堂紅白機發售
駭客出現

電影《穿越時空的少女》
電影《俘虜》
電影《星際大戰：絕地大反攻》
麥可・傑克森

王貞治退役
電視播放《阿信》
麥當勞成為1兆日圓企業
HOICHOI PRODUCTIONS
《裝闘講座》
《浩劫後》
《結構與力量》
《西藏的莫札特》

戰略防禦計畫（SDI）
艾奎諾遇刺
美國入侵格瑞那達
日美金融摩擦
發現愛滋病毒（HIV）
戶塚帆船學校事件
中學生殺害橫濱的露宿勞動者

1984

動畫電影《風之谷》
動畫電影《超時空要塞：愛，還記得嗎？》
動畫電影《福星小子2：綺麗夢中人》
真人電視劇《宇宙刑事Shaider》
OVA《奶霜檸檬》

電視動畫《北斗神拳》
漫畫《七龍珠》鳥山明
「肌肉人橡皮擦」流行
第一部OVA《DALLOS》

麥金塔電腦發售

瑪丹娜
電影《魔鬼終結者》、《小精靈》、《哥吉拉》

少女雜誌的性報導成為國會討論的問題
新學院主義
《神經喚術士》
流行語「新人類」「懷舊」「彼得潘症候群」

牛肉、柑橘的進口自由化
固力果・森永事件
洛城奧運
反馬可仕遊行
智利戒嚴令

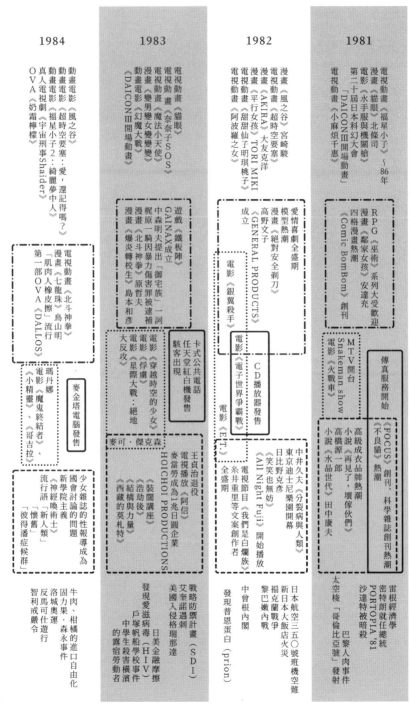

1985

OVA《幻夢戰記蕾達》
OVA《夢獵人麗夢》
OVA《無限地帶23》
漫畫《花之飛鳥組！》
電視動畫《棘手拍檔》
電視劇《飛女刑事》
漫畫《蘋果核戰》士郎正宗
電影《Go for Break》

遊戲《超級瑪利歐》
漫畫《文化人類笑點》相原弘治
漫畫《輕井澤症候群》田上喜久
漫畫《自虐之詩》豪田良家
漫畫《笨金魚》望月峯太郎
《APC》創刊
漫畫雜誌陸續休刊
電視動畫《鄰家女孩》　OVA《天使之卵》
手塚治蟲、佐藤三平登上小學國語教科書
動畫雜誌《Newtype》創刊

NTT成立　Handycam攝影機　電話俱樂部誕生
聖魔大戰巧克力（Lotte）熱潮
IBM發表筆記型電腦
空中大學
News Station

拯救生命

英國電視節目《雙面麥斯》
電影《回到未來》

《東京女高中生制服圖鑑》
《夕照喵喵》開始播放
《不要脫人家的水手服啦》
《世界末日與冷酷異境》

戈巴契夫就任總書記
筑波科學萬博
男女雇用機會均等法成立
日本發現第一名愛滋病患者
文部省發表霸凌問題緊急對策

1986

漫畫《以柔克剛》浦澤直樹
OVA《A子計畫》
OVA《Gall Force》
漫畫《逮捕令》藤島康介
動畫電影《天空之城》
電視動畫《相聚一刻》

遊戲《勇者鬥惡龍》
《週刊少年JUMP》銷售突破四百萬部
漫畫《Hot Road》紡木卓
漫畫《櫻桃小丸子》櫻桃子
漫畫《聖鬥士星矢》
漫畫《美味大挑戰》等
美食漫畫熱潮
電視動畫《七龍珠》
恐怖漫畫、淑女漫畫

文書處理軟體「一太郎」熱賣

電影《異形2》
電影《巴西》
《前進高棉》
《藍絲絨》

新風俗營業法
岡田有希子自殺
直長髮、緊身衣流行
《Men's Non-no》發行
《男女7人夏物語》播放
自然產生小學生和謠言的網路

「挑戰者號」太空船爆炸
車諾比核電廠事件
土井多賀子成為社會黨主席
中野區富士見中學霸凌自殺事件
沙卡洛夫博士獲釋
黛安娜王妃熱潮
腦死等同於個體死亡
麥克・泰森成為史上最年輕拳擊冠軍

1987

漫畫《三隻眼》
漫畫《亂馬1／2》高橋留美子
漫畫《BASTARD!!—暗黑的破壞神》萩原一至
漫畫《泡泡糖危機》
漫畫《地球防衛少女》
漫畫《超能力魔美》
動畫電影《王立宇宙軍：歐尼亞米斯之翼》

遊戲《太空戰士》
《漫畫日本經濟入門》
漫畫《守護我的地球》日渡早紀
漫畫《JOJO冒險野郎》荒木飛呂彥

電影《機械戰警》
電影《末代皇帝》
電影《怒祭戰友魂》、《慾望之翼》

任天堂紅白機銷售突破一千萬台
以紅白機進行股票交易
電子記事本
民間電視台二十四小時播放
數位錄音帶（DAT）
可顯示數字的呼叫器發售
撥號留言服務開始
廣辭苑CD化

「頂客族」流行
女高中生「早上洗頭」
《紅鯨團》開始播放（～1994年）
《挪威的森林》
《廚房》
《危險故事》

黑色星期一：日美股市大崩盤
金賢姬大韓航空爆炸案
國鐵改組為JR

1988

動畫電影《AKIRA》
OVA《勇往直前》
漫畫《魔法陣都市》
OVA《吸血姬美夕》
電視動畫《鎧傳》

《勇者鬥惡龍3》發售，成為社會現象
《週刊少年JUMP》銷售突破五百萬部
藤子不二雄單飛
動畫電影《龍貓》
動畫電影《螢火蟲之墓》

任天堂Game Boy發售
錄放影機普及率50%
電腦病毒流行
因昭和天皇病危而自肅

電影《終極警探》
電影《帝都物語》

《討論到天亮》大受歡迎
拒絕上學的中學生激增
《失去童年的時代》伊藤正幸
《時間簡史》

竹下內閣成立
阿富汗撤軍
漢城奧運
蘇聯經濟改革
巴勒斯坦獨立宣言
青函隧道開通
東京巨蛋完工

1989

動畫電影《機動警察》
電視動畫《亂馬1／2》
動畫電影《魔女宅急便》

抵制御宅族vs擁護御宅族
手塚治蟲去世
俄羅斯方塊流行
漫畫《寄生獸》岩明均
漫畫《猴子也能畫漫畫》
相原弘治．竹熊健太郎
漫畫《傳染》吉田戰車
無厘頭漫畫熱潮
「麵包超人」熱潮

Apple SE／30 Dynabook
FM Towns
拋棄式相機「即可拍」熱賣
朝日新聞珊瑚礁損傷假新聞事件
女童連續殺人事件嫌犯．宮崎勤遭到逮補
錄影帶出租店熱潮

《三宅裕司的潮團天國》
人受歡迎、樂隊熱潮
電影《蝙蝠俠》、《凶暴的男人》
《夢幻成真》

美空雲雀去世
泡沫經濟全盛期
《一碗陽春麵》

昭和天皇駕崩／從昭和進入平成
東歐民主化運動
柏林圍牆倒塌：冷戰結束
天安門事件
布希就任總統　瑞可利事件
實施3%消費稅
竹下內閣總辭
女高中生水泥埋屍案

1990

電視動畫《海底兩萬哩》
《福星小子》全集數LD-BOX發售
漫畫《空手女神龍》鶴田洋久
漫畫《BASARA婆娑羅》田村由美
漫畫《電影少女》桂正和
電視劇《女機器戰警》
電視劇《美少女假面》
電影《霹靂煞》

有害漫畫騷動

漫畫《浪花金融道》青木雄二
漫畫《男人真命苦》新井英樹
漫畫《幽遊白書》富樫義博
漫畫《沈默的艦隊》熱潮
漫畫《灌籃高手》井上雄彥
國立近代美術館「手塚治蟲展」
COMIKE從幕張到晴海
開始有害漫畫限制
動畫《櫻桃小丸子》播放
《大家來跳舞》大受歡迎
岡崎京子等人的女性漫畫新浪潮

《勇者鬥惡龍IV》發售
三十萬份當日銷售一空
超級任天堂發售
首年度熱賣四百萬台
WOWOW衛星電視試營運

電影《無底洞》
電影《魔鬼總動員》
《我心狂野》
《與狼共舞》

日本全國KTV數量增加

NTT東日本、西日本
開設Q2加值服務
衛星導航出現
自我啟發講座普及
反黑人歧視團體
告發「小黑人桑波」
大雪山遇難，SOS事件
偶像劇大受歡迎
《日本可以說不》
《豐足的精神病理》
《文學部唯野教授》

烏拉圭回合／美國的自由化問題
戈巴契夫就任總統
神戶高塚高中校門壓死事件
長崎市長因天皇戰爭責任論而遭到槍擊
東西德統一
伊拉克侵略科威特
秘魯誕生藤森政權
坂本律師全家失蹤

1991

電視動畫《魔法陣都市》
OV《傑拉姆》
漫畫《銃夢》木城幸人
漫畫《貓眼女槍手》田園健一
OVA《魔物獵人妖子》
電影《末路狂花》
電視動畫《倩影刺客》
遊戲《快打旋風II》

遊戲《太空戰士III》發售
山下達也離開漫畫界，成為小說家
遊戲公司Enix創辦《月刊少年GANGAN》
宗教漫畫熱潮
電視動畫《神通小精靈》
青少年條例修訂，強化漫畫限制
《灌籃高手》井上雄彥
《少年JUMP》銷售突破五百萬部
OVA《御宅族的錄影帶》
《流行！御宅族天國》

電影《魔鬼終結者2》、《無能之人》
電影《剪刀手愛德華》、《霸道橫行》

恥毛解禁？
MiniDisc發售
DATA Discman電子書播放器

電視節目《KARUTO Q》成為話題
電視劇《東京愛情故事》播放
宜保愛子熱潮
新興宗教「幸福科學」興盛
《批評空間》創刊
朱麗安娜於東京開店
環保熱潮
Q2加值服務的成人節目成為問題
《雙峰》

波斯灣戰爭爆發
南非種族隔離結束
葉爾欽就任總統
俄羅斯政變失敗
蘇聯解體
伊藤萬事件
泡沫經濟因證券醜聞瓦解
雲仙普賢岳發生大規模火山碎屑流
東京新都廳完工
菲律賓皮納土波火山噴發
柬埔寨紛爭結束
海部首相辭職
宮澤內閣
千代富士退役

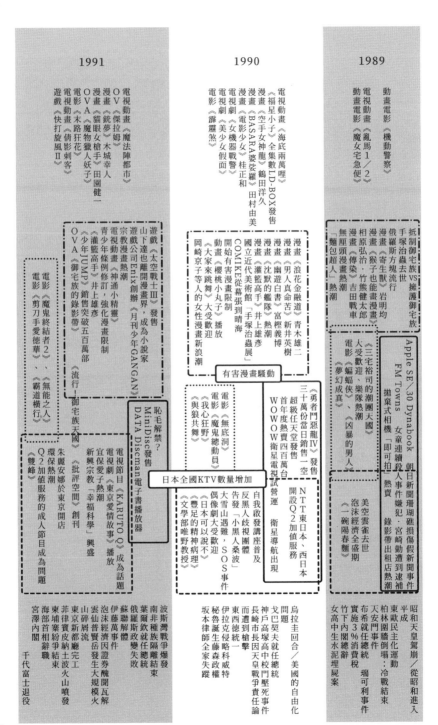

1992

電視動畫《美少女戰士》
OVA《天地無用！魎皇鬼》
OVA《萬能文化貓娘》
遊戲《銀河小姐傳說》
OVA《超神傳說》

遊戲《VR快打》發售
漫畫《傲慢主義宣言》小林善紀
蠟筆小新熱潮
「漫畫表現自由保護會」成立
長谷川町子去世
動畫電影《紅豬》

佛萊迪·墨裘瑞因愛滋病去世
黃種魔術交響樂團（YMO）重組復出

電腦通訊使用者達一五五萬人
NTT DOCOMO成立
電視節目《Ugo Ugo Ruga》播放

電視劇《一直都愛你》，冬彥成為話題
宮澤理惠寫真集《聖塔菲》
尾崎豐去世，四萬人參加告別式
《磯野家之謎》成為暢銷書
捧殺
自此之後《解謎書》蔚為熱潮

日本全國KTV數量增加

馬斯垂克條約
赴美日本留學生服部剛史射殺事件
洛杉磯暴動
巴賽隆納奧運
東京佐川急便事件
貴花田成為最年輕相撲優勝者
中韓建交
柯林頓當選總統
櫻花、朝日銀行合併改名

1993

動畫電影《機動警察劇場版Ⅱ》
電視劇《言出必行三姊妹》
電影《鐵甲無敵瑪利亞》
電視動畫《GS美神》
對戰格鬥遊戲《侍魂》系列

紅白機漫畫化盛行
《稻中桌球社》古谷實
第二次漫畫文庫熱潮
電視動畫《灌籃高手》

NHK紀錄片捏造事件
Windows 3.1
網路民營化

電影《侏羅紀公園》
《辛德勒名單》

恐龍熱潮

電視節目《高校教師》播放
《料理鐵人》
朱麗安娜／積極女孩
油漬搖滾的時尚復活
中箭水鴨
露毛寫真熱潮
辣妹誕生
輔導大量約會俱樂部的女高中生（神奈川）
原味內褲店成為問題
筒井康隆「斷筆宣言」
《麥迪遜之橋》
《蘇菲的世界》
《Father Fucker》

皇太子成婚
綜合建設貪汙事件
自民黨一黨獨大瓦解
細川政權誕生
以色列、巴勒斯坦暫定自治宣言
日本職業足球聯賽（J聯賽）元年

1994

電視動畫《魔法騎士雷阿斯》
漫畫《少女殺手阿墨》小山由
OVA《逮捕令》
電影《終極追殺令》
電影《蝙蝠女孩》
電視動畫《小紅帽恰恰》

日本正式引進網際網路
SEGA《SEGA土星》發售
SONY《Play Station》發售

迪士尼動畫《獅子王》抄襲《小獅王》爭議
《金剛戰士》在美國大受歡迎
《月刊少年ACE》創刊
遊戲《太空戰士Ⅳ》發售

塔倫提諾坎城影展獲獎
電影《捍衛戰警》
《阿甘正傳》

電視劇《無家可歸的小孩》
電視節目《猜謎惡魔的耳語》
電視劇《人間失格》

《超能力上班族》作者，高塚光引退
大槻教授抵制宜保愛子
北野武重機車禍
愛犬家連續殺人事件
鶴見濟《完全自殺手冊》
「辣妹」成為流行語
「茶屋」滲透

松本沙林毒氣事件
日圓大幅升值，一美元兌換不到一百日圓
塞爾維亞糾紛
曼德拉就任總統
缺米騷動
大衛教派集體自殺
村山內閣
金日成去世
利勒哈默爾冬季奧運
大江健三郎獲頒諾貝爾文學獎
進入就業冰河時代
霸凌自殺在日本全國達七人
賽車選手塞納因意外死亡
羽生善治稱霸六冠

1995

動畫電影《Macross Plus》
動畫電影《MEMORIES》
動畫電影《攻殼機動隊》
電視動畫《新世紀福音戰士》開始播放
電視動畫《秀逗魔導士》
電視動畫《守護天使莉莉佳》
電視動畫《伊沙米大冒險》、電視動畫《夢幻遊戲》
電視動畫《愛天使傳說》
遊戲《VR快打2》
電影《致命的快感》、《坦克女郎》
OV《角色扮演戰士甜心騎士》
漫畫《聖女貞德》安彥良和
漫畫《Shi》威廉．達西
電視劇《齊娜武士公主》
動畫電影《心之谷》

遊戲軟體《純愛手札》發售
美少女遊戲大受歡迎
聲優熱潮
高野文子《一根棒》
《少年JUMP》發行量減少
別冊寶島《漫畫的讀法》

小室哲哉製作的作品獲得爆炸性的人氣
披頭四新曲
電影《學校的階梯》、《廁所的花子》上映
電影《摩登大聖》
電影《哥吉拉VS戴斯特洛伊亞》
電影《卡美拉 大怪獸空中決戰》、《阿波羅13號》

《未成年》播放
援交
《寄生都市》

HP 200 LX PHS
Windows 95 發售

關西大地震
地下鐵沙林毒氣事件
車臣紛爭
O．J．辛普森判決
青島幸男、山田勇：「藝人知事」誕生
藥害愛滋問題
伊波拉病毒在薩伊流行
拉賓遇刺
野茂活躍於大聯盟
美軍在沖繩發生強姦少女事件
中國、法國核子實驗

1996

電視動畫《聖天空戰記》
電視動畫《機動戰艦》
電視動畫《魔法少女砂沙美》
OVA《機械女神》
OVA《鐵腕女警》
OVA《魔法使俱樂部》
遊戲《櫻花大戰》

岡田斗司夫《御宅學入門》
漫畫《賭博默示錄》
福本伸行
《Eureka》日本動畫特輯

電影《ID4星際重生》上映
電影《卡美拉2》、《燕尾蝶》、《我們來跳舞》
渥美清去世

「SKY PerfecTV！」開台，電視朝向多頻道化邁進
萬代「電子雞」熱潮
虛擬偶像「伊達杏子」 SEGA「大頭貼」熱潮

「猿岩石」熱潮 《長假》播放
地方政府推出電話俱樂部限制條例
女高中生流行泡泡襪 安室現象
自殺預告電話
《癌症患者啊，不要跟癌作鬥爭》
《腦內革命》 宮澤賢治熱潮

住宅金融專門公司呆帳問題
英國發生狂牛症
O157食物中毒事件
亞特蘭大奧運
日本駐秘魯大使館人質危機
拒絕上學的中小學生超過八萬人

1997

動畫電影《新世紀福音戰士：死與新生》《Air／真心為你》
動畫電影《魔法公主》
電視動畫《甜心戰士》
電視動畫《少女革命》
電視動畫《貓狐警探》
OVA《海底嬌娃藍華》
遊戲《古墓奇兵》
漫畫《歌舞伎》大衛馬克
漫畫《魔女之刃》馬克．希爾維斯特
電視劇《魔法奇兵》

電影／音樂寶可夢癲癇事件

《STUDIO VOICE》新世紀福音戰士特輯
《別冊寶島》這部動畫很厲害！
藤子．F．不二雄去世 BS漫畫夜話 寶可夢大受歡迎

《侏羅紀公園：失落的世界》
村上春樹《地下鐵事件》
《失樂園》
視覺系樂團大受歡迎
北野武《花火》獲得威尼斯影展金獅獎
今村昌平《鰻魚》獲得坎城影展金棕櫚獎

電視劇《戀愛世代》
跟蹤狂

網際網路普及

神戶兒童連續殺害事件
黛安娜王妃車禍過世
建設公司陸續破產
香港回歸
山一證券自主停業
消費稅5%
宮崎勤被判死刑

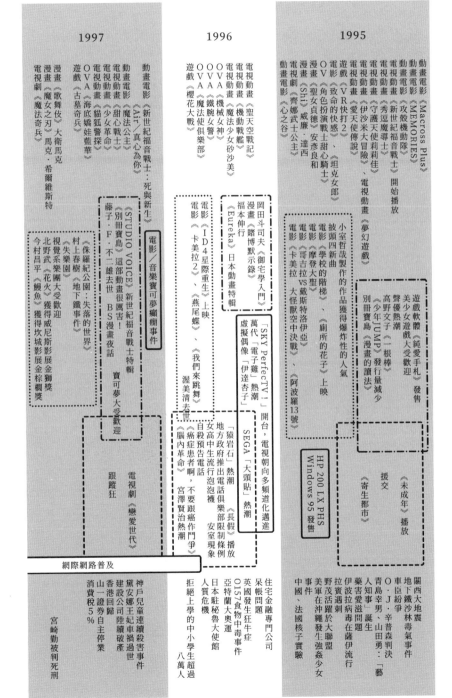

1998

漫畫《Battle Chaser》喬・馬雷拉
漫畫《Danger Girl》安迪・哈奈爾等人
電視動畫《玲音》
電視動畫《庫洛魔法使》
電視動畫《守護月天》
電視動畫《失落的宇宙》

小林善紀《戰爭論》
石森章太郎去世
《GARO》二度休刊

Dreamcast Mac發售

黑澤明去世
hide自殺
淀川長治去世
電影《鐵達尼號》
《搶救雷恩大兵》

電視劇《庶務二課》

網際網路普及

克林頓緋聞案
北韓發射飛彈
和歌山毒咖哩事件
栃木女教師蝴蝶刀
刺殺事件
印度、巴基斯坦
核子實驗
美英空襲伊拉克
兒童色情法
長野冬季奧運

◈·解說 培養出《動物化的後現代》的姊姊

東浩紀
（哲學家、評論家、國際大學全球溝通中心副所長）

在這幾年，關於御宅族與動畫的狀況有了劇烈的改變。宮崎駿獲頒奧斯卡獎、村上隆席捲美術界、威尼斯雙年展中舉辦了御宅族展、「萌」變成了流行語、輕小說熱潮的來襲，內容產業的動向幾乎日復一日地占據經濟新聞的版面。去年秋天，《Eureka》雜誌陸續策劃了動漫評論特輯。現在即使說自己在研究御宅族與動畫，也不會讓人心生疑惑。

但是在二〇〇〇年四月，齋藤環先生的《戰鬥美少女的精神分析》單行本出版時，狀況卻完全不同。當時秋葉原只不過是平凡的電子街，也沒有人在討論軟實力。關於動畫與遊戲的文章，多數不是出自業界寫手的紀實報導，就是為粉絲撰寫的設定資料，又或者是過於深度的解讀，幾乎沒有人嘗試以學問的一致性為目標來進行研究。美少女遊戲與輕小說並未普及到一般人，網路也不像現在這樣具備另類批判場域的作用（雖然從一九九〇年代就有人開設個人網頁，但狀況與部落格或社群媒體全盛期的現在相去甚遠）。而且當時距離一九九五年的《新世紀福音戰士》已經過了五年，這五年來都沒有足以與之匹敵的衝擊，就一般人的眼光來看，御宅族的存在感逐漸變得稀薄。換句話說，嘗試以社會的觀點討論御宅族，在當時是先當罕見的事情。第一線的精神科醫師在這樣的環境當中，出版了這本正統且從內在討論御宅族的想像力與性的書籍，堪稱是一大事件。

我想現在的年輕讀者很難看見這樣的狀況，因此容我再次重新強調。現在的日本，在社會學與次文化的分析交錯之時就產生了新的批判，並開始獲得讀者的支持。這種新型態的言論雖然與一九八〇年代風的後現代主義不同，但也與一九九〇年代的現實導向相異，無論在歐洲與美國都沒有相對應的潮流。這樣的言論空間，具體來說由筆者的《動物化的後現代》（動物化するポストモダン）（二〇〇一）、森川嘉一郎（1971-）的《趣都的誕生》（趣都の誕生）（二〇〇三）、北田曉大（1971-）的《嗤笑日本的「民族主義」》（嗤う日本の「ナショナリズム」）（二〇〇五）、伊藤剛（1967-）的《手塚已死》（テヅカ・イズ・デッド）（二〇〇五）、稻葉振一郎（1963-）的《現代的冷卻》（モダンのクールダウン）（二〇〇六）等著作群構成，並在無數部落格的環繞下成長。多數拿起這本文庫版的讀者在閱讀本書時，或許會從這些「新的評論」來回溯其內容。這麼做雖然沒有錯，順序卻反了。實際上這本《戰鬥美少女的精神分析》，才是爲我們準備了這個空間的先驅著作。

而先驅也代表雜亂。本書其實含有許多雜音與矛盾。舉例來說，本書一方面以「歇斯底里的症狀在由視覺媒介的虛構空間中的鏡像反轉」，普遍地說明戰鬥美少女的出現，但另一方面，又將其視爲日本獨特的文化現象給予特殊定位。這兩種立場之間找不到妥協點，實際也在本書中演奏出不和諧的音調。話說回來，從亨利・達格的作品分析到拉岡派精神分析理論，甚至連御宅族的自白都塞進去的結構，實在過於雜亂且使主題發散。然而與其將這些弱點視爲不成熟的議論，還不如將其當成是作者的熱情與苦於產出新典範的表現。即使出版至今已經過了六年，仍有許多尚未發展的線索與想法在本書中沉睡。希望讀者務必再靠著自己的雙手發掘其可能性。

話說回來，寫下這些解說的筆者自己，也是因爲《戰鬥美少女的精神分析》的出版而受到決定性影響的人之一。

筆者第一次見到齋藤先生是一九九九年的事情。齋藤先生的年齡雖然與筆者相差將近十歲，然而同爲在現代思想與御宅族間穿梭的人，筆者對他懷抱著相當高度的親近感。實際上我們也有一起工作過。當時無論是齋藤先生還是筆者，都尚未撰寫以御宅族本身爲主題的書籍。如果這樣的狀況持續，筆者或許至今仍是個御宅族失格的半吊子評論家（或者評論家失格的半吊子御宅族），僅滿足於以現代思想的語言探討動畫與遊戲。

然而本書的出版給予了筆者重新檢視自己立場的好機會。因爲筆者在讀了本書之後，感覺到其實整本書帶有嚴重的不協調感（儘管能被細節的論述說服）。這時筆者才第一次迫切地認爲，必須將自己爲什麼會思考、又爲什麼有必要思考關於御宅族的事情，確實地化爲語言，而寫下前述的《動物化的後現代》。

齋藤先生明顯帶給我的這本書極大的影響，且已經超越參考的地步。舉例來說，我盡量避免解釋作品，比起視覺表象（image）更關注於消費形態，並試圖透過社會學的觀點解開御宅族之謎。這所有的風格都與《戰鬥美少女的精神分析》形成對照。《動物化的後現代》可說是如同《戰鬥美少女的精神分析》的弟弟一般而生的著作。

那麼《戰鬥美少女的精神分析》爲什麼帶給當時的筆者如此強烈的不協調感呢？這種感覺與分析御宅族時，「性」的觀點有多大的效力、與之相關的精神分析手法又有多高的適用程度等疑問有關。齋藤先生認爲御宅族的分析必須從「性」開始，但筆者卻不這麼覺得，這就是爭議點之所在。

基於篇幅因素，在此無法深入介紹其內容，但齋藤先生與筆者交換的意見四處可見，因此讀者輕易就能找到我們的辯論。

如果讀者有興趣，建議可以先閱讀在筆者網站上進行的電子郵件討論〈關於《戰鬥美少女的精神分析》的網狀書評〉，除了齋藤先生與筆者之外，也邀請了竹熊健太郎先生、伊藤剛先生、永山薰先生加入討論。討論記錄至今仍公開於網路上（http://www.hajou.org/），很容易就能找到並閱讀。這樣堪與一本書匹敵的活躍討論，除了上述的辯論之外，想必也爲解讀本書提供了多元的觀點。小谷眞理女士在不久之後也加入這場討論，並將討論內容集結成評論集《網狀言論F改》（二〇〇三）。

就如同存在著爭議一事所顯示的，齋藤先生與筆者，無論是對於御宅族的基礎理解、具體的作品評價還是精神分析的解釋等，都抱持著許多相異的意見。齋藤先生在《戰鬥美少女的精神分析》出版後，也持續致力於撰寫有關漫畫與動畫的評論，其成果可以在《博士的奇妙青春期》（博士の奇妙な青春期）（二〇〇三）、《解離的流行技巧》（解離のポップ・スキル）（二〇〇四）、《附身框架》（フレーム憑き）（二〇〇四）等評論集中找到。齋藤先生的寫作手法逐漸向電影評論或漫畫評論般的表徵分析靠攏，而筆者則將興趣轉移到故事與遊戲在結構上的關係，我們兩人逐漸走向不同的道路。儘管如此，從更寬廣的視野來看，齋藤先生與筆者從一九九九年相識至今，可說是一路走來都共同爲了追求更豐富、更多元的御宅族世界分析典範而持續奮鬥。

如果沒有《戰鬥美少女的精神分析》這位「姊姊」的出現，《動物化的後現代》絕對不可能寫成現在的形式。就這點而言，儘管在個別觀點上有若干不同的意見，筆者仍一直將齋藤先生視爲建立二〇〇〇年代「新形態評論」的盟友（雖然這些話由年齡較低的筆者來說或許有點失禮），而筆者相信他也有同樣的感覺。期待從拿起這本文庫版的各位當中，能夠誕生繼承我們嘗試的新世代評論家。

◈・附錄 從榮格觀點理解《戰鬥美少女的精神分析》

陳宏儒
（心蘊心理諮商所執行長、
文心診所諮商心理師、
「榮格讀書會」臉書社團及粉專創建者、
「榮格人文講堂」臉書社團共同創建者）

一本書的出版實屬不易，為了使《戰鬥美少女的精神分析》的受眾不受限於ACG及精神分析的愛好者，而能延展至喜歡榮格分析心理學的受眾，為使推薦人的任務能達成，筆者冒昧向編輯請求了撰寫此附錄，期待能以神話赫密士穿梭天人冥三界的精神，轉譯精神分析語言至榮格分析語言，增加精神分析、榮格分析與《美少女戰士》同好的相互理解。本文撰寫受推薦人郝柏瑋諮商心理師協助於拉岡精神分析的理解，以及榮格鉅著《伊雍》譯者周俊豪先生在文章結構與可讀性的指點，在此先述明並表達謝意。

・從榮格分析心理學神聖空間論述理解日本式空間

榮格分析師的十分重視分析場域——「神聖空間」（temenos）的維持。在榮格分析的實務裡，分析師透過對受分析者無意識歷程的尊重、保密、承諾對象徵採取行動展現，來致力於與受分析者共構一個安全的心理空間。

神聖空間既是個重要的原型也是個象徵，它有相當多的表現形式，像是煉金術士的器皿、浴池、深井、僻靜室、哲學家的書房、赫密士引導出來的容器、圈地等概念。它的特色在於以界線將此神聖空間與整個世界區隔開來，有助於安全，以便進行神聖事務。

每個人都有自己虛擬與想像的世界，但卻未必能受到保護，就如同御宅族若說出他與虛擬事物的互動，就有可能遭致外界的異樣眼光。反觀齋藤環提出的「日本式空間」概念，這是一種集體性的空間，各式各樣虛構的自主的眞實都能被允許，且不一定需要「以現實作爲擔保」，即完全不需要模仿現實，而是可以單靠虛構的力量將獨自的眞實空間往周圍拓展。

榮格分析所維持的神聖空間則會受到某些界線結構的保護，包括一個安全的實體空間，以及一段不被打擾的時間。空間與時間上的界線可以阻止他人侵入我們的生活，佔據我們所有時間與心力。在分析的時間與空間裡，受分析者的積極想像、創作、夢境之類的虛擬、非現實事物是受到敬重的；然而爲何我們要敬重虛擬的事物呢？

美國詩人羅勃·布萊（Robert Bly）寫了《鐵約翰》（Iron John）一書，以格林童話鐵約翰的故事來描述男性的個體化旅程。鐵約翰是個受野人啟蒙而踏上英雄之旅的王子，他在花園中初次邂逅了公主。羅勃·布萊雖未直接言明，但我認爲書中對花園此一意象的討論和神聖空間的概念十分相似，但前者更強調個人的想像世界而非分析室裡的治療互動。

花園是安全、隔絕，同時也不會受到現實干擾的場域，所以能爲人們提供一個沉澱、反思、接觸自我的空間。羅勃·布萊說花園讓我們躲開來自「世界」的雨點，是相對於世界的避難所，是自失落恢復至信任之處。此處的世界可說是現實的限制，或者是拉岡分析裡的大他者吧。

在虛擬的空間當中，我們得到最大的想像自由，也因此我們得以在此自由地嘗試各種思考的實驗；就如同榮格繪製《紅書》之時，他需要一個完全私密、能夠自主決定的想像空間，免於來自外界的評判。

御宅族在日本ACG的日本式空間邂逅了戰鬥美少女，我認爲是類同於鐵約翰於花園裡邂逅公主的。這個空間從榮格對煉金的論述來說，是每個人與其異質物化合、交媾之所，此述的化合、交媾是個象徵，當然它可能實際上是御宅族對ACG的性能量投射，但榮格觀點的性不會單單只是實際的性慾紓解，而是自由地對著戰鬥美少女想像、遊玩互動。以煉金的觀點而言，這個互動與化合也將帶來御宅族本人的轉變。

雖然齋藤環稱之爲日本式空間，但我想不論東方西方，人人都需要一個想像空間以躲避眞實、現實的追殺，一個我們可以抵禦外界，可以安頓自身想像的世界。

・榮格在其積極想像中的多重定向

理解自己的時空身分立基點，精神醫學稱之爲定向（orientation）。就如同每個故事一開始都要述說主人公的身分與所處的時空，定向是一個故事得以發展的基石，但若人發生了多重定向，又無法區分現實與虛擬，就可能意味著生了心理疾病。齋藤環定義御宅族是要能夠多重定向之人，是能夠自由地穿梭於各種虛構脈絡之間，也能輕而易舉地從接收者的立場轉換成創作者立場的人。

榮格在撰寫《紅書》的過程其實十分接近多重定向，他一方面是自己想像世界的創作者，一方面也是自己想像世界的接收者，他後來將這個過程命名爲積極想像，並強調要認眞嚴肅地把想像當一回事。

積極想像是榮格分析實務的四大支柱之一，除了直接進行積極想像，眞實動作、沙遊治療、直觀性歷程繪畫都是應用積極想像原理的治療技術。在這些過程裡，當事人認眞地看待自己的身體、物件與所描繪之物，在創作者、經驗者、觀看者的角度之間穿梭，而心理治療的效果也發生在其中。

這不禁也讓我好奇，御宅族對戰鬥美少女有什麼樣的想像？而這些想像又爲其帶來何種心理轉變的效果？有可能是榮格所主張的超越功能嗎？

・在虛擬圖像世界裡「超越功能」讓「超越的眞實」發生

齋藤環認爲戰鬥美少女雙性兼具、變身（快速成熟）、主動性（戰鬥能力）與被動性（可愛）等各種特性奇妙混合，讓「超越的眞實」（transcendental reality）更容易發生。這些特性不僅奇妙，更時常是在眞實當中難以同時並存的對立特性。

《榮格心理學辭典》（*A Critical Dictionary of Jungian Analysis*）提到，榮格提出人類心智有一種超越功能（transcendent function），能藉由象徵來表達自身，並調節兩極。一般雖然都說超越功能是一種眞實與想像的連結、意識與無意識的連結、非理性與理性的連結，但我認爲或許更精準地講，是透過想像與非理性，來突破眞實、理性與意識的限制，使命題與反命題在同等條件下，藉著象徵與對方相遇，也就是形成齋藤環所說的「悖論」。

在戰鬥美少女這個日本式空間，因爲空間的虛擬特性、圖像特性，使得各種對立的統合得以發生，但爲何御宅族男性需要如此來統合女性的對立面向呢？

・男性對戰鬥美少女的性，爲藉由想像的世界來統合非己心理內容

榮格認爲男性所壓抑的陰性特質會進入無意識，並投射在女性身上，榮格稱此種無意識的概念爲阿妮瑪（anima），並常以此來談論異性戀男性的慾望。榮格分析師莫瑞・史丹（Murray Stein）則在《男人・英雄・智者》（*Men Under Construction: Challenges and Prospects*）一書提到，男性的心靈發展順序爲：先是母親所養育的男孩階段，再來是父親所教養的兒子階段，再過來會進入到追求阿妮瑪的英雄階段。阿妮瑪會使男性自我膨脹，並且讓男人富有想像力，並因而能逃開以父親所象徵的父權體制，有能力抵禦社會期待，有自己的個性、情感、情緒生活與內在。

男人的阿妮瑪與母親情結、父親情結息息相關。當一個男性有清晰的男性性別認同，離開了母親的男孩與父親的兒子階段，他就能自在地去接近符合其阿妮瑪投射的女性客體，能夠在父親象徵的社會裡運作，但又不完全只歸屬於這個現實層面，而是能玩耍與想像；換言之，御宅族對於戰鬥美少女的追求，在榮格的分析心理學裡可能代表著心靈發展階段性任務的達成，

雖然是一個帶著情慾滿足的階段，在單純的性慾之外，還意味著男性能夠開始有不符合傳統的情慾想像世界。這對男性而言也是一種精神成就，因爲他能冒著體驗、嘗試各種感覺的風險，開始進入到整合個人情感、情緒生活的發展階段。

就《男人的四個原型》（*King, Warrior, Magician, Lover: Rediscovering the Archetypes of the Mature Masculine*）作者榮格分析師羅伯特・摩爾（Robert L. Moore）書中的觀點來看，男人的情愛生活由「愛人」此一原型所主導，一樣起源自母親情結的發展，亦即對另一個照顧型客體的正負反應，但一發展到情愛，還涉及感官與身體本能的發展，以及男人能否與萬物建立連結。由此觀之，男人的情愛生活的意義就不僅是對另一個潛在照顧者的心理反應，更涉及到感官、身體本能等容易被男性所忽視的心理陰性面向。

羅勃・布萊說：世間男女都在一條從「律法」通向「傳奇」的路上。律法是我們活下去需要知道的規範，是告訴我們哪條路可以走的遊戲規則。傳奇故事則代表著濕潤的沼澤地帶，是野性、未馴化的部分。一個人要花費二十年來了解律法，然後再花上一生的時間來了解傳奇，從教條通向自由，從過度服從的人轉變爲恢復野性的人。

羅勃・布萊並引述作家兼分析師約翰・拉雅的觀點，認爲當一個男人決定朝傳奇走去時，他的夢裡可能會出現雙面女郎，女郎的一面朝著規則與律法的世界，另一面則向著龍的慾望、潮濕、野性和成年男性氣質。羅勃・布萊推測，雙面女郎出現後，男人可以更精確地、同時地看到「律法」與「傳奇」這兩個面向，並且因著這份看見，男人走向傳奇的腳步就可以加快。

莫瑞．史丹認爲阿妮瑪會引發男性離開照顧者（母親）與社會秩序建構者（父親），而阿妮瑪的出現就是要來協助男性脫離人格面具——這和羅勃．布萊的觀點不謀而合。那麼，從榮格分析心理學的角度觀之，我們是否可以說：戰鬥美少女身上的對立特質，與男性相應的是其舊有且偏向現實的面向，而不相應的是其缺乏的特質呢？像是美少女所代表的軟弱、可愛、萌呆甜，而這些會是御宅族嘗試在這個個人日本式空間中整合的內在心理特質嗎？

・榮格分析師所主張的女性對立面向

除了本書論述的對立特性，女性有哪些對立面向可供我們來思索戰鬥美少女裡所呈現的對立呢？處理對立整合是榮格分析師的強項，榮格分析師對女性的對立面又怎麼思考呢？

榮格分析師呂旭亞在Youtube上有一演講影片「女力時代：找尋女性的自我原型」論及了榮格分析師托尼．伍爾芙（Toni Wolf）所提出來的女性原型的兩個對立軸，托尼．伍爾芙提出的對立，是由「與人關聯方法」及「與世界關聯方法」兩個軸向交織而成。與人關聯方法包括上對下的照顧型人際連結原型——母親，相對於平行深入往來的人際連結原型——交際花；與世界關聯方法包括進入世界並改變世界的原型——亞馬遜女戰士，相對於探索世界與世界連結的原型——女祭司。

榮格分析師河合隼雄則在《源氏物語與日本人：女性覺醒的故事》提到女性發展的另外兩個對立軸，他所提出的對立軸是以男性做爲中心來思考關係，也就是男性與母女妻娼間的關係，這兩個對立軸有上下。包括在上的母親與在下的女兒、相同位階上但不同面向的妻子與娼婦。

・以《美少女戰士》爲例探索女性對立面在男性心靈發展意義

戰鬥美少女呈現了那些女性對立面向呢？我想以《美少女戰士》故事爲例，當中最佳的整合是「母女對立」。我們可以看見女主角月野兔一開始以愛哭成績又不好的軟爛國中少女形象出現，此外她可能也站在女兒的角色，要與小阿兔競爭地場衛的愛，是一種常見的女兒典型。但隨著故事發展，她的力量逐漸強大，一變身就具備保護的母性特徵，平時則維持著中學少女的形象。她的母親形象也透過生下小阿兔的30世紀的新后Selenity來鞏固，並在動畫與電影之中多次出現母親援救女兒的形象。

女戰士與女祭司的對立，則在故事發展到第五部SailorMoon Salor Stars時才有比較清晰的呈現。從第一到第四部，女主角主要在解決問題、改變世界，較偏向女戰士原型，到第五部水手月亮才開始進入思索宇宙的永恆生滅性質，發展出女性對於世界存有的論述，並與世界產生連結。

在母親與交際花的對立部分，母親原型的部分如前所述，交際花的部分則展現在月野兔與地場衛以及其他好友平等深度關係的建立。月野兔有時也會與他們發展平行互動的關係，不論是動畫或漫畫，在第一部中都特別展現出她與其他戰士之間的密切平等互動。

或許是因爲這是較爲女性向、且讀者年齡設定較低的漫畫，在「妻娼對立」當中娼的角色呈現較為少見，可說《美少女戰士》中較少有性與引誘的元素。

我認為這些女性的對立面向，應稱之為「女性原型內在的對立面向」，也因此已無法再以性別來區分。我們無法說戰士是陽性而祭司是陰性，因為祭司也時常由男性擔任。若無法區分陰陽，那麼前述阿妮瑪觀點的對立整合論述也會失效，那麼就對立整合來說還有甚麼可能的意義呢？

從榮格的觀點來說，只要是原型，那麼就不分男女每個人皆有，女性原型亦存在男性心靈當中。所以也許在男性發展陰性面向之時，這些無法同時共存的對立面也成了他們陰性之旅過程中都必須經歷的風景。也就是說，男性也需要發展母親與交際花並嘗試整合之、發展妻子與娼婦的面貌並整合之。

・未解的難題

最後我所好奇但也難以回答的是，御宅族會產生性慾的意象包含所有的月野兔與水手月亮意象嗎？就常見外觀來說，至少我們可以看到著中學水手服的學生外觀，水手月亮、超級水手月亮、永恆水手月亮、水手宇宙、Selenity公主與新后Selenity 等意象，此外《美少女戰士》裡也有著平時為男性，變身後為女性的三位水手流星，御宅族真的每種女性意象皆可慾望嗎？再問更大的問題是在那麼多的戰鬥美少女當中，有無實際的證據證明每種戰鬥美少女皆能成為御宅族性慾的對象呢？這麼多意象上的差異有意義上的不同嗎？又反映著御宅族怎樣的心靈結構？另外，非戰鬥美少女的熱門少女漫畫，只要以色情漫畫的形式來處理女性角色，我相信依然會吸引御宅族，那麼區分出「戰鬥美少女」這個類別還有特別的意義在嗎？但這些問題就留待後續研究來探索。

・結語

本文嘗試從榮格分析師維持的神聖空間所能保存的想像世界，來理解齋藤環所論述的日本式空間，並再藉由超越功能來理解在日本ACG世界，同時也是虛擬圖像想像世界當中，戰鬥美少女女性意象對立面的整合。在榮格的觀點當中對女性的慾望可以視為一種發展歷程的階段性表現，主要在協助男性脫離照顧者與社會秩序的建構者。「性」在榮格觀點中被視為結合異質心靈的象徵或隱喻，不只是性慾發洩。非性別相關的對立面，則可理解為男性在發展陰性面向時所需探索的對立面。

心靈工坊文化事業股份有限公司
PsyGarden
PT062

戰鬥美少女的精神分析

從心理學、動漫媒體與日式空間
看陽具少女的誕生與御宅族心理

戰闘美少女の精神分析

作者—齋藤環 譯者—林詠純
審閱—魏與晟、王慈襄

出版者—心靈工坊文化事業股份有限公司
發行人—王浩威 總編輯—徐嘉俊
責任編輯—黃心宜 特約編輯—陳馥帆
封面設計—大樹 內文排版—陳馥帆

通訊地址—106 台北市信義路四段 53 巷 8 號 2 樓
郵政劃撥—19546215 戶名—心靈工坊文化事業股份有限公司
電話—02）2702-9186 傳眞—02）2702-9286
Email—service@psygarden.com.tw 網址—www.psygarden.com.tw

製版・印刷—中茂分色製版印刷股份有限公司
總經銷—大和書報圖書股份有限公司
電話—02）8990-2588 傳眞—02）2290-1658
通訊地址—242 新北市新莊區五工五路 2 號（五股工業區）
初版一刷—2023 年 2 月 ISBN—978-986-357-278-7 定價—620 元

國家圖書館出版品預行編目（CIP）資料

戰鬥美少女的精神分析：從心理學、動漫媒體與日式空間 看陽具少女的誕生與御宅族心理／齋藤環著 ； 林詠純譯. -- 初版. -- 臺北市 ： 心靈工坊文化事業股份有限公司, 2023.02
面； 公分. --（PT ; 62）
譯自：戰闘美少女の精神分析
ISBN 978-986-357-278-7（平裝）

1.CST: 精神分析 2.CST: 心理治療

175.7 112000714

心靈工坊 PsyGarden

書香家族 讀友卡

感謝您購買心靈工坊的叢書，爲了加強對您的服務，請您詳塡本卡，
直接投入郵筒（免貼郵票）或傳眞，我們會珍視您的意見，
並提供您最新的活動訊息，共同以書會友，追求身心靈的創意與成長。

書系編號－PT062　書名－戰鬥美少女的精神分析

姓名　　　　是否已加入書香家族？□是　□現在加入

電話 (O)　　　(H)　　　手機

E-mail　　　生日　　年　　月　　日

地址 □□□

服務機構　　　職稱

您的性別—□1.女　□2.男　□3.其他

婚姻狀況—□1.未婚　□2.已婚　□3.離婚　□4.不婚　□5.同志　□6.喪偶　□7.分居

請問您如何得知這本書？

□1.書店　□2.報章雜誌　□3.廣播電視　□4.親友推介　□5.心靈工坊書訊
□6.廣告DM　□7.心靈工坊網站　□8.其他網路媒體　□9.其他

您購買本書的方式？

□1.書店　□2.劃撥郵購　□3.團體訂購　□4.網路訂購　□5.其他

您對本書的意見？

□ 封面設計　1.須再改進　2.尚可　3.滿意　4.非常滿意
□ 版面編排　1.須再改進　2.尚可　3.滿意　4.非常滿意
□ 內容　1.須再改進　2.尚可　3.滿意　4.非常滿意
□ 文筆／翻譯　1.須再改進　2.尚可　3.滿意　4.非常滿意
□ 價格　1.須再改進　2.尚可　3.滿意　4.非常滿意

您對我們有何建議？

本人同意＿＿＿＿＿＿（請簽名）提供(真實姓名/E-mail/地址/電話等資料)，以作為心靈工坊(聯絡/寄貨/加入會員/行銷/會員折扣等)之用，詳細內容請參閱 http://shop.psygarden.com.tw/member_register.asp。

廣　告　回　信
台北郵政登記證
台北廣字第1143號
免　貼　郵　票

心靈工坊 PsyGarden

10684台北市信義路四段53巷8號2樓

讀者服務組　收

免　貼　郵　票

（對折線）

加入心靈工坊書香家族會員
共享知識的盛宴，成長的喜悅

請寄回這張回函卡（免貼郵票），
您就成爲心靈工坊的書香家族會員，您將可以——

⊙隨時收到新書出版和活動訊息

⊙獲得各項回饋和優惠方案